KB068822

체육·스포츠 행정의 이론과 실제

문개성 · 김동문

박영사

머리말

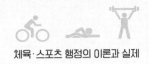

우리나라는 '**스포츠 강국**'입니다. 세계 어느 곳에서도 당당하게 경기를 치를 수 있는 정상급 선수들이 있습니다. 우리나라는 '**스포츠 산업 강국**'으로 가기 위한 만반의 준비를 다졌습니다. 세련되고 매력적인 스포츠 상품을 만들어 세계 각국에 수출할 수 있는 기반을 닦고 있습니다.

정상급 선수와 매력적인 상품은 어느 순간 생기는 것이 아닙니다. 자생적으로 생기는 과정에는 숱한 어려움을 딛고 환경을 잘 조성해야 가능한 일입니다. 대표적인 환경으로는 법률이 있습니다. 관련 **법령**을 잘 만들고 간간히 고쳐 나가야 시대 요구에 맞는 **정책과 제도**가 안착됩니다. 이러한 안착을 위한 노력의 과정이 '**행정**'이란 틀 속에서 이루어집니다.

우리나라 체육과 스포츠 분야의 행정이 걸어온 길을 살펴보면 눈물이 절로 나는 것도 있습니다. 일제 강점기의 행정 속에 1920년에 출범한 조선체육회는 같은 해에 '전조선야구대회'를 시작으로 체육·스포츠의 생명력을 이어갑니다. 유명한 '일장기말소사건'을 빌미로 눈엣가시였던 단체를 강제 해산시키기도 했습니다. 광복 후 1948년, 변변치 못했던 우리식의 행정력을 바탕으로 'KOREA'란 정식 국호를 갖고 생모리츠 동계올림픽에 참여도 했습니다. 1970년 서울에서 치르기로 결정된 제6회 아시안 게임은 돈이 없어 개최권을 반납하기도 했습니다.

이렇듯 스포츠를 통해 우리 사회의 문화적 가치를 설명하기 위해선 애환을 빼놓을 수가 없습니다. 일제 강점기와 미군정을 통해 남겨진 황폐화된 행정적 자산을 근간으로 오늘날 '**스포츠 강국**'과 '**스포츠 산업 강국**'의 대열에 서 있게 됐습니다. 1986년 아시아 경기대회, 1988년 서울 하계올림픽, 2002년 한·일 월드컵, 2018년 평창 동계올림픽을 비롯해 각종 세계선수권대회를 거뜬히 치러내는 수준의 행정력을 발휘합니다. 다시 돌아가 1920년 민족 근대화를 기치로 선봉에 섰던 체육·스포츠는 일제 강압과 전쟁을 딛고서도 오늘에 이르러 2019년 서울에서 100회 전국체육대회의 생명력을 자랑하게 됐습니다.

우리나라 '체육 · 스포츠 행정'의 역사는 고도의 성장을 통해 근대와 현대를 동시에 안고 살아가는 우리의 역사이기도 합니다. 선진사회인들과 스포츠를 통해 경쟁하는 과정에서 눈물과 콧물이 뒤범벅될 수밖에 없었던 역사, 국위선양을 담당해야 했던 역사, 스포츠를 통치 수단으로 이용했던 역사, 엘리트와 생활 체육이 공존하는 역사, 남 · 북한 교류에 물꼬를 트는 역사, 세계인에게 ICT 강국을 널리 알리는 역사 등으로 복잡하고 다양한 의미와 가치를 지녔습니다.

앞으로 보편적 공감을 이끌어내는 평화적 장치의 역사로서 'K-SPORTS'로의 도약을 담당하는 '체육 · 스포츠 행정'이 되길 희망하며, 개괄적인 이해를 도모하고자 미력하나마 출간합니다. 초판이 나오기까지 적극적으로 지원해주신 박영사의 안종만 · 안상준 대표님, 기획을 적극적으로 추진해주신 이영조 팀장님, 편집 · 디자인을 세련되게 맡아주신 탁종민, 방미영 님께 감사의 마음을 전합니다.

2022년 매서운 겨울,
지덕겸수(知德兼修)와 도의실천(道義實踐) 연구실에서
문개성 · 김동문

차례

체육·스포츠 행정의 이론과 실제

체육·스포츠 행정의 이론과 실제

표 차례

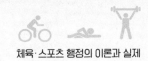

체육·스포츠 행정의 이론과 실제

PART

01

체육과 스포츠 행정

체육·스포츠
행정의 이론과 실제

CHAPTER

01

체육·스포츠 행정

체육과 스포츠

1. 체육의 개념

체육은 인간의 역사와 함께 개념이 달라지면서 변천돼 왔다. 또한 체육의 가치도 종교, 역사, 사상, 정치, 경제, 문화의 변화에 따라 변했다. 체육의 목적과 가치는 시대에 따라 큰 차이를 보인다. 고대의 체육이란 정신과 신체를 수련해서 국가를 수호하는 목표가 우선이었다. 그리스의 체육에 비해 중세기에는 금욕주의가 도래해 체육활동을 경시했다. 이로써 비위생적인 환경을 초래하기도 했다. 근·현대 체육은 '신체의 교육'에 초점을 두게 되면서 강하고 튼튼한 신체가 중요하게 여겼다. 1930년 이후에는 '신체를 통한 교육'을 통해 신체와 정신을 분리하지 않고 모든 교육적 활동에 대해 지적, 도덕적, 신체적 결과를 동시에 가져다주는 것으로 인식했다.

대표적인 선행연구를 살펴보면, "체육은 모든 교육 가운데서 중요한 부분을 이루며 학생에게 유희 및 자유로운 영역을 확립하고 신체적, 정신적 훈련을 촉진하며 스포츠 활동에 대한 즐거움을 자각(Schmidt, 1922)"하는 분야라고 했다. 또한 "교육의 전 과정 가운데서 활발한 신체활동과 그것에 관련하는 반응과 경험에 의하여 개인을 개선함을 목표로 하는 것(Nixon & Cozens, 1935)"이라고 했고, "체육이란 기본운동의 형식으로 행해지는 경험에 의해 일어나는 개인변화의 총체(Shepard, 1960)"라고 정의했다. 더불어 체육은 "일정한 목표를 향해 선택된 운동 종목으로 행해지는 신체활동의 총체(Williams, Brownell, & Vernier, 1964)"이고, "대근육의 활동 또는 활발한 신체적 활동에 관한 교육의 지도 분야(Nash, 1948)"라고 규정했다.

이 외에도 체육에 대한 정의에서 교육적 기능을 빼놓을 수 없다. 개인과 사회의 형성 작용으로서 체육의 중요성을 인식했다. 이러한 측면에서 체육을 교육의 영역으로 확대 해석하기도 하면서 '신체적인 것을 매개로 하는 교육(Oberteuffer, 1970)'으로 규정했다.

국내법인 「국민체육진흥법」상의 제2조(정의)에 따르면 '체육'이란 "운동경기·야외 운동 등 신체 활동을 통하여 건전한 신체와 정신을 기르고 여가를 선용하는 것"이라고 명시돼 있다. 이와 같이 법령상 명시된 정의는 행정의 실무적 측면에 토대가 되는 중요한 개념인 것이다. 정부는 법을 근간으로 정책과 제도를 수행하기 때문이다.

2. 스포츠의 개념

스포츠(sports)는 'portare'란 라틴어에서 유래됐다. '물건을 운반하다'란 의미가 있다. 13세기경에 프랑스어인 'de(s)port'란 용어가 있었고, 15세기경에는 영어로 'sporte'란 단어가 있었다. 영국에서 선호하는 'sport'란 용어와 유사한 것으로 북미에서 선호하는 'sports'로서 복수형으로 사용하고 있다. 복수형의 의미를 다양한 행위와 조직을 가리키는 것으로 해석하기도 했다(Cashmore, 2000). 우리나라도 주로 'sports'를 사용하고 있다.

우리가 인식하는 스포츠는 주로 운동경기를 뜻한다. '경쟁을 하는 운동'과 '경쟁이 없는 야외활동'으로 구분할 수 있는데, 아마추어와 프로 스포츠는 전자에 해당되고 하이킹, 캠핑과 같은 야외스포츠는 후자에 해당된다고 볼 수 있다.

국내법 「스포츠산업진흥법」상의 제2조(정의)에 따르면 '스포츠'라 함은 "건강한 신체를 기르고 건전한 정신을 함양하며 질 높은 삶을 위하여 자발적으로 행하는 신체활동을 기반으로 하는 사회문화적 행태"라고 명시돼 있다. 이 정의에서 중요한 키워드는 '자발적으로 행하는 신체활동'과 '사회문화적 행태'이다. 전자는 놀이와 관련한 개념이고, 후자는 문화와 연관돼 있다. 다시 말해 스포츠가 잠재한 의미는 오락(recreation), 싸움(disputes), 유희(pastime), 기분전환(diversion) 등의 광범위한 영역으로 인간행동의 유형이 잠재돼 있다고 볼 수 있다(Keating, 1964).

행정의 개념

1. 행정학의 접근

  "행정이란 무엇인가에 대한 개념을 명확히 한다는 것은 어려우나 영어로 'public administration'이라는 말로 표현한다. 이는 공행정이란 뜻으로 '국가 또는 정부가 국민의 이익을 위해서 정책을 결정하고 집행하는 기술'이라고 볼 수 있다. 또는 행정을 국가의 목적달성을 위해서 두 사람 이상이 모여서 협동하는 합리적 행위이며 공익과 사회정의의 실현을 위해서 공공관료제 중심으로 이루어지는 것이 행정이라고 정의할 수 있다. 행정은 업무를 처리하기 위해서 행정구조를 가진다. 행정구조는 대통령을 수반으로 하는 정부조직을 말한다. 우리나라의 정부기관은 중앙정부와 지방정부가 있다. 정부조직은 행정의 전문화·복잡화에 따라서 증가하는데, 이는 사회가 발전하고 각계각층의 다양한 욕구의 충족을 위해서이다(조계표, 2020, p.3)."

  우리나라도 1948년 정부수립당시 11부 4처가 2021년 2월 현재 18부 18청으로 증가했다. 정부는 조직·인사·재무의 기능을 갖는다. 불확실성의 큰 환경을 대처하기 위해 체계적인 행정이 중요해졌다. 이는 정부정책의 큰 그림에 해당하는 기획에서부터 각종 사회문제를 개별적 사안으로 해결할 수 있는 세부적인 절차에 이르기까지 업무의 표준화와 공식화를 추구하는 것이 요구된다.

  미국의 행정학 체계가 우리나라에서도 적용되며 다양한 이론이 소개됐다. 이를 토대로 실무적인 측면에서 국내 환경에 맞게 발전하고 있다. 기초 이론 분야에서 미국 행정학의 발달사를 이해하는 것은 체육행정을 학습하는 데도 도움을 줄 수 있다. 행정학적 개념을 정치적 혹은 사회적 이슈에 따라 시대적으로 바라볼 수 있다. 많이 인용되는 주요 학설을 살펴보면 다음 <표 1-1>과 같다.

□ <표 1-1> 행정학의 접근

구분	내용
행정관리설	행정관리설은 행정을 정치와 분리하여 설명할 수 있다. 1880년대부터 1920년대 말까지 활용했던 학설로서 입법부가 결정한 정책적 집행과정을 행정으로 본 것이다. 이를 통해 정치와는 분리를 시켰으며, 행정을 기술적 능률을 강조하는 경영의 입장을 중요하게 여겼다.
통치기능설	통치기능설은 정치행정 일원론적 관점을 중시한다. 이는 정치와 행정을 완벽하게 분리할 수 없고, 행정을 정치의 과정으로 여기는 것이다. 다시 말해 정책결정과 입법기능을 담당하게 함으로써 행정을 통치의 기능으로 간주하는 것이다. 이 학설은 1930년대부터 대두됐다.
행정행태설	행정행태설은 제도보다는 인간의 형태에 연구의 초점을 맞추었다. 즉, 조직 내의 인간의 실제 행태에 중점을 둠으로써 관료들의 의식구조와 사고방식 등을 파악하고자 했다.
발전기능설	발전기능설은 행정을 국가목표를 달성하기 위한 정치·경제·사회의 발전목표를 설정하는 것이다. 이를 정치·행정 새 일원론이라고도 한다.
신공공관리설	신공공관리설은 1980년대 이후 대두된 이론으로 시장 지향적인 운영방향에 초점을 두었다. 행정업무의 일부를 민간에 위탁을 하고 효율을 추구하고자 했다.

※ 출처: 조계표(2020). 행정학입문(제2판). 박영사. p.4 ~ 5(요약).

여기서 잠깐

행정학 접근방법

① **행태론적 접근방법**: 1940년대 중반 허버트 사이몬(H. Simon)이 미국 행정학에 도입했다. 개인, 집단, 조직 차원에서 이루어지는 인간행태의 인과관계를 경험적·실증적으로 검증했다.

② **체제론적 접근방법**: '체제(system)'의 관점에서 분석하고 이론화하려는 것이다. 이 방법은 투입과 산출모형(input-output model)으로 전환과정 안에서 구체적인 관계를 보지 않고 투입과 산출에만 관심을 갖자는 블랙박스(black box) 이론의 개념이 내포돼 있다.

③ **제도론적 접근방법**: 법과 제도를 중심으로 현상의 변화를 설명하고자 하는 방법이다. 또한 전통적인 법적·제도적 접근방법과 구분되는 신제도주의는 제도에 대한 이해의 폭을 공식적인 권력구조, 법, 행정기관에 한정하지 않고 비공식적인 규범, 관행으로 확대하는 것이다.

④ 논변적 접근방법: 철학, 정책 및 기획 분야의 학자들에 의해 진행돼 온 것으로 자연
현상과 물리현상의 법칙성을 연구하고 있다.

※ 출처: 유민봉(2021). 한국행정학(제7판). 박영사, p.21 ~ 50(요약).

2. 행정학의 시대구분

행정학은 고전적 행정학, 신고전적 행정학, 현대적 행정학과 같이 시대적 구분에
따라 분류하기도 한다. 이는 시대에 따라 달리하는 정책의 변화, 사회적 수요,
정치 이슈 등이 변하기 때문에 행정학의 흐름을 구분해 볼 수 있다.

첫째, 고전적 행정학은 19 ~ 20세기 초기에 성립됐다. 산업혁명 이후 급속하게
발전하는 시기에 도입되면서 행정에 대해 과학적으로 바라보고자 했다. 이 시기
의 행정학은 공식적인 구조와 과정을 중요시했다. 기계적 체계를 갖춘 조직이
추구하는 생산목표를 달성하기 위한 도구로서 행정을 분석했다.

둘째, 신고전적 행정학은 1930 ~ 1950년대에 성립됐다. 신고전적 행정학은 사
회적 현상에서 경제·사회적 발전 외에도 인간문제에 관심을 두었다. 사회적 능
률을 강조하여 조직 구성원의 사회적·심리적 요인을 중요하게 바라봤다.

마지막으로 현대 행정학은 오늘날의 복잡한 사회에서 다양한 시각의 접근방법
으로 이해할 수 있다. 정보의 사회화·세계화로 인해 사회적 유동성과 행정 영
역은 매우 밀접한 관계에 놓이게 됐다. 제도적 측면보다는 인간 중심적 접근방
법도 중시하면서 인간의 자율성과 창의성을 분석하고 있다.

여기서 잠깐

행정의 과정

① **전통적 행정과정**: 정치·행정 이원론 시대의 행정과정으로 환류기능을 고려하지 않
았다. 전통적 행정과정은 계획, 조직화, 실시, 통제의 단계로 이해할 수 있다.
② **현대적 행정과정**: 1930년대 이후 발전한 현대적 행정과정으로 목표설정과 정책결
정을 중시한다. 또한 전통적 행정과정과 달리 환류과정을 중요하게 여긴다. 정치·
행정 일원론에 입각해서 행정의 정책결정기능이 중요시된다.

SECTION
03 행정과 경영

1. 행정과 경영의 비교

1) 행정과 경영의 유사점

"운영주체의 공권력 유무에 따라서 공행정은 국가나 공공기관에서 행하는 행정을 의미하며 사행정은 민간에서 수행하는 행정을 말한다. 행정과 경영의 관계에서 행정과 경영의 유사성을 강조하는 것은 정치·행정이원론의 입장이며 행정과 경영의 차이점의 강조는 정치·행정일원론의 입장이다(조계표, 2020, p.15)."

행정과 경영은 용어상으로 비슷한 느낌을 준다. 행정과 경영을 완벽하게 분리할 수는 없지만, 그렇다고 해서 동일시하게 여기고 절차를 밟기에도 한계가 있다. 이런 측면에서 명확하게 행정 및 경영과정을 수행하고 목표를 달성하기 위해선 상호간의 유사점과 차이점을 이해할 필요가 있다. 행정과 경영의 유사점을 살펴보면 다음 <표 1-2>와 같다.

☐ <표 1-2> 행정과 경영의 유사점

구분	내용
목표달성 수단	행정과 경영이 지향하는 바가 다르지만, 특정한 목표를 달성하고자 하는 수단이다. 권한과 책임을 배열하고 통제장치를 마련한다.
관료제적 성격	행정과 경영은 전문화·계층화·분업의 특징이 있다. 이는 관료제적 성격을 지니고 있다.
관리·기술적 요소	행정과 경영은 계획수립, 통제, 리더십, 인사, 목표관리 등의 절차를 통해 목표를 달성하고자 한다.
협동적 행위	행정과 경영은 인간의 협동적인 노력의 산물로서 이루어진다.

구분	내용
의사결정	행정과 경영은 합리적인 의사결정 방식을 따른다.

※ 출처: 조계표(2020). 행정학입문(제2판). 박영사. p.15 ~ 16.

2) 행정과 경영의 차이점

행정과 경영이 근본적으로 목표를 달성하기 위해 두 명 이상의 사람들이 만든 체계적인 조직 내부에서 이루어진다는 점에서 유사하다. 반면, 행정과 경영은 일차적으로 목표의식과 법적인 규제 등의 구체적 사안에서 차이를 이해할 수 있다. 다음 <표 1-3>에서 행정과 경영의 차이점을 구분했다.

□ <표 1-3> 행정과 경영의 차이점

구분	내용
주체와 목표	행정은 국가 혹은 공공단체가 주체가 되어 다원적 목표를 추구하지만, 경영은 사기업이 주체가 되어 이윤을 극대화하는 일원적인 목표를 추구한다.
법적 규제	행정은 경영에 비해 법의 제약성이 강하고 법적 책임의 대상이 되는 반면, 경영은 조직 내부의 규정에 의한 제약을 받게 되어 사행정은 공행정보다 법적 규제를 덜 받는 측면이 있다.
권력수단과 정치적 성격	행정은 집행과정에서 강제성과 권력수단을 갖고 정당, 이익집단, 의회, 국민으로부터 통제와 비판을 직접적으로 받는다. 반면, 경영은 정치적 성격이 약하고 행정만큼의 권력수단을 갖지 않는다.
평등의 원칙	행정은 법 앞에 평등하여 모든 국민에게 동등하게 대우한다. 경영은 이윤추구가 목적이므로 특정 고객에게 서비스를 더해 준다.
공개성	행정은 국민에게 공개하는 것이 원칙이고, 경영은 이해관계자(구성원, 주주 등)에게 공개와 더불어 경쟁회사와 일반인들이 알지 못하게 비밀성은 갖기도 한다.
능률성	행정은 정책을 수행하는 특성 상 능률측정이 어렵지만, 경영은 구체적인 시장 세분화·표적화·위치화의 전략에 따라 능률측정이 용이하다.
자율성·획일성과 활동의 범위	행정은 법과 제도 안에서 철저하게 이루어지면서 포괄적인 지배권을 갖고, 경영은 행정보다 자율성을 갖는 반면 활동범위가 좁다.
독점의 정도	행정은 경쟁 상대가 없는 독점적 형태를 취하나, 경영은 시장경쟁에서

구분	내용
	우위를 차지하기 위한 전략에 따라 독과점이 형성될 수도 있고, 무한 경쟁에 놓일 수도 있다.
조직구성원의 신분보장	행정은 통상 공무원의 신분보장을 염두에 둘 수 있으나, 경영은 이직이 상대적으로 쉽고 신분보장이 미흡한 측면이 있다.

※ 출처: 조계표(2020). 행정학입문(제2판). 박영사. p.16 ~ 17.

2. 행정과 경영의 관계

행정과 경영의 관계를 살펴보면 다음과 같다. "첫째, 행정과 경영의 관계는 국가의 문화와 역사에 따라 다르고 시대의 변천에 따라 다르다. 일반적으로 Simon(1947)은 양자의 차이점은 본질적인 것이 아니라 양적·정도의 차이에 불과한 것으로 인식하였고, Etzioni(1961)는 제3분야를 제시함으로써 양자구별의 상대성을 강조하였다. 특히 Bozemen(1993)은 공공성의 상대성이론에서 공공성의 문제를 절대적인 것이 아니라 상대적인 것으로 보았다. 또한 정부조직은 내부조직목표(체제유지)보다는 외부환경에 대한 대응을 강조하였다. 더불어 내부조직목표를 역행적 목표라 하며 환경에 대응을 이행적 목표라고 하였다. 오늘날 제3분야의 등장(시민단체, 적십자 단체, 민간 박물관)과 대규모 기업체의 출현(다국적 기업), 민간기업의 영향력 확대, 기업의 사회적 책임성의 강조로 행정과 경영의 양자구별이 모호해지고 있다. 둘째, 발전도상국가는 행정과 경영의 상호관계에서 경영은 행정에 예속되어 양자는 수직적·대항적 관계에 있다. 그러나 선진 국가는 민간 경영주도의 경제사회체제를 구축되어 있으므로 행정과 경영은 수평적 협력관계를 유지하고 있다. 셋째, 최근 단편적이고 일률적인 행정서비스에 대한 시민의 불만과 양질의 서비스에 대한 욕구 증대로 인하여 정부도 이제는 기업으로부터 배워야 한다는 인식의 변화가 일어나고 있다. 즉, 경영가가 행정업무를 보좌하고, 행정의 공공지출을 줄여 작고 효율적인 정부를 구현함으로써 행정의 경영회를 추구하고 있다고 볼 수 있다. 이에 따라 국가는 공공부문과 사적부문의 영역구분이 불명확해지고 있다. 따라서 앞으로 양자의 차이가 감소될 것으로 보고 있다(조계표, 2020, p.18 ~ 19)."

체육행정과 체육지표

1. 체육행정의 의의

체육행정학을 이해하고 일선에서 적용함으로써 궁극적으로 국가의 목적달성을 이룰 수 있다. 공익적 업무를 수행하기 위해 기초적인 자료를 조사하고 적용할 수 있다. 예를 들면 1986년부터 매해 실시하고 있는 국민생활체육조사는 국민의 체육활동 수요와 실태를 면밀하게 파악하여 체육활동의 참여환경을 조성하는 데 긍정적인 영향을 미치고 있다. 이를 통해 국민 생활체육의 참여를 촉진하고 삶 자체의 만족도를 높이는 데 기여할 수 있다.

이와 같이 정책 마련의 기초 자료를 양산하는 체육행정과 정부 및 공공단체가 표방하는 체육정책을 달성하기 위해서 체계적인 체육행정이 필요한 것이다. 이는 곧 국민의 삶에 직·간접적으로 영향을 미칠 수 있는 다양한 조건을 제시함에 따라 보다 나은 국가체육정책 개발의 기초가 되기도 한다.

체육행정을 연구하기 위해선 체육행정학에 대한 전반적인 이해를 높일 수 있어야 한다. 이를 위해 체육조직체계, 체육정책 및 행정에 관한 과학적인 법칙을 이해할 필요가 있다. 또한 선행 연구를 바탕으로 축적된 다양한 자료를 통해 여러 방면에서 응용을 탐구하는 학문이 될 수 있을 것이다.

2. 국내 체육지표

체육지표는 1995년 이래 연례적으로 발간되고 있다. 한국스포츠정책과학원 (2019)이 발간한 '2018 한국의 체육지표'에서는 1) 체육의식, 2) 건강 및 체력, 3)

여가 및 생활체육, 4) 전문체육, 5) 체육인력, 6) 체육시설, 7) 스포츠산업, 8) 체육재정 및 체육복지 등 8개 부문에 걸쳐 체육지표항목이 수록되어 있다. 체육지표체계는 다음과 같다. 체육지표, 내용, 분류기준은 관련법 개정, 정책방향, 수요 등을 감안하여 수정하며 업데이트를 한다. 구체적인 내용을 인용한 표를 살펴보면 다음과 같다(한국스포츠정책과학원, 2019, p.1 ~ 10).

1) 체육의식

관심영역	체육지표	내용	분류기준
1-1 체육의 가치	1-1-1 체육활동이 신체적 건강 유지에 미치는 효과	전혀 효과가 없다 ~ 매우 효과가 있다	성별/도시규모별/연령별
	1-1-2 체육활동이 정신적 건강 유지에 미치는 효과	전혀 효과가 없다 ~ 매우 효과가 있다	성별/도시규모별/연령별
	1-1-3 체육활동이 일상생활에 미치는 도움의 정도	전혀 도움이 안 된다 ~ 매우 도움이 된다	성별/도시규모별/연령별
	1-1-4 체육활동이 의료비 절감에 미치는 효과	전혀 효과가 없다 ~ 매우 효과가 있다	성별/도시규모별/연령별
	1-1-5 체육활동이 삶에 미치는 효과	매우 부정적 ~ 매우 긍정적	성별/도시규모별/연령별

2) 건강 및 체력

관심영역	체육지표	내용	분류기준
2-1 건강	2-1-1 주요 사망원인 구성비	질환명	연도별/성별
	2-1-2 건강에 대한 자기평가	매우 건강하다 ~ 매우 허약하다	성별/연령별
	2-1-3 건강유지 방법	규칙적인 인사/휴식/금주, 금연/스트레스 받기/규칙적인 운동	성별/연령별
	2-1-4 기대 수명 국가 간 비교	기대 수명	국가별

관심영역	체육지표	내용	분류기준
	2-1-5 주요 사망 원인별 사망률 국가 간 비교	사망률	사망원인별/국가별
	2-1-6 건강관련 총 지출 국가 간 비교	건강관련 지출	국가별
	2-1-7 1인 영양 공급량 국가 간 비교	1인 영양 공급량	국가별
2-2 체격	2-2-1 신장	-	연도별/성별/연령별
	2-2-2 체중	-	연도별/성별/연령별
	2-2-3 체지방률	-	연도별/성별/연령별
	2-2-4 신체질량지수	-	연도별/성별/연령별
2-3 체력	2-3-1 근지구력	윗몸일으키기	연도별/성별/연령별
	2-3-2 유연성	윗몸 앞으로 굽히기	연도별/성별/연령별
	2-3-3 순발력	제자리멀리뛰기	연도별/성별/연령별
	2-3-4 50m 달리기	-	연도별/성별/연령별
	2-3-5 20m 달리기	-	연도별/성별/연령별
	2-3-6 악력	-	연도별/성별/연령별

3) 여가 및 생활체육

관심영역	체육지표	내용	분류기준
3-1 여가활동	3-1-1 국민 여가시간	평일/토요일/휴일의 평균 여가시간	성별/도시규모별/연령별
	3-1-2 여가활동 유형	휴식/사회 및 기타/취미, 오락/문화 예술 관람/관람/스포츠 관람/문화 예술 참여 활동	성별/도시규모별/연령별
	3-1-3 여가활동 만족여부 및 불만족 이유	경제적 부담/시간부족/교통 혼잡/여가시설 부족/여가정보 부족/취미가 없어서/건강 체력 부족/함께 즐길 사람 없음/기타	성별/도시규모별/연령별
	3-1-4 문화예술 및 스포츠관람	음악/연극/무용/영화/박물관/미술관/스포츠 관람	성별/연령별

관심영역	체육지표	내용	분류기준
	3-1-5 주당 인터넷 이용시간	이용시간	성별/연령별
	3-1-6 소득 분포 및 구매력 국가 간 비교	소득 분포/구매력	국가별
	3-1-7 주당 제조업 평균 근로시간 국가 간 비교	근로시간	국가별
3-2 체육활동 직접 참여	3-2-1 생활체육 참여율	매일 한다 ~ 안 한다	성별/도시규모별/연령별
	3-2-2 생활체육 참여종목	종목별	성별/도시규모별/연령별
	3-2-3 체육활동 시간대	새벽아침/오전/점심시간/오후/저녁/대중없음	성별/도시규모별/연령별
	3-2-4 체육활동 장소	학교체육시설/체력단련장/공동주택단지체육시설/민간종합체육시설/공공체육시설/복지시설/당구장/기타	성별/도시규모별/연령별
	3-2-5 1회 평균 운동시간	30분 미만 ~ 3시간 이상	성별/도시규모별/연령별
	3-2-6 희망 운동종목	종목별	연도별
	3-2-7 체육 활동 참여목적	건강유지/체중조절/여가선용/스트레스 해소/즐거움/자기만족/대인관계 및 사교/신체수행/가족과의 유대강화/시간 때우기	성별/도시규모별/연령별
	3-2-8 생활체육 참여를 위한 개선방안	체육활동 가능시간 증대/체육시설 접근성 확대/건강상태 개선/체육활동에 대한 관심증가/체육활동 지출비용 여유/소득수준증가/동반참여자 확보/체육활동 프로그램 확대/체육활동 정보접근성 확대/체육지도자 수준향상	성별/도시규모별/연령별

관심영역	체육지표	내용	분류기준
3-3 체육동호인 조직	3-3-1 체육동호인조직 가입여부	가입/불가입	성별/도시규모별 /연령별
	3-3-2 시도별 체육동호인 클럽 및 회원수	지역/직장동호인 클럽/회원수	지역별
	3-3-3 종목별 체육동호인 클럽 및 회원수	종목별	지역별
	3-3-4 체육동호인 조직 불가입 이유	시간부족/구속 싫음/위치를 몰 라서/경제적 부담/마음에 들지 않음	성별/도시규모별 /연령별
3-4 생활체육교 실 및 광장	3-4-1 지역별 생활체육 광장 운영	광장 개소수/횟수/참가인원	지역별
	3-4-2 지역별 장애인 생활체육교실운영	교실명/참가인원	지역별
3-5 생활체육대 회 및 교류	3-5-1 종목별 생활체육대회 개최	대통령기, 총리기/장관기/대한체 육회장기/기타대회	종합대회/종목별 대회
	3-5-2 지역별 생활체육대회 개최	대통령기, 총리기/장관기/대한체 육회장기/기타대회	지역별
	3-5-3 한ㆍ일 생활체육교류	대회명/기간/장소/규모	연도별
	3-5-4 한ㆍ중 생활체육교류	장소/규모	차수별
	3-5-5 전국장애인 생활체육대회개최	단체/대회명/참가인원	단체별

4) 전문체육

관심영역	체육지표	내용	분류기준
4-1 경기인구 및 훈련	4-1-1 종목별 국가대표 코치 및 선수수	종목별	성별
	4-1-2 시도별 종목별 등록팀수	종목별	지역별
	4-1-3 시도별 종목별 등록선수수	종목별	지역별
	4-1-4 소속별 종목별 등록팀수	종목별	소속별
	4-1-5 소속별 종목별 등록선수수	종목별	소속별
	4-1-6 국가대표선수의 월별 훈련 일수	입촌선수/임원수	월별
	4-1-7 국가대표선수의 해외전지 훈련 현황	기간/장소/인원	종목별
4-2 국내대회	4-2-1 국내 경기대회 개최횟수	종목별	대회 수준별
	4-2-2 전국체육대회 참가인원수	임원/선수	직업별
	4-2-3 전국장애인체육대회 참가인원수	임원/선수수	개최년도/지역별
	4-2-4 지역별 국내경기대회 개최횟수	대통령/국무총리/장관/체육회장/기타	지역별
	4-2-5 전국동계대회 참가현황	임원/선수	지역별
	4-2-6 전국소년체육대회 참가현황	임원/선수	지역별
4-3 국제대회	4-3-1 국제경기대회 참가횟수 및 참가인원수	횟수/인원	종목별
	4-3-2 올림픽경기대회참가현황	개최지/참가국수/한국참가현황	차수별
	4-3-3 아시아경기대회참가현황	개최지/참가국수/한국참가현황	차수별
	4-3-4 국제경기대회 국내개최 현황	횟수/규모	종목별
	4-3-5 유니버시아대회 참가현황	개최지/참가국수/한국참가현황	차수별
	4-3-6 동계올림픽대회 참가현황	개최지/참가국수/한국참가현황	차수별
	4-3-7 동계유니버시아대회 참가현황	개최지/참가국수/한국참가현황	차수별
	4-3-8 장애인올림픽경기대회 참가현황	선수/임원수	종목별

관심영역	체육지표	내용	분류기준
	4-3-9 장애인 아시아 경기대회 참가현황	개최지/참가국수/한국참가현황	차수별
	4-3-10 장애인국제경기대회 참가현황	개최지/참가국수/한국참가현황	차수별
	4-3-11 지역별국제대회 및 국제회의 개최횟수	국제대회/국제회의	지역별
	4-3-12 동아시아 경기대회 참가현황	개최지/참가국수/한국참가현황	차수별
	4-3-13 동계아시아 경기대회 참가현황	개최지/참가국수/한국참가현황	차수별
4-4 체육교류	4-4-1 국제체육기구내 한국인 임원 현황	세계기구/아시아 기구 임원수	기구 및 종목별
	4-4-2 외국인 코치 초청 현황	코치명/국적/초청 기간	종목별
	4-4-3 연도별 태권도 시범단 파견 현황	파견국/파견횟수	연도별
	4-4-4 남북체육교류	대회명/주요성과	연도별
	4-4-5 한 · 일 청소년 스포츠 교류	기간/장소/규모/종목	차수별
	4-4-6 한 · 중 청소년 스포츠 교류	종목/장소/인원	연도별
	4-4-7 한 · 중 · 일 주니어 종합경기대회	종목/장소/인원	연도별

5) 체육인력

관심영역	체육지표	내용	분류기준
5-1 체육인력 양성	5-1-1 전체 대학생 대비 체육계 학과 학생 비율	대학생총수/체육학과학 생 비율	연도별
	5-1-2 체육계 중학교 및 학생수	학교수/교직원수 /학급수/학생수	지역/국·공· 사립 학교별
	5-1-3 체육계 고등학교 및 학생수	학교수/교직원수 /학급수	지역/국·공· 사립 학교별
	5-1-4 체육계 학과 및 학생수	학년별 학생수	학과별
	5-1-5 스포츠지도사(전문체육)	종목별 지도자수	등급별
	5-1-6 스포츠지도사(생활체육)	종목별 지도자수	등급별
	5-1-7 스포츠지도자(2급 장애인, 유소년, 노인체육)	종목별 지도자수	연도별
	5-1-8 연도별 장애인 스포츠지도자수	지도자수	연도별
	5-1-9 종목별 장애인 스포츠지도자수	지도자수	종목별
5-2 체육인력 배치	5-2-1 가맹경기단체 등록심판 현황	종목별 심판수	국제/국내/등급별
	5-2-2 중·고등학교 체육교사수	교사수	지역/국·공· 사립 학교별
	5-2-3 체육계학과 교수수	교수수	국·공·사립 학교별
	5-2-4 스포츠 종목별 협회 현황	지도자수/심판/예산	종목별
	5-2-5 체육 관련 학회 현황	회원수/학회지 발간수/ 게재 논문수	학회별
	5-2-6 대학부설 체육관련 연구소 현황	창립연도/설립목적	연구소별
	5-2-7 체육지도자 배치	업소수/대상수/배치인원	등록체육시설업/ 신고체육시설업
	5-2-8 스포츠산업전문인력 교육 현황	교육과정	연도별/성별

6) 체육시설

관심영역	체육지표	내용	분류기준
6-1 체육시설의 수 및 면적	6-1-1 시도별 1인당 체육시설의 면적	공공시설/등록시설/신고시설 면적	지역별
	6-1-2 시도별 공공체육시설의 수 및 면적	시설종류별	지역별
	6-1-3 등록체육시설업체수	시설종류별	지역별
	6-1-4 신고체육시설업체수	시설종류별	지역별
	6-1-5 학생 1인당 학교체육장 면적	체육장 총면적/학생수/1인당 면적	학교급별
	6-1-6 장애인 전용 종합체육 시설 현황	시설수	지역별
	6-1-7 설치주체별 공공체육시 설의 수 및 면적	지방자치단체/대한체육회/ 국민체육진흥공단	시설종류별
6-2 체육복지	6-2-1 체육시설을 자주 이용하는 이유	거리가 가까워서/시설 이용료 가 무료 또는 저렴해서/전문적 체육시설을 갖추고 있어서/체 육활동 프로그램이 다양해서/ 적극적 홍보로 체육시설 정보 를 얻어서/선호하는 체육지도 자가 있어서/기타	성별/연령별/ 학력별/직업 별/소득별
	6-2-2 레저시설별 이용률	관광명소/골프장/스키장 /온천장/휴양림/해수욕장 /놀이공원	성별/연령별

7) 스포츠산업

관심영역	체육지표	내용	분류기준
7-1 스포츠 산업 생산	7-1-1 스포츠용구 생산업체 수 및 생산규모	사업체수/생산액	품목별
	7-1-2 스포츠용구 수출입액	스포츠용구 수출액/수입액	연도별/품목별
	7-1-3 스포츠용구 구입비용	10만 원 미만 ~30만 원 이상	성별/연령별/학력 별/직업별/소득별
	7-1-4 스포츠토토의 매출액 및 참여인원수	종목/회차/매출액/참여인원	연도별
7-2 프로 스포츠	7-2-1 프로 스포츠 구단수 및 선수 수	프로 종목별 구단수/선수수	연도별
	7-2-2 프로 스포츠 종목별 경기수 및 입장인원수	축구/야구/농구 경기수/입장 인원수	연도별
7-3 경주산업	7-3-1 경륜산업 매출액 및 입장객수	경륜일수/연간매출액/일평 균매출액/연간입장객/일평 균입장객	연도별
	7-3-2 경정산업 매출액 및 입장객수	경정일수/연간매출액/일평 균매출액/연간입장객/일평 균입장객	연도별
	7-3-3 경마산업 매출액 및 입장객수	경마일수/연간매출액/일평 균매출액/연간입장객/일평 균입장객	연도별

8) 체육재정 및 체육복지

관심영역	체육지표	내용	분류기준
8-1 체육재정	8-1-1 GDP 대비 체육재원(공공) 규모	공공체육재원	연도별
	8-1-2 정부예산 대비 체육예산 비율	정부예산/체육예산	연도별
	8-1-3 국민 1인당 중앙 체육재정(국고+기금) 규모	인구/지원	연도별
	8-1-4 국민체육진흥 기금의 조성 및 지원 내역	조성액/지원규모/내역	연도별
	8-1-5 중앙정부 체육예산	생활/전문/국제체육분야/기타예산	분야별
	8-1-6 지방자치단체 체육예산	자치단체의 예산총액/체육예산	시도별
	8-1-7 대한체육회 예산	국고보조금/국민체육진흥기금/자체일반회계	연도별
	8-1-8 국민생활체육회 예산	국고보조금/국민체육진흥기금/자체일반회계	연도별
	8-1-9 장애인 체육재정 지출	지출비	지출 항목별
	8-1-10 국민체육진흥기금의 장애인 체육 지원 내역	지원비	연도별
8-2 체육복지	8-2-1 경기력향상연금 수혜 실태	연금구분별	종목별
	8-2-2 체육인 복지사업 지원	특별보조금/선수 · 지도자보호지원금/장애연금/경기력향상연구연금/경기지도자 연구비/체육장학금/국외유학지원급/경기력향상연구연금	연도별
	8-2-4 장애인 경기력 향상 연급 수혜실태	종목별	월정금액별
	8-2-5 장애체육인 복지사업 지원 실태	특별보조금/선수 · 지도자보호지원금/장애연금/경기력향상연구연금/경기지도자 연구비/체육장학금/국외유학지원급/경기력향상연구연금	연도별

체육·스포츠
행정의 이론과 실제

CHAPTER

02

체육·스포츠 정책

정책의 개요

1. 정책의 의의

정책이란 '문제해결 및 변화를 유도하기 위한 행동(Lasswell, 1970)', '정부기관에 의해서 결정된 미래의 행동지침(Dror, 1968)'이라고 정의를 내리고 있다. 정책은 정부기관이 공식적으로 결정한 방침이라 할 수 있다. 즉, 정부의 의사결정으로서 사회적 상황과 트렌드 등이 바람직한 방향으로 갈 수 있는 방향타 역할을 한다. 이를 차질 없이 수행하기 위해 정부는 공식적인 절차와 방법을 중시한다. 일반적으로 법률, 정부사업계획, 프로젝트, 지침 등의 용어로 표현된다. 이와 같은 기본방침에 따라 사회적 요구에 대한 정부의 대응을 효과적으로 수행하고자 한다. 예를 들어 교육문제, 환경문제, 계층 간의 갈등 문제 등 산적한 사안에 대해 해결을 한다. 정책은 공익을 우선시한다. 정책의 주체는 정부와 공공기관이다. 정부가 추진하고자 하는 전략을 공공기관이 수행한다. 그러한 행위의 궁극적인 목표는 국민의 이익 실현이다. 정책은 특정한 목표가 있어 정부에 따라 추구하는 바가 다를 수밖에 없다. 정책마다 가치가 내포되어 있다. 근본적으로 인본주의적 가치와 행동을 추구하게 된다(조계표, 2020).

또한 정치적 성격을 포함하고 있다. 자원의 배분과 관련된 정책을 통해 조정과 통합의 기능을 수행하는 것이다. 한정된 자원을 합리적이고 경제적 측면에 의해 분할되기도 하지만, 주로 정치적인 힘에 따라 결정되는 측면이 강하다. 정책은 문제해결지향과 변동 대응적인 성격을 갖고 있다. 국민의 공감대가 형성되지 않은 정책을 무리하게 추진한다면 오히려 문제를 양산하게 된다. 정부가 추진하고자 하는 정책은 합리성을 강조한다. 바람직한 사회를 건설하기 위해 최적의 수단을 선택하기 위한 요인이다. 이와 같이 정책을 통해 다수가 공감하는 사회상태를 구현할 수 있다. 정책을 추진하는 과정에서 다양한 이해관계자들의 요구를 전부 수용할 수는 없다. 이익과 손해가 발생하는 개인과 집단은 존재하게 마련이다. 이를 조정과 통합을 통해 설득시키는 것도 정책을 통해 설정하게 된다. 결론적으로 정책은 많은 사람들에게 영향을 미친다. 정부 정책은 한정된 시간과 공간 안에서 보편성을 가져야 한다. 특정한 소수가 아니라 사회전체에 광범위하게 영향을 미칠 수 있어야 한다(조계표, 2020).

2. 정책의 구성요소

정책을 수행하고자 하는 주체는 정책이 갖는 요소가 있기 때문에 실행하는 것이다. 정책을 통해 달성하고자 하는 뚜렷한 목표가 필요하고, 이를 실현하기 이한 효과적인 정책적 수단이 있어야 한다. 이는 정책을 집행함에 있어 영향을 받는 대상이 있어서 가능한 일이다.

즉, 정책의 3대 구성요소는 정책목표, 정책수단, 정책대상 집단이 있다. 정책결정 자를 포함해 4대 요소로 주장하기도 한다(조계표, 2020).

□ <표 2-1> 정책의 구성요소

구분	내용
정책목표	정책목표란 정책을 통해 달성하고자 하는 바람직한 상태를 의미한다. 환경문제와 같이 문제발생 이전의 사안을 정책목표로 삼는 치유적 목표(소극적 목표)와 개발도상국의 경제정책과 같이 새로운 시도를 통해 목표를 달성하고자 하는 창조적 목표(적극적 목표)가 있다.
정책수단	정책수단이란 정책목표를 달성하기 위한 행동방안을 의미한다. 상위목표를 달성하기 위해 논리적으로 판단해 실현해야 할 실질적 정책수단과 현실적으로 실현하기 위해 필요한 수단을 의미하는 보조적 정책수단이 있다.
정책대상	정책대상 집단이란 정책집행으로 영향을 받는 집단을 뜻한다. 본인들의 정책이 채택돼 적극적으로 찬성하는 수혜집단과 손해를 보기 때문에 국가가 보상해야 한다고 주장하는 비용부담집단이 있다.

※ 출처: 조계표(2020). 행정학입문(제2판). 박영사. p.112~113(요약).

SECTION 02 정책의 유형

1. 학자별 정책유형의 분류

정책결정자는 정책을 수행하기 위한 근본적인 목적을 갖는다. 세수를 통해 얻어진 자금력을 바탕으로 국민에게 되돌리고자 하거나 골고루 나누기 위한 정책을 펼친다. 또한 소수의 개인이나 집단에 의해 지나친 권한을 행사하지 못하도록 규제를 하거나 정권을 상징하는 정책을 제시하기도 한다. 시장 내 독점을 막기 위해 경쟁적 환경을 만들기도 하지만, 자국의 시장을 보호하기 위한 정책적 기조를 앞세우기도 한다.

대표적인 정책이론을 제시한 학자의 분류를 살펴보면 다음 <표 2-2>와 같다. 우선 Lowi(1964)는 정책의 성격에 따라 분배정책, 규제정책, 구성정책, 재분배정책으로 구분했다. Almond & Powell(1978)은 추출정책, 규제정책, 분배정책, 상징정책으로 분류했다. 또한 Ripley & Franklin(1982)은 경쟁적 규제정책, 보호적 규제정책, 분배정책, 재분배정책으로 구분하고 설명했다(조계표, 2020).

□ <표 2-2> 정책의 유형

구분		내용
T. J. Lowi (1964)	분배정책	• 국가가 국민에게 이익과 서비스를 분배하는 정책 • 도로건설, 수출특혜금융, 국가보조금 지급 등
	규제정책	• 개인과 집단의 행동제약과 관련한 정책 • 개인과 집단의 재산권 행사 등
	구성정책	• 사회전체를 위한 이익과 정부자체를 대상으로 하는 정책 • 정부기관 신설, 공직자 보수결정, 선거구 조정 등
	재분배정책	• 소득분배의 실질적인 변경을 목적으로 한 정책 • 누진과세, 영세민 취로사업, 세액공제와 감면 등

구분		내용
G. A. Almond & G. B. Powell (1978)	분배정책	• 세금을 재원으로 한 정부의 행정서비스와 관련한 정책 • 주택자금대출, 택지분양, 보조금 지급 등
	규제정책	• 정부가 개인·집단행동을 제약하는 것과 관련한 정책 • 환경규제, 안전규제, 진입규제 등
	추출정책	• 정부의 체제유지를 위해 인적·물적 자원을 동원해내는 기능과 관련해 일반 국민들에게 부담을 시키는 정책 • 조세징수, 병역, 토지수용 등
	상징정책	• 정치체제의 정당성에 대해 신뢰감을 조성하는 정책 • 국경일 제정 등
R. B. Ripley & G. A. Franklin (1986)	분배정책	• 안정적인 제도화 가능성이 높아 일반대중의 반발이 거의 없어 집행이 가장 용이한 정책
	경쟁적 규제정책	• 특정한 재화와 용역을 제공할 수 있는 권리에 관한 정책 • 항공노선의 지정, 방송국 설립허가 등
	보호적 규제정책	• 개인, 집단의 권리행사를 제한함으로써 일반대중을 보호 하려는 것을 목적으로 한 정책 • 근로기준법, 개발제한구역의 설정 등
	재분배정책	• 재산소득, 부, 권리 등을 국민의 모든 계층에 평등하게 재분배하기 위한 정책 • 누진과세, 의료혜택, 영세민의 취로사업 등

※ 출처: 조계표(2020). 행정학입문(제2판). 박영사. p.114~116(요약).

2. 정책 참여의 주체

정책결정을 하기 위해선 다양한 이해관계자 간의 타협과 조정을 통해 이루어진다. 이 과정의 근본은 법적·제도적인 권한을 통해서다. 정책결정의 참여자를 크게 두 가지로 분류하면 공식적인 참여자와 비공식적인 참여자가 있다. 전자는 국회, 대통령, 행정기관과 공무원, 사법부가 있고, 후자는 정당, 이익집단, 비정부단체, 전문가, 일반국민, 여론, 언론 등이 있다. 이와 같은 정책참여자들의 권력적 관계를 통해 정책이 형성돼 가는 과정을 이해할 수 있다.

1) 공식적인 참여자

대표적인 공식적인 참여자는 국회가 있다. 헌법의 개정 제안과 의결권, 법률의 제정권과 개정권과 같은 입법권한을 행사한다. 대통령은 행정부의 수반으로 행정부의 공식적인 정책 과정 전반에 대한 책임과 권한을 갖고 있다. 행정기관은 관련 법령을 토대로 국회와 대통령이 결정한 정책을 실행한다. 직업공무원인 행정 관료는 신분이 보장되기 때문에 정책추진의 연속성을 유지할 수 있다. 또한 사법부는 행정소송과 헌법소송에 따라 정책결정에 영향을 미치고 있다.

2) 비공식적인 참여자

비공식적인 참여자에는 정당이 있다. 정당은 헌법상의 기관이 아닌 정권창출을 주요 목적으로 하는 기관이다. 이익집단은 집단이 추구하는 이익을 얻기 위해 정책과정에 영향을 미치기 위해 영향력을 행사한다. 비정부단체(NGO, Non Government Organization)는 사회적 이슈에 적극적으로 관심을 갖고 소수의 목소리를 대변하기도 하면서 정책결정에 영향을 미친다. 전문가 집단도 정책결정에 영향을 미치는 주체이다. 행정 관료가 쉽게 결정하지 못하는 분야와 규모에 대해 외부 전문가로부터 타당성을 인정받는 절차를 통해 정책결정의 명분을 확보하고자 한다. 일반국민, 여론과 언론은 민주적 정치체제에서 투표를 통해 정책추진의 방향을 바꿀 수도 있고, 여론의 향방을 주도하기도 한다.

체육과 스포츠 정책

1. 체육과 스포츠 정책의 범위

체육과 스포츠 정책을 수행하는 범위는 다양하게 분포돼 있다. 체육정책을 수반하기 위해 가장 근간이 되는 작업은 관련 분야의 법제화이다. 체육과 스포츠 관련 법령을 제정하고 시대적 수요에 맞게 일부 혹은 전부 개정을 거친다. 이 과정을 거쳐야 체육·스포츠 행정 조직을 출범하고 역할을 부여할 수 있게 된다. 또한 각종 체육진흥재원을 조성하고 지원할 수 있는 환경을 마련할 수 있다. 이는 곧 중앙정부와 지방자치단체의 체육재정을 집행할 수 있는 법적·제도적 기초가 되는 것이다.

국내 정책 분야로서 대표적으로 생활체육 육성 정책이 있다. 정책을 기반으로 해서 생활체육 인프라를 구축한다. 이를 수행하기 위해선 생활체육에 직·간접적으로 참여하는 실태를 조사하고 있다. 또한 다양한 생활체육 지원 정책을 통해 일반인들이 참여할 수 있는 환경을 조성하고 점차적으로 확대할 수 있도록 유도한다. 따라서 생활체육단체를 지원하고 각종 대회를 개최할 수 있도록 한다. 또한 인구의 고령화에 따라 노인체육 활동을 지도하고 지원할 수 있는 환경을 마련하고 있다.

또한 학교체육을 육성한다. 체육 교육과정을 마련하고 시대 흐름에 맞게 개편한다. 체육 담당교원을 지속적으로 충원하고 학교체육시설 현황을 파악하고 있다. 일반 학생의 건강체력 증진과 학교운동부를 육성하는 정책을 수립하고 있다. 종종 문제가 불거지곤 하는 학생선수의 인권보호 이슈도 정책적으로 다루고 있다.

국가는 체계적으로 전문체육을 육성한다. 이는 국내 정책 분야이기도 하지만,

국제 스포츠 분야의 위상을 높이기 위한 영역이다. 전문체육 인프라를 구축하기 위해 훈련시설과 선수지원 · 복지 분야에 지원하고 있다. 전문체육 선수를 육성하기 위해 유소년 시절부터 성인에 이르기까지 단계별로 성장할 수 있도록 체계적인 정책을 수립하고 있다. 이를 위해 체육 전문인력을 양성하고자 체육지도자 자격제도와 연수 프로그램을 지원한다.

생활체육, 학교체육, 전문체육 육성의 근간이 될 수 있는 공간적 지원은 체육시설의 확충이라 할 수 있다. 체육시설 조성정책을 위해 공공체육시설을 지원함으로써 공간 활용도를 높이고 관리와 운영의 효율화를 꾀하고 있다. 특히 체육시설의 안전관리가 중요해짐에 따라 안전관리 매뉴얼과 교육을 중요시한다.

국제체육은 국제 스포츠 대회에 참가하기 위한 기반을 마련하는 데 주안점을 둔다. 전문체육 선수를 육성하는 데에 그치지 않고, 국제체육 · 스포츠를 관장하는 기구와의 유기적 네트워크를 구축하고 있다. 또한 세계 주요국의 체육 · 스포츠와 연관된 기구와 직 · 간접적으로 정책을 공유한다. 주요 국제체육 이슈로서 도핑방지를 위한 활동을 적극적으로 수행하고, 스포츠 제전을 통한 환경과 평화 문제에도 관심을 기울인다. 이는 남북체육교류 정책을 지속적으로 추진해야 하는 사명과도 연관된다.

장애인 체육은 생활체육과 전문체육을 포함한다. 오랜 기간 동안 체육복지의 사각지대에 놓여 있던 장애인들의 생활체육 환경을 마련하고 있다. 각종 생활체육 참여여건을 조성하고 지원한다. 그리고 장애인 전문체육을 육성하기 위해 체계적인 훈련시설과 프로그램을 확충하고 있다. 이러한 기반을 토대로 국제 장애인 체육 영역에서도 성과를 내기 위해 국제체육기구와의 공조를 수행한다.

위에 제시한 체육 · 스포츠 정책의 범위에서 조직과 리더십, 재정과 예산, 인사와 사무 등의 분야는 공통적으로 연관돼 있다. 국내 체육과 스포츠 정책의 범위를 살펴보면 다음 <표 2-3>과 같다.

☐ <표 2-3> 체육 · 스포츠 정책의 범위

구분	내용
법제화	체육과 관련한 실정법, 국내 법령 체계, 체육 및 스포츠와 직 · 간접적으로 관련한 법률 등

구분	내용
생활체육	국민의 건강과 체력증진, 일상생활과 여가시간 활용 환경 마련, 삶의 질 향상 등
학교체육	학생을 대상으로 이루어지는 체육활동, 독립된 교과목으로서의 학교체육, 학생건강체력평가 등
전문체육	선수의 경기력 향상 도모, 우수 선수의 체계적 발굴, 체육단체에서의 선발과 훈련, 선수관리 등
체육시설	체계적이고 균형 있는 체육시설 확충, 국민체육센터, 개방형 다목적 학교체육관, 기초생활체육 저변확산 등
국제체육	국가 간 우호증진, 남북교류협력, 체육전문인력 양성, 국제체육정책 교류 등
장애인 체육	장애인 복지 활동, 장애인의 생활·전문체육 육성, 쟁애인 권리 존중, 장애인 체육의 체계적 계획 추진 등

2. 체육과 스포츠 정책의 계획

「문화체육관광부와 그 소속기관 직제」 제17조(체육국)에 따르면 다음과 같이 체육정책의 범위를 보다 구체화할 수 있다(2021. 8월 기준, 법제처).

1. 생활체육, 전문체육 및 스포츠산업의 진흥을 위한 장기·단기 종합계획의 수립
2. 체육과학의 진흥 및 체육과학 연구기관의 육성·지원
3. 체육지도자의 양성·배치
4. 선수 및 운동경기부의 육성·지원
5. 청소년 및 학생의 체육활동 육성·지원
6. 국민체육진흥기금의 조성·운용
7. 체육진흥투표권 및 경륜·경정사업
8. 체육주간 및 체육의 날 행사, 우수체육인 포상 및 체육유공자의 보호·육성
9. 직장 및 지역생활체육 진흥, 스포츠 클럽의 육성·지원
10. 전통무예, 전통민속경기 및 프로운동경기의 진흥
11. 스포츠산업 진흥을 위한 조사·연구 및 전문인력 양성, 관련 업체 및 단체의 육성·지원
12. 공공체육시설 확충계획의 수립·추진 및 민간체육시설 설치·이용의 활성화

13. 국제체육교류 및 장애인 체육의 진흥을 위한 장기 · 단기 종합계획의 수립
14. 국내대회 개최, 국제대회 유치 · 개최 및 참가지원
15. 국가 간 국제기구와의 체육교류 및 국제체육회의 등에 관한 사항
16. 태권도 진흥 정책의 수립 · 추진
17. 장애인 생활체육 활동 프로그램의 개발 · 보급
18. 전국장애인체육대회, 종목별 경기대회, 장애인 체육교류 및 전문인력 양성
19. 스포츠유산(遺産)에 관한 사항

또한 체육 진흥 시책에 관해 「국민체육진흥법」 제3, 4조에 다음과 같이 규정하고 있다(2021. 8월 기준, 법제처).

제3조 (체육 진흥 시책과 권장) 국가와 지방자치단체는 국민체육 진흥에 관한 시책을 마련하고 국민의 자발적인 체육 활동을 권장 · 보호 및 육성하여야 한다.
제4조 (기본 시책의 수립 등) ① 문화체육관광부장관은 국민체육 진흥에 관한 기본 시책을 수립 · 시행한다. ② 지방자치단체의 장은 제1항의 기본 시책에 따라 그 지방자치단체의 체육 진흥 계획을 수립 · 시행하여야 한다.

학교교육 측면에서의 체육정책 업무는 「교육부와 그 소속기관 직제 시행규칙」 제7조(학교혁신지원실)에 따르면 학교 체육에 관한 내용을 살펴볼 수 있다(2021. 8월 기준, 법제처).

⑩ 교수학습평가과장은 다음 사항을 분장한다.
19. 학교 체육교육 기본정책의 수립 · 시행 및 체육 수업 내실화 지원
20. 학교 운동부 운영 지원에 관한 사항
21. 학교스포츠클럽 활성화 및 스포츠강사 운영 지원에 관한 사항
22. 학교체육진흥위원회의 구성 · 운영
23. 체육계열 교육과정 운영 학교 지원
24. 학생 건강체력평가제도에 관한 사항

우리나라의 체육정책은 1962년에 제정된 「국민체육진흥법」을 근간으로 한다. 앞서 언급한 제3조(체육 진흥 시책과 권장), 제4조(기본 시책의 수립 등)에 따라 구체적인 내용을 도출하였다. 동법 시행령 제3조(국민체육 진흥 시책)에 명시된 사항을 살펴보면 다음과 같다.

---

1. 생활체육의 진흥
2. 선수와 체육지도자의 보호 · 육성
3. 체육시설의 설치와 유지 · 보수 및 관리
4. 체육과학의 진흥
5. 여가 체육 활동의 육성 · 지원
6. 그 밖에 국민체육 진흥에 관한 사항

체육을 주관하는 정부부처로서 체육부(1982년)로 승격한 후, 1986년 아시아경기대회와 1988년 서울하계올림픽대회의 성공적인 개최를 위해 전폭적인 행정지원을 했다. 대형 스포츠 이벤트 개최의 성공을 발판으로 체육청소년부(1991년)를 통해 국민생활체육진흥종합계획(일명 '호돌이 계획')을 추진했다. 이를 위해 '국민생활체육협의회(1991년)'를 발족시켜 생활체육을 전담하고 국민생활체육발전의 제도적 기반을 확고히 구축하고자 했다. 이 조직은 현재 대한체육회와 통합(2016년)됐다. 1993년도부터는 '국민체육진흥계획'으로 5년 동안 정부가 추진할 주요 정책과제를 제시했다. 구체적으로 살펴보면 다음과 같다.

1) 1990 ~ 1992년 체육진흥계획

이 시기의 국민생활체육진흥계획은 생활체육에 대한 고민이 담겨 있다는 점에서 의의가 있다. 그간 추진돼 왔던 국위선양이란 목표를 달성하기 위해 엘리트 체육의 육성을 위주로 시행했던 정책과 함께 일반시민을 위한 시설과 프로그램을 넣었다. 1988년 서울하계올림픽을 개최하고 나서 체육의 공공성으로 확대했다. 공공체육을 발전시키기 위한 생활체육지도자 양성 제도를 개선하기 위한 노력을 했다.

□ <표 2-4> 제6공화국 국민생활체육진흥 종합계획(1990~1992)의 주요 내용

구분	시설	프로그램	지 도 자

주요
사업
	• 생활체육시설의 확충
	  - 서울올림픽기념 생활관 건립
	  - 소규모 근린생활체육시설 건립
	  - 국 · 공립학교(초등학교)내 테니
	    스장 설치
	  - 광역권별 수영장 건립
	  - 레포츠공원 조성
	• 기존 체육시설의 활용도 제고
	  - 공공체육시설 활용도 제고
	  - 학교체육시설 개방 · 이용 확대
	  - 올림픽시설 개방
		• 생활체육프로그램의 개발 · 보급
		  - 국민경기 종목의 개발 · 보급
		  - 계층별 생활체육프로그램 보급
		  - 건강생활체조 개발 · 보급
		• '90 전국 스포츠교실 운영
		• 직장체육프로그램 개발
		• '90 전국씨름왕선발대회 개최
		• 국민체력평가대회 개최
			생활체육
			지도자 양성
			제도 개선

※ 출처: 문화체육관광부(2019a). 2018 체육백서, p.4-5.

2) 1993 ~ 1997년 체육진흥계획

제1차 국민체육진흥 5개년 계획으로 표방한 이 시기의 체육진흥계획은 엘리트 체육의 지속적 육성과 전 국민이 누릴 수 있는 생활체육의 확산을 담았다. 이를 위해 국제체육협력을 강화하고 체육과학분야의 전문성을 도모하기 위한 노력을 했다.

□ <표 2-5> 문민정부 국민체육진흥 5개년 계획(1993~1997)의 주요내용

정책과제	추진내용
생활체육의 범국민적 확산	• 국민의 체육활동 참여의식 고취 • 체육활동공간 확충 및 생활체육지도자 양성 • 국민체육활동의 체계적 육성 및 지원 • 국민건전여가 기회의 확대
엘리트체육의 지속적 육성	• 우수선수의 과학적 · 체계적 양성 • 국내경기대회 운영의 개선 • 우수한 경기지도 인력 양성 • 체육인 복지향상 및 체육단체의 자율성 제고

정책과제	추진내용
국제체육협력의 증진	• 세계 체육계에서 한국의 입지 강화 • 국제체육교류 사업의 효율적 추진 • 체육을 통한 민족화합 도모
체육과학의 진흥	• 체육과학의 연구기반 강화 • 체육과학의 실용화
체육행정체제의 보강	• 체육행정체제의 정비 · 보강 • 체육관련 법령 및 제도의 정비

※ 출처: 문화체육관광부(2019a). 2018 체육백서, p.6.

3) 1998 ~ 2002년 체육진흥계획

제2차 국민체육진흥 5개년 계획에는 2002년 월드컵 대회의 성공적인 개최가 매우 중요한 과제가 됐다. 이후 처음으로 체육·스포츠 영역에 산업적 가치를 인식하게 됐다. 대형스포츠이벤트로 대표되는 아시아 경기대회(1986), 하계 올림픽(1988), 월드컵(2002)까지 치를 수 있는 행정적 역량을 발휘하여 새로운 부가가치를 창출하는 산업적 기반 마련에 대한 논의가 본격화됐다.

2001년에 발표한 스포츠 산업 육성대책을 통해 스포츠 자원의 상품가치 개발, 스포츠 서비스업 중점지원, 고부가가치 실현을 위한 지식정보 기반 구축, 민간기업의 경쟁력 강화지원 등의 내용을 넣었다(문화체육관광부, 2001).

□ <표 2-6> 국민의 정부 국민체육진흥 5개년 계획(1998~2002)의 주요내용

부문별 목표	추진내용
생활체육 참여 환경을 구축하여 지역공동체 중심의 체육활동여건 조성	• 지역공동체 주민활동의 장으로서 체육시설 확충 • 미참여 인구의 생활체육 프로그램 참여 확대 • 생활체육지도인력의 육성 및 활용 • 국민체력관리의 과학적 지원 • 민간주도적 생활체육 확산
세계상위권 경기력의 유지 및 생활체육과 전문체육의 연계강화	• 선수 발굴 및 육성체계의 전문성 보강 • 경기단체 자율성 제고 • 경기운영체계의 합리화 및 전산화 강화 • 스포츠클럽 육성을 통한 생활체육과 전문체육의 균형발전

부문별 목표	추진내용
국제교류 역량 강화 및 남북체육교류 촉진	• 체육교류 대상국 확대 및 교류 내실화 • 체육외교역량의 강화로 국제체육기구내 역할 강화 • 남북체육교류 추진으로 민족화합 분위기 조성 • 국가 이미지 홍보를 위한 상징종목의 세계적 보급 확산
2002년 월드컵 축구대회의 성공적 개최로 국가발전의 재도약 전기 마련	• 대회준비 운영체제 구축, 경기장 등 대회시설 확보 • 경기운영, 개회식 등 대회운영 단계적 준비 • 범국민적 대회 참여 분위기 조성 및 전 정부적 지원
체육산업의 국제경쟁력 강화	• 체육산업의 연구 개발 • 취약지구 민간체육시설 우선 융자 지원 • 민간체육산업의 성장을 위한 규제완화 추진 • 체육서비스소비자의 권익 및 안전보호를 위한 조치 강구
경쟁력 있는 체육과학발전 추구 및 체육행정능률 향상	• 한국체육과학연구원 기능 증대 • 국민체력 증진 연구 및 경기력향상 연구 역량 강화 • 체육부문 종합정보망 구축 및 다양한 체육정보 제공 • 체육인력의 전문성 제고 및 지방체육조직에 전문인력 배치

※ 출처: 문화체육관광부(2019a). 2018 체육백서, p.7.

4) 2003 ~ 2007년 체육진흥계획

참여정부의 국민체육진흥 5개년 계획에는 스포츠 산업을 새로운 국가전략산업으로 육성하고자 했다. 성공적으로 치른 2002년 월드컵 세계대회를 통해 전문체육의 경기력 향상뿐만 아니라 생활체육으로의 관심이 높아졌다. 이를 위해 체육진흥재원을 마련하기 위한 노력으로 국민체육진흥기금의 안정적 조성을 이루기 위해 정책을 폈다.

특히 스포츠 산업 비전을 제시함으로써 2007년에 「스포츠산업진흥법」을 제정했다. 이를 통해 관련 조직을 설립할 수 있는 기반과 프로 스포츠를 육성할 수 있도록 법적인 토대를 마련했다.

□ <표 2-7> 참여정부 국민체육진흥 5개년 계획(2003~2007)의 주요내용

부문별 목표	추진내용
생활체육 활성화를 통한 국민의 삶의 질 향상	• 주민친화형 생활체육공간 확충 • 스포츠클럽의 체계적 육성 • 체육활동 참여확대를 위한 다양한 프로그램 운영 • 과학적 국민체력관리시스템 구축 • 레저스포츠 발전방안 마련 • 생활체육지도 인력의 양성 및 활용 • 생활체육 인식 제고 및 추진체제 강화
과학적 훈련지원을 통한 전문체육의 경기력 향상	• 우수선수의 발굴·육성 체계 확립 • 전문체육시설의 다기능화·현대화 • 체육특기자 제도개선 등 학교체육 활성화 지원 • 전문체육단체 자율성 및 재정자립 기반 강화
스포츠산업을 새로운 국가전략산업으로 육성	• 스포츠산업체의 경쟁력 강화 지원 • 스포츠산업 전문인력 양성 • 스포츠산업 진흥 관련 법적 기반 마련
국제체육교류 협력을 통한 국가이미지 제고	• 세계선수권대회 등 종목별 주요 국제대회의 유치 • 스포츠외교 전문인력 양성 • 국가 간 체육교류·협력 내실화 • 체육을 통한 민족화합 기반 조성 • 태권도 공원 조성 추진 • 스포츠반도핑활동의 활성화
체육과학의 진흥 및 정보화	• 체육의 학문적 연구 활동 지원 • 체육종합정보체계 구축
체육행정시스템의 혁신과 체육진흥재원 확충	• 체육정책 추진체계의 체계화 • 국민체육진흥기금의 안정적 조성

※ 출처: 문화체육관광부(2019a). 2018 체육백서, p.8 ~ 9.

□ <표 2-8> 스포츠 산업 비전 2010의 주요내용

추진과제	내용
스포츠 산업 추진기반 구축	• 스포츠산업진흥법 제정 • 스포츠산업 육성 지원조직 설립 • 스포츠산업 전문인력 양성 및 데이터베이스 구축
고부가가치 스포츠 용품 개발 및 국제경쟁력 강화	• IT 활용 첨단 스포츠 용품 개발 • 국제수준의 품질인증제(KISS) 시행 및 해외유명 인증획득 지원 확대 • 투자유인 및 마케팅 촉진
레저 스포츠 산업 기반 확대	• 레저 스포츠 인구 1천만 명 도래 대비 제도 완비 • 민간체육시설에 대한 세제지원으로 투자 촉진 • 저렴하고 접근이 용이한 대중 골프장 확충
프로 스포츠 산업의 성장기반 구축	• 프로 스포츠 마케팅 능력 제고, 스포츠마케터 등 전문인력 양성 • 야구돔구장 건설 지원 및 프로경기단체 운영 여건 개선 • 기존 국제대회의 육성 및 전략종목 국제대회 유치

※ 출처: 문화체육관광부(2005). 스포츠 산업 비전 2010.

5) 2008 ~ 2012년 체육진흥계획

이 시기의 체육정책의 기조는 '문화비전 2008 ~ 2012'를 통해서 제시했다. 선진사회의 공공스포츠클럽의 모델을 토대로 한국식 지역스포츠클럽의 정착과 활성화를 위한 정책을 폈다. 또한 학교체육진흥을 위한 법적 환경을 마련함으로써 학생선수의 학업과 운동을 병행할 수 있는 환경을 조성하기 위한 노력을 했다.

□ <표 2-9> 이명박 정부 문화비전(2008 ~ 2012)의 주요내용

부문별 목표	추진내용
체육활동 참여여건 개선	• 지역스포츠클럽 정착 및 활성화 • 체육인력 활용 제고 및 국민체력 향상 • 맞춤형 체육복지 구현 • 전통무예 지정 및 육성 보급 강화 • 생활체육시설의 확충 및 활용 제고 • 레저스포츠 시설 · 공간 확충

부문별 목표	추진내용
체육 친화적 교육환경 및 교육 친화적 체육환경	• 학교 기본체육활동 기반 조성 • 학교체육 활성화 프로그램 및 인력 지원 • 선수 인권보호 체계 구축 • 학생선수의 학업과 운동 병행 환경 조성
함께 누리는 체육활동	• 장애인 생활체육 참여인구 확대 • 공공체육시설의 장애인 이용환경 개선 • 장애인 전문체육 경기력 향상과 체계적 관리 • 소수자 계층의 생활체육 참여 확대 및 자원봉사 활동 전개
세계 속의 스포츠 한국	• 국제경기대회의 성공적 개최로 스포츠 강국 이미지 지속 • 스포츠 용품 고부가가치화 및 U-스포츠 사회 구축 • 스포츠 산업 전문 인력 양성·지원체계 구축 • 민간 체육시설의 이용환경 개선
스포츠 산업의 경쟁력 강화	• 체육의 학문적 연구 활동 지원 • 체육종합정보체계 구축
전문체육 및 국제경쟁력 강화	• 2012 런던하계올림픽대회 대비 국가대표선수 체계적 육성 및 훈련의 과학화 • 우수선수 자원의 확대 및 육성시스템 강화 • 비인기 종목 활성화 • 스포츠 의과학 및 정보지원 시스템 구축 • 육상진흥 토대 마련을 위한 추진계획 이행 • 전문체육시설 확충을 통한 훈련여건 개선
체육행정 시스템의 선진화	• 체육단체의 조직 및 기능 선진화 • 선진형 체육 법·제도 정비 • 부처 간 협력체계 구축 및 협력 강화

※ 출처: 문화체육관광부(2019a). 2018 체육백서, p.9 ~ 10.

문화체육관광부(2008)은 스포츠 산업 중장기 계획(2009 ~ 2013)에는 5대 추진
전략, 15개 추진과제를 설정했다. 이를 통해 스포츠 브랜드를 육성하고, 지역 스
포츠 산업을 발전시키기 위한 인프라를 구축할 수 있는 기반을 마련하고자 했다.

□ <표 2-10> 스포츠 산업 중장기 계획(2009 ~ 2013)의 주요내용

추진과제	내용
스포츠 용품 대표 브랜드 육성	• 중소 브랜드 유통망 및 내수 기반 확대 • 10대 글로벌 브랜드 육성 및 수출 촉진 • 인증 지원체제 확립 및 상품화 지원
스포츠 융합 신서비스 창출	• 미래형 신규 스포츠 콘텐츠 기술개발 • U-스포츠 인프라 및 비즈니스 활성화 • 모태펀드 조성으로 마케팅 회사 육성 및 창업 지원
프로 스포츠 경쟁력 제고	• 프로구단 지역 연고제 및 경기장 장기임대 도입 • 시장 확대를 위한 아시아리그제 등 도입 • 프로구단 마케팅 및 경영지원을 위한 제도 개선
지역 스포츠 산업 수요창출 및 인프라 구축	• 한류 스포츠 관광상품 육성 • 지역 스포츠관광 인프라 조성 • 민간 체육시설 경영 활성화
스포츠 산업 진흥기반 구축	• 스포츠 산업 진흥 조직체계 구축 • 스포츠 산업 통합정보망 구축 • 스포츠 산업 전문인력 양성

※ 출처: 문화체육관광부(2008). 2009 ~ 2013 스포츠산업 중장기 계획, p.9.

6) 2013 ~ 2017년 체육진흥계획

이 시기의 국민생활체육진흥종합계획에는 생애주기별 생활체육이란 개념을 도입했다. 이를 위해 2013년부터 시행하고 있는 '국민체력 100'의 제도화를 생활체육의 참여효과를 높이고 지속적으로 참여할 수 있도록 유인효과를 기대할 수 있게 됐다. 지역보건소, 공공의료기관 등과 연계할 수 있는 거점체력센터를 설치하여 중앙정부와 지방자치단체 간의 협업이 중요시되고 있다.

시대적 수요에 맞춰 체육지도자 개편도 이루어졌다. 「국민체육진흥법」의 일부 개정을 통해 생활스포츠지도사, 건강운동관리사, 장애인스포츠지도사, 유소년스포츠지도사, 노인스포츠지도사 등으로 대대적인 개편을 추진했다.

□ <표 2-11> 박근혜 정부 국민체육진흥종합계획(2013 ~ 2017)의 주요내용

부문별 목표	추진내용
생활체육 참여제고	• 경로당, 농촌지역 폐교, 도시지역 폐 파출소 등 활용한 생활체육시설 및 소통 공간 창출(작은 체육관) • 스포츠 프로그램과 간이 스포츠시설을 갖춘 스포츠버스(Sports Bus) 제작 및 저소득계층, 다문화가족 지원 • 세대 간 운동과 소통을 할 수 있는 어울림 체육시설 조성 • 공공체육시설 균형배치 가이드라인 제시
100세 시대 대비한 생활체육 정책 수립	• 국민체력인증제 시행, 거점체력센터 확대 • 청소년의 스포츠참여 이력관리와 나이스(NEIS, 교육행정정보시스템) 연계 운영 • 직장인 체력 및 건강진단을 위한 직장토털헬스플랜 시행 • 국민체력거점센터의 노인서비스 확대
생애주기별 생활체육 참여 환경 조성	• 운동부족으로 인한 유소년 및 청소년 비만율 증가방지를 위한 체육활동 활성화 • 체육지도자 개편(스포츠지도사, 건강운동관리사, 장애인스포츠지도사, 유소년스포츠지도사, 노인스포츠지도사) • 학교체육진흥법 제정 및 학교체육진흥위원회 설립 • 개인체력 맞춤형 운동프로그램 제공 시스템 구축
수혜자 중심으로 정책수립 패러다임 전환	• 공공체육시설을 기반으로 한 종합형 스포츠클럽 육성 • 학교스포츠클럽 운영 중심으로 단위학교에서 지역사회로 개방 확대 • 지역별 지역축제와 연계, 세대가 함께하는 생활체육 한마당 개최 • 다세대 다계층 다문화가 어우러진 어울림스포츠광장 확대 • 직장인 동호인대회, 여성동호회 활동, 스포츠클럽 리그 개최 지원
생활체육정책 수요 변화 맞춤형 정책 추진	• 유소년 전문 지도자 양성 및 어린이집, 유치원 파견 지원 • 노인복지관, 주민자치센터 등에 지도자 배치 및 순회 지도 • 불우 아동, 청소년, 소외계층 등 대상으로 행복나눔 스포츠 교실 운영 • 저소득층 유·청소년 대상 스포츠 강좌 이용권 지원사업 확대 • 생활체육콜센터를 통한 원스톱 정보 제공

※ 출처: 문화체육관광부(2013a). 국민체육진흥종합계획. 정책보고서.

문화체육관광부(2013b)는 두 번째 스포츠산업 중장기 발전계획을 발표함으로써 참여와 관람 스포츠 소비자의 잠재적 수요를 끌어올리고자 했다. 스포츠 산업의 선도기업을 육성하고 선순환 생태계 기반을 조성하기 위해 「스포츠산업진흥법」을 개정했다. 이 정책을 본격화하기 위해 문체부 내에 '스포츠산업과'를 신설했다.

□ <표 2-12> 스포츠 산업 중장기 발전계획(2014 ~ 2018)의 주요내용

추진과제	내용
융·복합형 미래 스포츠 시장 창출	• 개방형 스포츠 정보 플랫폼 구축 • 체감형 가상스포츠 콘텐츠 시장 확대 • 지역 특화 레저·관광 복합스포츠 상품 발굴
스포츠 참여·관람 촉진으로 잠재 수요 확대	• 스포츠 용품·시설 정보 접근성 제고 • 관람 스포츠 콘텐츠 다양화
스포츠 산업 선도기업 육성	• 스포츠 금융·투자 인프라 확충 • 스포츠 기업 경영 역량 강화 • 스포츠 전문 기업 창업 촉진
스포츠 산업 선순환 생태계 기반 조성	• 스포츠산업진흥법 개정 • 스포츠산업과 신설, 스포츠산업진흥센터 설립 • 스포츠 전문 일자리 지원센터 설립 • 공공체육시설 내 스포츠산업 진흥시설 지정

※ 출처: 문화체육관광부(2013b). 스포츠산업 중장기 발전계획.

7) 2018 ~ 2022년 체육진흥계획

국민생활체육진흥기본계획은 4개의 추진과제, 8대 핵심과제에 따른 47개의 세부과제를 제시했다. 지난 정부에서의 유익한 정책인 국민체력 100 사업을 확대하고, 공공스포츠클럽의 육성을 위해 지역별·연도별로 모집을 하고 있다.

2019년 초에는 '제3차 스포츠 산업 중장기 계획(2019 ~ 2023)'을 발표했다. 2017년 국내 스포츠 산업 규모를 75조원 규모로 추산하고 있다. 이를 2023년에 95조원 수준으로 확대하기 위한 목표를 설정했다. 스포츠 산업 분야(스포츠 용품업, 스포츠 시설업, 스포츠 서비스업)에서 종사하는 업종을 육성하기 위해 매출액 10억 원 이상의 기업을 2017년 6,200개에서 2023년에 7,000개 확대를 목표로 했다. 또한 기업의 영세성을 줄이기 위해 10인 미만 기업의 비중을 2017년 96%에서 2023년 93%로 완화하기 위해 목표를 설정했다.

□ <표 2-13> 문재인 정부 국민체육진흥기본계획(2018 ~ 2022)의 주요내용

추진과제(4)	핵심과제(8)	세부과제(47)
일상 속의 스포츠	생애주기별 맞춤형 스포츠 지원체계 강화	• 누리과정 내 신체활동 지원 • 어린이집·유치원 방과 후 스포츠 활동 지원 확대 • 스포츠 친화형 어린이집·유치원 확인제 • 초등 스포츠돌봄교실 운영 • 청소년 스포츠 활동 지원 강화 • 직장인 맞춤형 스포츠 활동 지원 • 노년층을 위한 스포츠 생태계 구축
	생활 속 스포츠의 일상화	• 국민체력 100사업 확대 • 체육 주간 및 체육의 날 • 생활체육 활성화를 위한 대국민 홍보 체계 구축 • 생활체육 참여에 대한 건강 보험료 할인 • 생활체육 참여를 통한 세금환급 혜택 • 모두가 함께하는 생활체육관광 • 맞춤형 생활체육 스포츠 지도 콘텐츠 개발 • 생활체육 붐 조성
모두가 누리는 스포츠	스포츠 격차 해소를 위한 환경 조성	• 학교 밖 청소년을 위한 스포츠드림 프로젝트 • 위기 청소년을 위한 스포츠복지 확대 • 스포츠강좌이용권 수혜자 확대 • 찾아가는 스포츠버스 확대 • 여학생 스포츠 프로그램 활성화 • 홈리스 생활체육 브릿지 프로그램
	스포츠 가치 확산으로 건강한 공동체 형성	• 스포츠가치교육 활성화 • 스포츠 리터러시 함양 • 가족 스포츠 광장 및 페스티벌 • 스포츠를 통한 국제교류 및 남북교류 강화 • 스포츠가치센터 구축 및 관리
뿌리가 튼튼한 스포츠	스포츠클럽 육성 및 지원체계 구축	• 스포츠클럽 육성법 • 다양한 형태의 스포츠클럽 • 공공체육 시설 개방 확대를 위한 법제도 개선
	스포츠 클럽 간 연계 및 리그 확산	• 대학과 지역사회 연계한 스포츠클럽 • 여대생 스포츠클럽 활성화 • 전국 생활체육 국민 리그 • 스포츠클럽 디비전 시스템 도입 • 학교스포츠클럽과 공공스포츠클럽 연계

추진과제(4)	핵심과제(8)	세부과제(47)
기반이 되는 스포츠	전문적 체육지도자 양성과 지원	• 체육지도자 자격제도 보완을 통한 우수지도자 양성 • 체육지도자 배치 확대 • 은퇴선수 지도역량 및 지원 강화 • 체육인 복지법 제정 • 체육지도자의 처우개선을 통한 일자리 확대
	수요자 중심 스포츠 시설 및 정보 제공	• 생활밀착형 체육시설 조성 및 개방 확대 • 스포츠 중심 복합 여가 공간 조성 • 도심 속 스포츠 공간 조성 • 체육시설 관리 전문 인력 양성 배치 • 생활체육시설 안전점검 체계 구축 • 유 · 청소년 스포츠 정보 구축 및 관리 • 빅데이터 센터 구축 및 관리

출처: 문화체육관광부(2018). 국민체육진흥기본계획, p.39.

□ <표 2-14> 제3차 스포츠 산업 중장기 계획(2019 ~ 2023)의 주요내용

추진과제		내용
첨단기술 기반 시장 활성화	참여 스포츠 신시장 창출	• 스포츠 빅데이터 플랫폼 구축 • 국민 운동, 체력 관리 시스템 구축 • 생활 스포츠 경기력 향상 시스템 구축 • 수요자 맞춤형 기술 개발 • 가상스포츠 체험시설 확대
	관람 스포츠 서비스 혁신	• 스마트 관람 플랫폼 구축 지원 • 프로 스포츠 중계 기술 다변화 • 생활 스포츠 영상 애플리케이션 개발
스포츠 기업 체계적 육성	스포츠 기업 창업 · 성장 지원	• 창업 R&D 지원 확대 • 창업지원센터 확대 및 지원 분야 다각화 • 스포츠 산업 융자지원 확대 • 스포츠 산업 펀드 대폭 확충 • 스포츠 기업 비즈니스 지원 확대
	스포츠 기업 글로벌 진출 지원	• 스포츠 선도기업 발굴육성 확대 • 해외진출 지원 거점망 구축 • 해외진출 지원 전담팀 구성

추진과제		내용
스포츠 산업 균형 발전	스포츠를 통한 지역경제 활성화	• 지역 스포츠관광 컨소시엄 육성 • 전지훈련 특화시설 설치(에어돔) • 프로야구 2군 리그 활성화 • 지역 컵대회 유치 유인
	스포츠 서비스업 경쟁력 강화	• 스포츠 서비스업 R&D 투자 확대 • 스포츠 서비스업 융자 지원 개선 • 스포츠 에이전트 양성 지원 • 스포츠 방송 중계권 시장 확대
스포츠 산업 일자리 창출	스포츠 사회적 경제 활성화	• 스포츠 사회적 경제기업 창업지원 • 부처형 예비 스포츠 사회적 기업 육성 • 민간 위탁 운영 확대
	스포츠 융·복합 인재 양성 및 활용	• 스포츠 융·복합 전문대학원 운영 확대 • 실무 중심 전문인력 양성 프로그램 도입 • 은퇴선수 재취업 매칭 지원 확대 • 스포츠 강습 매칭 애플리케이션 개발
스포츠 산업 진흥기반 확립	스포츠 산업 진흥 전담체계 구축	• 스포츠산업진흥원 설립 • 스포츠산업지원센터 추가 지정 • 지역 거점 센터 추가 지정 • 혁신 클러스터 조성
	스포츠 산업 법·제도 개선	• 스포츠산업진흥법 개정 • 관련 법령 개정 및 제도 개선

출처: 문화체육관광부(2019b). 제3차 스포츠 산업 중장기 계획

체육·스포츠
행정의 이론과 실제

CHAPTER

03

체육·스포츠 법령

법제처에 따르면 현재 우리나라의 법령(법률·대통령령·부령)의 수는 5,675건, 자치법규(조례·법규)는 120,179건이고, 행정규칙(훈령·예시·고시)는 17,897건이다 (2021. 2월 현재).

법령체계와 입법절차

1. 법령체계

법령체계를 살펴보면 다음과 같다. "우리나라 법령의 체계는 최고규범인 「헌법」을 정점(頂點)으로 그 헌법이념을 구현하기 위하여 국회에서 의결하는 법률을 중심으로 하면서 헌법이념과 법률의 입법취지에 따라 법률을 효과적으로 시행하기 위하여 그 위임사항과 집행에 관하여 필요한 사항을 정하는 대통령령과 총리령·부령 등의 행정상의 입법으로 체계화되어 있다(이상희, 2009)."

① 「헌법」(Constitution)
② 법률(Act), 대통령긴급명령, 대통령긴급재정경제명령, 조약
③ 대통령령(Presidential Decree), 국회규칙, 대법원규칙 등
   = 시행령(Enforcement Decree)
④ 총리령(Ordinance of the Prime Minister)·부령(Ordinance of the Ministry of 각 부처) = 시행규칙(Enforcement Rule)
⑤ 행정규칙(훈령, 예규, 고시 등)
⑥ 조례(Municipal Ordinance)
⑦ 규칙(Municipal Rule)

2. 법령의 입법절차

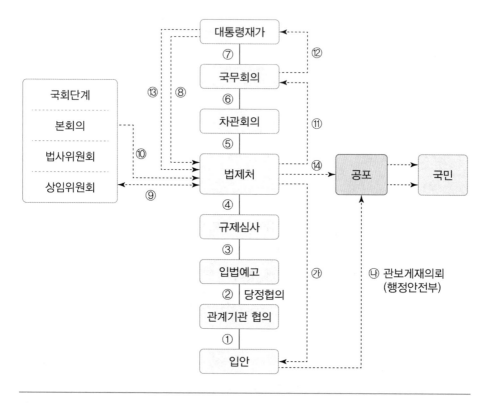

◎ 〈그림 3-1〉 법령별 입법절차(이상희, 2009)

※ 법령별 입법절차

• 법   률: (① ~ ⑭)
• 대통령령: (① ~ ⑧) → ⑭
• 총 리 령: (① ~ ④) → ⑭ (총리령의 경우 국무총리의 결재를 거친 후 관보 게재 의뢰함)
• 부   령: (① ~ ④) → ㉮ → ㉯

□ <표 3-1> 행정부 내의 입법과정

단계	구분	내용
제1단계 입법정책 단계	국정운영 방향설정	• 국정지표 • 정부 전체의 총괄적 정책운영 방향의 설정
	입법정책 수립	전체적인 국정 방향에 따라 각 부처별로 입법화할 정책을 선정
제2단계 입법계획 단계	자체입법 계획수립	• 각 부처에서 업무계획에 따라 1년 동안 추진할 입법계획을 수립 • 자체입법계획 법제처 제출(1월 15일까지)
	정부입법 계획수립	• 법제처에서 자체입법계획을 총괄 • 국회제출 예정일 등을 조정 • 국무회의 보고(3월 초)
제3단계 법령안 작성 단계	사전준비	• 입법정책의 수립 • 입법사실의 확정 • 현행 법제와 외국 입법례 등을 조사
	법령안 요강작성	• 입법정책을 법적 견지에서 정리(법적인 가공·정서) • 세목 간·법령 간 체계의 정리 • 조문의 형태로 정리·배열, 용어정비와 조정 사항 정리 • 법령 협의 등을 위한 설명 자료의 작성
제4단계 기관간협의 단계	부처협의	• 관계 부처와 협의 • 협의 부진 시 입법정책협의회 등을 통한 조정
	당정협의	입안을 완료한 법령안에 대하여는 정당과 협의
	규제심사	규제개혁위원회에서 신설·강화되는 규제심사 ※ 입법예고 후에 실시하는 것이 일반적임
제5단계 국민의견 수렴 단계	입법예고	관보 등을 이용하여 입법할 내용을 국민들에게 알림
	공청회	이해관계자가 많고 중요한 법령 대상
	입법청원	그 밖에 국민의 개별적인 입법의견의 접수·검토
제6단계 법령안심의 단계	형식심사	• 행정적 단계 　- 법제처의 법령안 접수(각 법제국) 및 선람 　- 주심법제관 선정(소관 업무분장에 따라서 정해짐) • 소관사항·예산확보와 그 밖의 필요한 조치(입법예고 등)여부 확인 　※ 형식적인 요건에 흠이 있는 경우에는 보완 또는 반려

단계	구분	내용
	예비심사	• 입법체계 및 입법례 검토 　- 「헌법」과 그 밖의 상위법령과의 관계 　- 법체계상의 문제 　- 외국법령 및 입법선례와의 비교 • 위의 검토단계에서 문제가 있는 경우에는 관계 법제관 및 전문과와 의견을 교환한 후 '법령안사전검토보고서' 작성 · 보고 후 해결방안 모색
	본심사	• 단독심사 　- 조문에 대한 축조 검토 　- 상위법령에 저촉되는 사항의 수정 또는 삭제 및 대안의 준비 　- 다른 법령과 중복되는 사항의 수정 또는 삭제 및 대안의 준비 　- 실효성 없는 조항의 삭제 및 대안의 준비 　- 적용범위 · 필요요건, 다른 법령과의 관계 등을 검토 　- 경과조치의 검토 • 공동심사(모든 법률 및 중요한 대통령령) 　- 합의법제관제: 심사보고 시 특정 분야와 관계가 있는 사항에 대하여는 담당법제관의 의견 청취 　- 합의심사제: 사전에 검토보고서 작성 제출하여 쟁점위주의 회의 진행 후 결과 정리 · 보고 　※ 법제합의부: 국장이 주재하며, 관련 법제관이 모여 심사안에 대하여 토의 　※ 합동심사회: 차장이 주재하며, 실 · 국장 및 전 법제관이 모여 심사안(서기관 · 사무관 배석)토의
제7단계 법령안 상정 단계	차관회의	차관회의 상정 · 의결
	국무회의	국무회의 상정 · 의결
	대통령 재가	대통령 재가
제8단계 법령안 공포 단계	법률안 정부이송 및 국무회의	• 국회에서 의결된 법률안을 정부(법제처)에 이송 • 주관부처에 재의요구여부 검토의뢰 • 국무회의 상정(공포 또는 재의요구에 관한 사항 검토) 　※ 차관회의는 생략
	공포	• 재가문서 수령 • 법제처 법령총괄담당관실(행정안전부에 관보 게재 의뢰) • 관보 게재(공포)

출처: 이상희(2009). 법령 체계와 입법 절차(대한민국 정책브리핑). 법제처.

체육과 스포츠 법령

각종 법령은 법제처(www.moleg.go.kr)를 통해 확인할 수 있다. 법령의 연혁, 제정과 개정 이유, 신구법 비교, 법령체계도 등을 손쉽게 찾아볼 수 있게 구성했다. 즉, 생활 밀착형으로 법령 찾기가 가능한 홈페이지를 충분히 활용할 필요가 있다. 체육과 스포츠 관련 법령을 통해 개괄적인 내용을 이해하고, 시행령과 시행규칙을 별도로 찾아보면서 체육행정과 정책에 관한 내용을 분석할 수 있는 토대를 마련할 수 있다.

1. 체육 법령

1) 국민체육진흥법

「국민체육진흥법」은 1962년도 9월 17일(법률 제1146호)에 제정됐다. "이 법은 국민체육을 진흥하여 국민의 체력을 증진하고, 체육활동으로 연대감을 높이며, 공정한 스포츠 정신으로 체육인 인권을 보호하고, 국민의 행복과 자긍심을 높여 건강한 공동체의 실현에 이바지함을 목적으로 한다(제1조 목적)."

이 법은 체육 진흥을 위한 조치(체육지도자의 양성, 선수 육성, 도핑방지 활동 등), 선수 등 체육인 보호를 위한 조치, 국민체육진흥기금, 체육진흥투표권의 발행, 체육단체의 육성(대한체육회, 지방체육회, 대한장애인체육회, 한국도핑방지위원회, 서울올림픽기념국민체육진흥공단) 등에 관한 내용을 포함하고 있다. 각 단체의 사업과 활동은 다음과 같다.

제33조(대한체육회)

1. 체육회에 가맹된 경기단체와 생활체육종목단체 등의 사업과 활동에 대한 지도와 지원
2. 체육대회의 개최와 국제 교류
3. 선수 양성과 경기력 향상 등 전문체육 진흥을 위한 사업
4. 체육인의 복지 향상
5. 국가대표 은퇴선수 지원사업
5의2. 생활체육 프로그램 개발 및 보급
5의3. 스포츠클럽 및 체육동호인조직의 활동 지원
5의4. 생활체육 진흥에 관한 조사 및 연구
5의5. 전문체육과 생활체육과의 연계 사업
6. 그 밖에 체육 진흥을 위하여 필요한 사업

제33조2(지방체육회)

1. 지방체육회에 가맹된 체육단체와 생활체육종목단체 등의 사업과 활동에 대한 지도와 지원
2. 지역 체육대회의 개최와 국내외 교류
3. 체육회가 개최하는 체육대회의 참가
4. 선수 양성과 경기력 향상 등 지역 전문체육 진흥을 위한 사업
5. 지역 체육인의 복지 향상
6. 지역 생활체육 프로그램의 개발 및 보급
7. 지역 스포츠클럽 및 체육동호인조직의 활동 지원
8. 지역생활체육 진흥에 관한 조사 및 연구
9. 지역의 학교체육, 전문체육 및 생활체육의 진흥 및 연계사업
10. 지역 체육시설의 관리 및 운영
11. 지역 체육역사 발굴, 확산 등 체육문화사업
12. 그 밖에 지역 체육 진흥을 위하여 필요한 사업

제34조(대한장애인체육회)

1. 장애인 경기단체의 사업과 활동에 대한 지도와 지원
2. 장애인 체육경기대회 개최와 국제 교류
3. 장애인 선수 양성과 경기력 향상 등 장애인 전문체육 진흥을 위한 사업
4. 장애인 생활체육의 육성과 보급
5. 장애인 선수, 장애인 체육지도자와 장애인 체육계 유공자의 복지 향상

6. 그 밖에 장애인 체육 진흥을 위하여 필요한 사업

제35조(한국도핑방지위원회의 설립)

1. 도핑 방지를 위한 교육, 홍보, 정보 수집 및 연구
2. 도핑 검사 계획의 수립과 집행
3. 도핑 검사 결과의 관리와 그 결과에 따른 제재
4. 도핑 방지를 위한 국내외 교류와 협력
5. 치료 목적으로 제2조 제10호의 약물이나 방법을 예외적으로 사용하는 것에 대한 허용 기준의 수립과 그 시행
6. 그 밖에 도핑 방지를 위하여 필요한 사업과 활동

제36조(서울올림픽기념국민체육진흥공단)

1. 제24회 서울올림픽대회 기념사업
2. 국민체육진흥계정의 조성, 운용 및 관리와 이에 딸린 사업
3. 체육시설의 설치·관리 및 이에 따른 부동산의 취득·임대 등 운영 사업
4. 체육 과학의 연구
5. 그 밖에 문화체육관광부장관이 인정하는 사업

여기서 잠깐

통합체육회 추진과정

우리나라는 체육정책은 1962년 제정된 「국민체육진흥법」을 시작으로 1980년대까지 엘리트 체육의 육성에 초점을 맞추었다. 1990년대 접어들어 생활체육을 육성하고자 하는 노력을 기울였다. 이에 엘리트 체육을 육성하는 '대한체육회'와 생활체육을 육성하는 '국민생활체육회'의 양대 공익기관으로 성장해오다가 동법 개정을 통해 2016년 대한체육회로 통합됐다.

□ <표 3-2> 통합체육회 추진과정

정부	시기	정책변동	주도자
국민의 정부	1998 ~ 2003	2002년 국민생활체육회 법정법인화 이슈	이강두 의원(2002)
참여정부	2003 ~ 2008	• 2006년 이사회에서 통합안이 통과됐으나 최종 협의 무산 • KOC 분리 법인화 및 대한체육회, 국민생활체육회 통합 법안	안민석 의원 발의 (2005.9.)
이명박 정부	2008 ~ 2013	2013년 문화체육관광부 주도 통합 양해각서 체결	이경재 의원 대표 발의(2009.7.)
박근혜 정부	2013 ~ 2017	• 2015년 3월 통합 국민체육진흥법 개정안 국회 통과 • 2015년 3월 생활체육진흥법 제정으로 국민생활체육회의 법정법인화 • 2016년 통합체육회 출범	• 김장실 의원 대표 발의(2014.2) • 안민석 의원 대표 발의(2014.10.)
문재인 정부	2017 ~ 2022	• 지자체장 체육단체 겸직금지법(국민체육진흥법 개정안), 2018년 9월 국회 본회의 통과 • 민선체육단체 출범(2020.1.) • 지방체육회 법정법인화(국민체육진흥법 개정안)	• 이동섭 의원 발의 (2016.12.) • 이동섭 의원 대표 발의(2019.7.) • 이상헌 의원 추가 대표발의(2020.7.)

출처: 신재득 외(2021). 한국의 통합체육정책에 따른 지방체육정책의 변동요인. 박영사, p.90 ~ 91.

◆ 엘리트 · 생활 체육 통합 및 법정법인화와 관련한 법률 내용

[국민체육진흥법 개정 법률, 2020년 12월 8일 공포]
제2조(정의)

9. "체육단체"란 체육에 관한 활동이나 사업을 목적으로 설립된 다음 각 목의 어느 하나에 해당하는 법인이나 단체를 말한다.

　　가. 대한체육회, 시 · 도체육회 및 시 · 군 · 구체육회(지방체육회), 대한장애인체육회, 시 · 도장애인체육회 및 시 · 군 · 구장애인체육회(지방장애인체육회), 한국도핑방지위원회, 서울올림픽기념국민체육진흥공단

제5조(지역체육진흥협의회)

① 지방자치단체의 체육 진흥 계획을 수립하고 그 밖에 체육 진흥에 관한 중요 사항을

협의하기 위하여 지방자치단체에 <u>지역체육진흥협의회</u>를 둔다.

② 협의회는 지방자치단체의 장, 지방체육회의 회장을 포함한 7명 이상 15명 이하의 위·
원으로 구성하며, 그 밖에 협의회의 조직과 운영에 필요한 사항은 해당 지방자치단체
의 조례로 정한다.

제18조(지방자치단체와 학교 등에 대한 보조)

② 국가와 지방자치단체는 대한체육회, <u>지방체육회</u>, 대한장애인체육회, 지방장애인체육
회, 한국도핑방지위원회, 서울올림픽기념국민체육진흥공단, 스포츠윤리센터, 그 밖의
체육단체와 체육 과학 연구기관에 대하여 필요한 경비나 연구비의 일부를 보조한다.

제22조(기금의 사용)

① 국민체육진흥계정은 다음 각 호의 사업이나 지원 등을 위하여 사용한다.

    10. 대한체육회, <u>지방체육회</u>, 대한장애인체육회, 지방장애인체육회, 한국도핑방지위원
회, 생활체육 관련 체육단체와 체육 과학 연구기관, 스포츠윤리센터 및 체육인재
육성 관련 단체의 운영·지원

제33조(대한체육회)

① 체육 진흥에 관한 다음 각 호의 사업과 활동을 하게 하기 위하여 문화체육관광부장관
의 인가를 받아 대한체육회를 설립한다.

    1. 체육회에 가맹된 경기단체와 <u>생활체육종목단체</u> 등의 사업과 활동에 대한 지도와
지원

    5의2. <u>생활체육 프로그램 개발 및 보급</u>

    5의3. <u>스포츠클럽 및 체육동호인조직의 활동 지원</u>

    5의4. <u>생활체육 진흥에 관한 조사 및 연구</u>

    5의5. <u>전문체육과 생활체육과의 연계 사업</u>

제32조의2(지방체육회)

② <u>지방체육회는 법인으로 한다.</u>

⑥ 지방체육회의 임원 중 회장은 정관으로 정하는 바에 따라 투표로 선출한다.

⑦ 지방체육회는 제6항에 따른 회장 선출에 대한 선거관리를 정관으로 정하는 바에 따라
「선거관리위원회법」에 따른 시·도 및 시·군·구 <u>선거관리위원회</u>에 위탁하여야 한다.

출처: 법제처(n. d.). 「국민체육진흥법」

2) 생활체육진흥법

*「생활체육진흥법」은 2015년 3월 27일(법률 13251호)로 제정됐다. "이 법은 생활체육의 진흥에 필요한 사항을 규정함으로써 생활체육의 기반조성 및 활성화를 도모하고, 생활체육을 통한 국민의 건강과 체력 증진, 여가 선용 및 복지 향상에 이바지함을 목적으로 한다(제1조 목적)."

이 법은 국민의 생활체육 권리와 생활체육 진흥 기본계획의 수립에 관한 국가 등의 책무, 스포츠클럽의 육성 및 지원, 체육동호인조직의 육성 및 지원 등에 관한 내용을 포함하고 있다. 또한 국민생활체육회의 다음과 같이 사업과 활동을 명시했으나, 「국민체육진흥법」의 일부 개정을 통해 대한체육회와 통합됨으로써 업무가 이관됐다.

---

1. 범국민 생활체육 운동 전개를 통한 삶의 질 향상
2. 생활체육 프로그램 개발 및 보급
3. 스포츠클럽 및 체육동호인조직 활동의 지원
4. 생활체육종목단체와 지역생활체육회의 사업과 활동에 대한 지도와 지원
5. 생활체육대회의 개최와 국제교류
6. 국민의 생활체육 활동에 관한 조사 및 연구
7. 그 밖에 생활체육 진흥을 위하여 필요한 사업

---

3) 체육시설의 설치·이용에 관한 법률

「체육시설의 설치·이용에 관한 법률」은 1989년 3월 31일(법률 제4106호)로 제정됐다. "이 법은 체육시설의 설치·이용을 장려하고, 체육시설업을 건전하게 발전시켜 국민의 건강 증진과 여가 선용(善用)에 이바지하는 것을 목적으로 한다(제1조 정의)."

이 법은 체육시설의 종류(공공체육시설, 영리를 목적으로 하는 체육시설), 체육시설업자의 준수사항 등 각종 설치기준과 절차의 근거를 명시해 놓고 있다. 동법 제4조의2(체육시설 안전관리에 관한 기본계획 등 수립)에 따라 문화체육관광부장관

은 체육시설(공공체육시설, 등록·신고체육시설에 한정)의 안전한 이용 및 체계적인 관리를 위해 5년마다 체육시설 안전관리에 관한 기본계획을 수립·시행하여야 한다.

---

1. 체육시설에 대한 중기·장기 안전관리 정책에 관한 사항
2. 체육시설 안전관리 제도 및 업무의 개선에 관한 사항
3. 체육시설과 관련된 사고를 예방하기 위한 교육·홍보 및 안전점검에 관한 사항
4. 체육시설 안전관리와 관련된 전산시스템의 구축 및 관리
5. 체육시설의 감염병 등에 대한 위생·방역 관리에 관한 사항
6. 그 밖에 대통령령으로 정하는 사항

---

4) 학교체육진흥법

「학교체육진흥법」은 2012년 1월 26일(법률 제11222호)에 제정됐다. "이 법은 학생의 체육활동 강화 및 학교운동부 육성 등 학교체육 활성화에 필요한 사항을 정함으로써 학생들이 건강하고 균형 잡힌 신체와 정신을 가질 수 있도록 하는 데 기여함을 목적으로 한다(제1조 목적)."

이 법은 학교체육 진흥 시책과 권장에 관한 사항, 학교 체육시설의 설치, 학생건강체력평가 실시계획 수립, 건강체력교실 및 학교스포츠클럽 운영, 학교운동부지도자, 스포츠 강사의 배치 등의 내용을 포함한다. 특히 스포츠 분야의 인권교육, 여학생 체육활동 활성화, 유아 및 장애학생 체육활동 지원에 관한 내용을 통해 학교체육의 기본적 정신에 충실할 수 있도록 하였다.

동법 제6조(학교체육 진흥의 조치 등)에 따르면 학교의 장은 학생의 체력증진과 체육활동 활성화를 위해 다음과 같은 조치를 취해야 한다.

---

1. 체육교육과정 운영 충실 및 체육수업의 질 제고
2. 학생건강체력평가 및 비만 판정을 받은 학생에 대한 대책
3. 학교스포츠클럽 및 학교운동부 운영

---

4. 학생선수의 학습권 보장 및 인권보호

5. 여학생 체육활동 활성화

6. 유아 및 장애학생의 체육활동 활성화

7. 학교체육행사의 정기적 개최

8. 학교 간 경기대회 등 체육 교류활동 활성화

9. 교원의 체육 관련 직무연수 강화 및 장려

10. 그 밖에 학교체육 활성화를 위하여 필요한 사항

2. 스포츠 법령

1) 스포츠산업진흥법

「스포츠산업진흥법」은 2007년 4월 6일(법률 제8333호)에 제정됐다. "이 법은 스포츠산업의 진흥에 필요한 사항을 규정함으로써 스포츠산업의 기반조성 및 경쟁력 강화를 도모하고, 스포츠를 통한 국민의 여가선용 기회의 확대와 국민경제의 건전한 발전에 이바지함을 목적으로 한다(제1조 목적)."

이 법은 스포츠 산업을 스포츠와 관련한 재화와 서비스를 통하여 부가가치를 창출하는 산업으로 정의를 내린 후, 국가와 지방자치단체의 책임을 의무화했다. 스포츠 산업 전문인력 양성, 창업 지원, 스포츠 산업 진흥시설, 스포츠산업지원센터, 스포츠 산업에 대한 출자 등의 전반적인 내용을 포함한다. 특히 프로 스포츠의 육성을 통해 공공체육시설의 장기간 활용과 수익사업 제고, 스포츠 선수 에이전트의 역할에 대한 필요성의 근거가 될 수 있는 선수 권익 보호를 명시함으로써 스포츠 산업의 건전한 발전과 공정한 영업질서의 조성을 기대하고 있다.

동법 제5조(기본계획 수립 등)에 따라 문화체육관광부장관은 스포츠산업 진흥에 관한 기본적이고 종합적인 중장기 진흥기본계획을 다음과 같이 수립하고 시행해야 한다.

1. 스포츠산업 진흥의 기본방향에 관한 사항
2. 스포츠산업 활성화를 위한 기반 조성에 관한 사항
3. 스포츠산업 전문인력 양성에 관한 사항
4. 스포츠산업의 경쟁력 강화에 관한 사항
5. 스포츠산업 진흥을 위한 재원 확보에 관한 사항
6. 국가 간 스포츠산업 협력에 관한 사항
7. 프로스포츠의 육성·지원에 관한 사항
8. 스포츠산업 관련 시설의 감염병 등에 대한 안전·위생·방역 관리에 관한 사항
9. 그 밖에 스포츠산업 진흥을 위하여 필요한 사항으로서 대통령령으로 정하는 사항

2) 이스포츠(전자스포츠) 진흥에 관한 법률

「이스포츠(전자스포츠) 진흥에 관한 법률」은 2012년 2월 17일(법률 제11315호)에 제정됐다. "이 법은 이스포츠의 진흥에 필요한 사항을 규정함으로써 이스포츠의 문화와 산업의 기반조성 및 경쟁력 강화를 도모하고 이스포츠를 통하여 국민의 여가선용 기회 확대와 국민경제의 건전한 발전에 이바지함을 목적으로 한다(제1조 목적)."

이 법은 e-스포츠에 대해 게임물을 매개(媒介)로 하여 사람과 사람 간에 기록 또는 승부를 겨루는 경기 및 부대활동으로 명시하고, 이스포츠와 관련된 재화와 서비스를 통하여 부가가치를 창출하는 산업 발전을 기대하고 있다. 이스포츠 관련 전문인력의 양성, 이스포츠대회의 육성과 지원, 이스포츠 산업지원센터의 지정, 전문 이스포츠 및 생활 이스포츠의 육성에 관한 내용을 포함하고 있다.

동법 제6조(기본계획의 수립 등)에 따르면 문화체육관광부장관은 이스포츠(전자스포츠) 진흥에 관한 기본적이고 종합적인 중기·장기 진흥 기본계획을 다음과 같이 분야별·연도별로 세부 시행계획을 수립하고 시행해야 한다.

1. 이스포츠 진흥의 기본방향
2. 이스포츠 활성화를 위한 기반 조성
3. 이스포츠 관련 전문인력의 양성 및 권익향상
4. 이스포츠 관련 국제대회 등 행사의 활성화, 국제 협력 및 교류
5. 이스포츠 진흥을 위한 재원(財源) 확보
6. 전문 이스포츠의 육성 · 지원 및 생활 이스포츠의 저변 확대 · 활성화 지원
7. 이스포츠의 학술 진흥 및 기반 조성
8. 이스포츠시설의 구축 및 개선
9. 그 밖에 대통령령으로 정하는 이스포츠 진흥에 필요한 사항

3. 기타 법령

1) 국제경기대회지원법

「국제경기대회지원법」은 2012년 5월 23일(법률 제11425호)에 제정됐다. "이 법은 국내에서 개최되는 국제경기대회에 대한 지원 근거를 마련하여 대회의 성공적 개최를 지원함으로써 국민체육을 진흥하고 국가발전에 이바지함을 목적으로 한다(제1조 목적)."

동법 제9조(조직위원회의 설립 등)에 따르면 대회의 준비 및 성공적인 개최를 위해 문화체육관광부는 대회별 조직위원회를 설립하고 관련 계획을 수립하고 시행할 수 있다.

1. 대회 종합계획의 수립 및 세부운영 계획의 수립 · 시행
2. 대회관련시설의 설치 · 이용에 관한 계획의 수립 · 시행
3. 대회를 주최하는 국제스포츠기구와의 협력
4. 국민 참여 및 대회 관련 문화의식 고취를 위한 민간운동
5. 그 밖에 대회의 원활한 준비 및 운영을 위하여 필요한 사항

2) 경륜·경정법

「경륜·경정법」은 1991년 12월 31일(법률 제4476호)에 제정됐다. "이 법은 경륜 (競輪) 및 경정(競艇)을 공정하게 시행하고 원활하게 보급하여 국민의 여가 선용 과 국민 체육 진흥을 도모하고, 청소년의 건전육성과 지방재정 확충을 위한 재 원을 마련하며, 자전거 및 모터보트 경기의 수준 향상에 이바지함을 목적으로 한다(제1조 목적)."

이 법은 「국민체육진흥법」에서 명시된 체육단체인 '서울올림픽기념국민체육진 흥공단'의 역할로서 기금조성 사업에 관한 구체적인 사항을 담고 있다. 즉 경주 장, 선수·심판 및 용구의 등록, 선수의 도핑검사, 입장료, 승자투표권, 환급금, 발매이익금, 손실보전준비금, 수익금의 사용 등에 관한 내용을 포함하고 있다.

동법 제18조(수익금의 사용)에 따르면 경주사업자는 관련법에 근거해 다음과 같이 기금을 조성하고 지원해야 한다.

---

1. 「국민체육진흥법」에 따른 국민체육진흥기금·「청소년기본법」에 따른 청소년육성기금· 「문화예술진흥법」에 따른 문화예술진흥기금 및 「중소기업진흥에 관한 법률」에 따른 중소벤처기업창업 및 진흥기금에의 출연. 다만, 「중소기업진흥에 관한 법률」에 따른 중소벤처기업창업 및 진흥기금에의 출연금은 자전거 및 모터보트 산업을 육성하기 위 한 용도에 우선 사용하여야 하고, 「국민체육진흥법」에 따른 국민체육진흥기금에의 출 연금은 자전거 및 모터보트 선수육성을 위한 용도에 우선 사용하여야 한다.
2. 지방 체육 진흥 등을 위한 지방재정 확충 지원

---

3) 한국마사회법

「한국마사회법」은 1962년 1월 20일(법률 제1012호)에 제정됐다. "이 법은 한국 마사회를 설립하여 경마(競馬)의 공정한 시행과 말산업의 육성에 관한 사업을 효율적으로 수행하게 함으로써 축산의 발전에 이바지하고 국민의 복지 증진과 여가선용을 도모함을 목적으로 한다(제1조 목적)."

이 법은 경마 시행기관인 한국마사회를 제시하고 경마장, 입장료, 마권의 발매, 구매권, 승마투표방법, 환급금, 발매 수득금 등 경마사업에 관한 전반적인 내용을 포함하고 있다. 동법 제36조(사업의 범위)에 따르면 경마 시행 외에도 국내 말산업의 발전에 관한 사업, 농어업 자녀를 위한 복지 사업 등도 다음과 같이 시행할 수 있다.

1. 경마의 시행에 관한 사업
    가. 경마의 개최
    나. 말·마주 및 복색의 등록
    다. 조교사·기수의 면허 및 장제를 하려는 자의 등록
    라. 기수의 양성과 훈련
2. 말산업의 발전에 관한 사업
    가. 말의 생산·개량증식·육성 및 그 기술개발과 보급
    나. 말의 이용 촉진 및 지도·장려
    다. 말의 방역 및 보건·위생
    라. 승마의 보급
    마. 말산업의 국제 교류 및 해외시장개척
    바. 말의 모형·형상·영상 등을 이용하는 콘텐츠 또는 이를 제공하는 서비스의 제작·유통·이용
    사. 말산업과 관련한 전시회·국제회의 등의 개최
    아. 「말산업 육성법」 제10조(전문인력 양성 등)에 따라 지정된 말산업 전문인력 양성기관에 대한 지원
3. 「축산법」 제43조(축산발전기금의 설치)에 따른 축산발전기금에 출연
4. 경마장 내 놀이·운동·휴양·공연·전시시설의 설치·운영
5. 가축의 경주를 이용한 경마와 유사한 사업
6. 농어업인 자녀를 위한 장학관 운영 등 농어업인 자녀장학사업과 그 밖에 농어촌사회복지증진을 위한 사업
7. 경마장과 장외발매소 인근지역 주민의 생활편익과 복지증진을 위한 사업
8. 제1호 및 제2호의 사업과 관련된 장비 및 말의 임대·판매·수송과 전문기술을 이용한 용역 등에 관한 국내외에서의 사업
9. 제1호부터 제8호까지의 사업과 관련이 있는 사업을 수행하는 법인에 대한 투자·출연 및 보조
10. 제1호 가목·라목, 제2호 및 제7호의 사업을 위한 부동산의 취득과 관리(임대를 포함한다)

11. 다른 법령에 따라 마사회가 할 수 있는 사업
12. 정부 · 지방자치단체 또는 「공공기관 운영에 관한 법률」 제4조(공공기관)에 따른 공공기관으로부터 위탁받은 사업
13. 유휴공간을 활용한 농축산물 및 수산물 판매 · 유통 지원 및 놀이 · 운동 · 휴양 · 공연 · 전시시설의 설치 · 운영
14. 제1호부터 제13호까지의 사업과 관련된 교육 · 홍보 및 조사 · 연구에 관한 사업
15. 제1호부터 제14호까지의 사업에 딸린 사업

4) 말산업육성법

「말산업육성법」은 2011년 8월 4일(법률 제11005호)에 제정됐다. "이 법은 말산업의 육성과 지원에 관한 사항을 정함으로써 말산업의 발전 기반을 조성하고 경쟁력을 강화하여 농어촌의 경제 활성화와 국민의 삶의 질 향상에 이바지함을 목적으로 한다(제1조 목적)." 앞서 설명했던 「한국마사회법」과 관련돼 있다. 동법 제5조(종합계획의 수립)에 따라 농림축산식품부장관은 말산업의 지속적이고 체계적인 발전을 위하여 5년마다 말산업 육성에 관한 종합계획을 다음과 같이 수립해야 한다.

1. 말산업 육성의 방향과 목표
2. 말의 생산 및 수급조절에 관한 사항
3. 말의 이용 촉진에 관한 사항
4. 말산업에 관한 조사 · 연구 · 기술개발에 관한 사항
5. 말산업에 필요한 전문인력 양성에 관한 사항
6. 말산업특구의 지정 및 지원에 관한 사항
7. 말산업의 국제 교류 및 해외 진출에 관한 사항
8. 말의 방역 및 보건관리에 관한 사항
9. 말산업 육성에 필요한 재원의 확보 및 지원에 관한 사항
10. 승마시설의 안전관리에 관한 사항
11. 그 밖에 말산업 육성을 위하여 필요한 사항

5) 전통 소싸움경기에 관한 법률

「전통 소싸움경기에 관한 법률」은 2002년 8월 26일(법률 제6722호)에 제정됐다. "이 법은 전통적으로 내려오는 소싸움을 활성화하고 소싸움경기에 관한 사항을 규정함으로써 농촌지역의 개발과 축산발전의 촉진에 이바지함을 목적으로 한다 (제1조 목적)."

이 법은 경마·경륜·경정의 선수 간 경쟁의 스포츠와는 달리, 동물 간의 싸움을 매개로 하는 사행산업으로 기금조성과 지역 발전을 위해 전통적 소싸움 경기에 관한 전반적인 내용을 포함하고 있다. 동법 제15조(수익금의 사용)에 따라 경기 시행자는 다음의 용도에 사용해야 한다.

---

1. 「축산법」 제44조(기금의 재원)에 따른 축산발전기금에의 출연
2. 소싸움경기의 유지·확장을 위한 투자적립금
3. 그 밖에 농림축산식품부장관이 정하는 지역개발사업

---

6) 전통무예진흥법

「전통무예진흥법」은 2008년 3월 28일(법률 제9006호)에 제정됐다. "이 법은 문화적 가치가 있는 전통무예를 진흥하여 국민의 건강증진과 문화생활 향상 및 문화국가 지향에 기여함을 목적으로 한다(제1조 목적)."

이 법은 국가무형문화재로 지정된 무예종목을 포함하여 국내에서 자생되어 체계화되었거나 외부에서 유입되어 국내에서 독창적으로 발전해 온 전통무예를 육성하기 위해 마련됐다. 이를 위해 국가 및 지방자치단체의 책무, 전통무예단체의 육성, 유네스코 국제무예센터, 전통무예지도자의 육성 등에 관한 내용을 포함하고 있다.

동법 제3조(전통무예진흥의 기본계획 수립 등)에 따르면 문화체육관광부장관은 전통무예의 체계적인 보존 및 진흥을 위해 전통무예에 관한 종합적인 기본계획을 다음과 같이 수립하고 시행해야 한다.

1. 전통무예진흥의 기본방향
2. 전통무예진흥을 위한 조사ㆍ연구 등에 관한 사항
3. 전통무예육성종목 지정 및 지원에 관한 사항
4. 전통무예지도자의 교육ㆍ양성에 관한 사항
5. 전통무예의 교류ㆍ협력 및 대회 개최 등에 관한 사항
6. 전통무예진흥에 필요한 재원의 확보 및 효율적인 운용방안에 관한 사항
7. 전통무예 시설의 감염병 등에 대한 안전ㆍ위생ㆍ방역 관리에 관한 사항
8. 그 밖에 전통무예의 진흥을 위하여 필요한 사항으로서 대통령령으로 정하는 사항

7) 수상레저안전법

「수상레저안전법」은 1999년 2월 8일(법률 제5910호)에 제정됐다. "이 법은 수상레저활동의 안전과 질서를 확보하고 수상레저사업의 건전한 발전을 도모함을 목적으로 한다(제1조 목적)." 이 법은 래프팅, 수상레저기구, 동력수상레저지구 등을 이용한 수상레저 활동에 관한 내용을 담고 있다. 조종면허, 면허시험, 수상 안전교육, 안전관리 등에 관한 내용을 포함하고 있다.

동법 제4조(조종면허)에 따르면 해양경찰청장이 실시하는 일반조정면허(1급, 2급)와 요트조종면허와 같은 동력수상레저지구 조정면허가 있다. 또한 동법 제10조(수상안전교육)에 조종면허를 받거나 갱신을 하려는 사람은 다음과 같은 수상 안전교육을 받아야 한다.

1. 수상안전에 관한 법령
2. 수상레저기구의 사용과 관리에 관한 사항
3. 그 밖에 수상안전을 위하여 필요한 사항

8) 수중레저활동의 안전 및 활성화 등에 관한 법률

「수중레저활동의 안전 및 활성화 등에 관한 법률」은 2016년 5월 29일(법률 제

14243호)에 제정됐다. "이 법은 수중레저활동의 안전과 질서를 확보하고 수중레저활동의 활성화 및 수중레저사업의 건전한 발전을 도모함을 목적으로 한다(제1조 목적)." 이 법은 스킨다이빙과 스쿠버다이빙 등과 같은 해수면 아래의 레저활동에 관한 전반적인 내용을 포함하고 있다.

동법 제4조(수중레저활동 기본계획)에 따르면 해양수산부장관은 다음과 같이 5년마다 수중레저활동 기본계획을 수립하고 시행해야 한다.

---

1. 수중레저활동의 안전 및 활성화 정책의 기본방향에 관한 사항
2. 수중레저활동의 안전 및 활성화 정책의 조정 · 집행에 관한 사항
3. 수중레저활동의 안전 및 활성화를 위한 재정확보와 운영에 관한 사항
4. 수중레저활동 관련 시설의 설치와 안전 및 유지관리에 관한 사항
5. 수중레저사업의 육성에 관한 사항
6. 수중레저활동 교육에 관한 사항
7. 수중레저활동 관련 단체 간 협업에 관한 사항
8. 수중레저활동을 위한 조사 · 연구 · 홍보에 관한 사항
9. 수중레저활동 정보체계 구축 및 운영에 관한 사항
10. 그 밖에 수중레저활동 안전 및 활성화 등에 필요한 사항

---

9) 태권도 진흥 및 태권도공원 조성 등에 관한 법률

「태권도 진흥 및 태권도공원 조성 등에 관한 법률」은 2007년 12월 21일(법률 제8746호)에 제정됐다. "이 법은 우리 민족 고유 무도(武道)인 태권도를 진흥하고 전 세계 태권도인들의 성지인 태권도공원을 조성하여 국민의 심신단련과 자긍심을 고취시키고 나아가 태권도를 세계적인 무도 및 스포츠로 발전시켜 국위선양에 이바지함을 목적으로 한다(제1조 목적)."

이 법은 「국민체육진흥법」에 명시된 체육지도자 중 태권도지도자의 정의, 태권도 공원, 태권도 단체(국기원, 태권도진흥재단) 등의 사업과 활동을 명문화하고 있다. 각 단체의 역할을 살펴보면 다음과 같다.

제19조(국기원)

1. 태권도 기술 및 연구 개발
2. 태권도 승품·승단 심사 및 태권도 보급을 위한 각종 교육사업
3. 태권도지도자 연수·교육 등을 통한 태권도지도자 양성 및 국외 파견
4. 태권도 시범단 육성 및 국내외 파견
5. 태권도 관련 국제교류 사업
6. 태권도인의 복지향상에 관한 사업
7. 그 밖에 문화체육관광부장관이 인정하는 사업

제20조(태권도진흥재단)

1. 공원의 조성 및 운영에 관한 사업
2. 태권도 진흥을 위한 조사·연구 사업
3. 태권도 보존·보급·홍보에 관한 사업
4. 태권도 진흥을 위한 각종 지원 사업
5. 공원시설 임대에 관한 사업
6. 태권도 용품·콘텐츠 개발 등 관련 산업 육성 지원
7. 그 밖에 문화체육관광부장관이 인정하는 사업
8. 제1호부터 제7호까지의 사업에 부대되는 사업

10) 씨름진흥법

「씨름진흥법」은 2012년 1월 17일(법률 제11168호)에 제정됐다. "이 법은 우리 민족 고유의 문화이자 체육활동인 씨름의 진흥에 필요한 사항을 정함으로써 국민의 체력증진과 건강한 정신함양 및 씨름의 세계화에 이바지함을 목적으로 한다(제1조 목적)."

이 법은 국가 및 지방자치단체가 씨름의 진흥을 위해 시책을 마련해야 한다. 동법 제5조(진흥기본계획의 수립·시행 등)에 따르면 문화체육관광부장관은 씨름의 체계적인 보존과 진흥을 위해 씨름진흥계획을 다음과 같이 수립하고 시행해야 한다.

1. 씨름 진흥의 기본방향
2. 씨름 진흥을 위한 조사 · 연구 등에 관한 사항
3. 학교 씨름 교육 등 씨름의 전승을 위한 교육 · 보급에 관한 사항
4. 씨름지도자의 교육 · 양성에 관한 사항
5. 씨름시설 및 씨름단체의 지원에 관한 사항
6. 씨름 국제 교류 · 협력 · 보급 및 국제행사 개최 등에 관한 사항
7. 씨름 진흥에 필요한 재원 확보에 관한 사항
8. 씨름시설의 감염병 등에 대한 안전 · 위생 · 방역 관리에 관한 사항
9. 그 밖에 씨름 진흥을 위하여 필요한 사항으로서 대통령령으로 정하는 사항

11) 바둑진흥법

「바둑진흥법」은 2018년 4월 17일(법률 제15567호)에 제정됐다. "이 법은 바둑의 진흥 및 바둑문화 기반조성에 필요한 사항을 정함으로써 국민의 여가선용 기회 확대와 건강한 정신함양 및 바둑의 세계화에 이바지하는 것을 목적으로 한다(제1조 목적)." 국가 및 지방자치단체는 바둑의 진흥을 위하여 필요한 시책을 마련하여야 하며, 국민의 자발적인 바둑 활동을 보호하는 것을 명문화하고 있다.

동법 제5조(바둑진흥기본계획의 수립 · 시행 등)에 따르면 문화체육관광부장관은 바둑의 체계적인 보존 및 진흥을 위하여 바둑진흥기본계획을 수립하고 시행해야 한다.

1. 바둑 진흥의 기본방향
2. 바둑 진흥을 위한 조사 · 연구 등에 관한 사항
3. 바둑의 기술개발 추진에 관한 사항
4. 바둑의 교육 · 보급에 관한 사항
5. 바둑지도자의 교육 · 양성에 관한 사항
6. 바둑전문기사의 육성 · 지원에 관한 사항
7. 바둑단체 및 바둑전용경기장의 지원에 관한 사항
8. 바둑 국제 교류 · 협력 및 국제행사 개최 등에 관한 사항

9. 바둑 진흥에 필요한 재원 확보에 관한 사항
10. 기보의 상업적 활용 관련 입법 및 정책 동향 연구에 관한 사항
11. 그 밖에 바둑 진흥을 위하여 필요한 사항으로서 대통령령으로 정하는 사항

12) 자전거 이용 활성화에 관한 법률

「자전거 이용 활성화에 관한 법률」은 1995년 1월 5일(법률 제4870호)에 제정됐다. "이 법은 자전거 이용자의 안전과 편의를 도모하고 자전거 이용의 활성화에 이바지함을 목적으로 한다(제1조 목적)."

동법 제5조(자전거 이용 활성화계획의 수립)에 따르면 특별시장·광역시장·특별자치시장·도지사·특별자치도지사와 시장·군수 및 자치구의 구청장은 대통령령으로 정하는 바에 따라 시·도경찰청장·경찰서장 또는 지방국토관리청장 등의 의견을 들어 자전거 이용 활성화계획을 다음의 내용을 포함해 5년마다 수립하여야 한다.

1. 자전거이용시설의 정비의 기본방향
2. 연도별 활성화계획
3. 자전거 이용자의 안전성 확보를 위한 방안
4. 그 밖에 대통령령으로 정하는 사항

13) 사격 및 사격장 안전관리에 관한 법률

「사격 및 사격장 안전관리에 관한 법률」은 1961년 12월 30일(법률 제893호)에 제정됐다. "이 법은 사격과 사격장으로 인한 위험과 재해를 미리 방지하여 공공의 안전을 확보하는 것을 목적으로 한다(제1조 목적)." 사격장은 실외사격장과 실외사격장으로 구분하고 대통령령으로 사격장의 종류·구조·위치·설비 등의 기준을 마련하고 있다.

동법 제8조(사격장 설치의 제한)에 따르면 다음의 해당시설 또는 장소로부터 200미터 이내의 주변에는 실외사격장을 설치하지 못하게 하고 있다.

---

1. 관공서
2. 「초·중등교육법」 및 「고등교육법」에 따른 학교
3. 병원
4. 공원
5. 사찰 또는 교회
6. 주택
7. 「영유아보육법」에 따른 어린이집
8. 「유아교육법」에 따른 유치원
9. 그 밖에 대통령령으로 정하는 시설 또는 장소

---

14) 마리나 항만의 조성 및 관리 등에 관한 법률

「마리나 항만의 조성 및 관리 등에 관한 법률」은 2009년 6월 9일(법률 제9778호)에 제정됐다. "이 법은 마리나항만 및 관련 시설의 개발·이용과 마리나 관련 산업의 육성에 관한 사항을 규정함으로써 해양스포츠의 보급 및 진흥을 촉진하고, 국민의 삶의 질 향상에 이바지하는 것을 목적으로 한다(제1조 목적)."

동법 제4조(기본계획의 수립 등)은 해양수산부장관은 마리나 항만의 합리적인 개발 및 이용을 위하여 10년마다 마리나 항만에 관한 기본계획을 다음과 같이 수립하여야 한다.

---

1. 마리나 항만의 중·장기 정책방향에 관한 사항
2. 마리나 항만의 입지지표 등 마리나 항만구역 선정기준 및 개발 수요 등에 관한 사항
3. 마리나 항만의 지정·변경 및 해제에 관한 사항
4. 마리나 관련 산업의 육성에 관한 사항
5. 그 밖에 대통령령으로 정하는 사항

---

15) 산림문화·휴양에 관한 법률

「산림문화·휴양에 관한 법률」은 2005년 8월 4일(법률 제7676호)에 제정됐다. "이 법은 산림문화와 산림휴양자원의 보전·이용 및 관리에 관한 사항을 규정하여 국민에게 쾌적하고 안전한 산림문화·휴양서비스를 제공함으로써 국민의 삶의 질 향상에 이바지함을 목적으로 한다(제1조 목적)." 제2조(정의) 6에 따르면 '숲길'이란 등산·트레킹·레저스포츠·탐방 또는 휴양·치유 등의 활동을 위해 삼림에 조성한 길을 말한다. 또한 같은 조항에 따르면 '산림레포츠'란 산림 안에서 이루어지는 모험형·체험형 레저스포츠이고, 삼림레포츠시설이란 산림레포츠에 지속적으로 이용되는 시설과 그 부대시설을 뜻한다.

동법 제4조(산림문화·휴양기본계획의 수립·시행 등)에 따르면 산림청장은 관계 중앙행정기관의 장과 협의하여 전국의 산림을 대상으로 산림문화·휴양기본계획을 다음과 같이 5년마다 수립·시행할 수 있다

---

1. 산림문화·휴양시책의 기본목표 및 추진방향
2. 산림문화·휴양 여건 및 전망에 관한 사항
3. 산림문화·휴양 수요 및 공급에 관한 사항
4. 산림문화·휴양자원의 보전·이용·관리 및 확충 등에 관한 사항
5. 산림문화·휴양을 위한 시설 및 그 안전관리에 관한 사항
6. 산림문화·휴양정보망의 구축·운영에 관한 사항
7. 그 밖에 산림문화·휴양에 관련된 주요시책에 관한 사항

법률은 적용순서에 따라 '일반법'과 '특별법'으로 구분하는데 적용 대상과 특별한 목적을 위해 제정된 특별법이 일반법에 우선하여 적용된다. 또한 시간적인 효력에 따라 '일반법'과 '한시법'으로 분류한다. 일반법은 「국민체육진흥법」 등과 같이 앞서 언급한 대다수의 법으로 사람·장소·사항 등에 특별한 제한이 없이 국내 체육환경에서 적용되는 법이다. 반면, 특별법은 「경륜·경정법」과 같이 특정한 스포츠 환경이나 그와 관련한 사람·사물·행위 또는 지역에 국한하여 적용하는 법이다. 「2018 평창동계올림픽대회 및 동계패럴림픽대회 지원 등에 관한 특별법」

도 이에 해당된다(문화체육관광부, 2019a).

이 외에도 유효기간이 명시돼 있는 한시법(限時法)으로 대회 종료 후에 폐지되는 지원법안이 있다. 예를 들면 「2002년 월드컵축구대회지원법」, 「2011 대구세계육상선수권대회 지원법」, 「2013 충주세계조정선수권대회 지원법」, 「2014 인천하계아시아경기대회 지원법」, 「2014 인천장애인아시아경기대회 지원법」, 「2015 광주하계유니버시아드경기대회 지원법」, 「포뮬러원 국제자동차경주대회 지원법」, 「2013 평창동계스페셜올림픽세계대회 지원법」, 「2015 경북문경세계군인체육대회 지원법」 등이 있다. 앞으로도 대형국제스포츠이벤트가 개최가 확정되면 이와 같이 한시법 혹은 특별법으로 제정될 것이다.

PART

02

체육과 스포츠
행정 조직

체육·스포츠
행정의 이론과 실제

CHAPTER

04

행정조직의 이해

조직구조의 이해

1. 조직의 개념

'조직(organization)'의 공통적인 특징이 있다. 첫째, 달성하고자 하는 독특한 목표가 있다. 기업과 같은 영리조직(profit organization)과 대학, 정당, 종교단체 등과 같은 비영리조직(non-profit organization)도 각각의 목표를 갖고 있다. 둘째, 모든 조직은 인간의 집합체로서 사람으로 구성돼 있다. 마지막으로 구성원의 행동을 정의하거나 제한하는 체계화된 구조를 갖고 있다. 조직이 이용하는 자원에는 다음 <표 4-1>과 같이 인적, 재무적, 물리적, 정보, 기술 자원이 있다.

☐ <표 4-1> 조직의 자원

조직	인적 자원	재무적 자원	물리적 자원	정보 자원	기술 자원
기업	기술자 경영자 구성원(종업원)	자본금 이익금	공장 사무실 원재료	수요예측 경제동향	생산기술 노하우
대학	교수 교직원 학생	수업료 기부금 정부예산(국립) 재단전입금(사립)	강의실 실험기자재 컴퓨터	학술논문	교수의 연구 및 강의 능력
정부기관	공무원	조세수입 정부예산	건물 장비	경제예측지표 기타 통계지표	행정 능력

※ 출처: 김성국 외(2014). 최신 경영학의 이해. 비앤앰북스, p.10.

체육·스포츠 조직은 일반 조직과의 유사성 외에도 별도로 고려할 수 있는 특징을 갖고 있다. 첫째, 스포츠 산업과의 관련성이다. 스포츠 용품업, 스포츠 시설업, 스포츠 서비스업으로 분류되는 스포츠 산업은 국가가 육성하고자 하는 영역이다. 이 분야를 성장시키기 위해선 법률을 제정하고, 시대 트렌드와 수요에 맞춰 개정과정을 거쳐 지속적인 육성을 하고자 한다. 국내에도 「스포츠산업진흥법」을 통해 경쟁력을 갖춘 우리나라 스포츠 산업 시장을 키우고 있다.

둘째, 사회적 단체로서의 특징이 있다. 체육 종목을 배우기 위해 자생적 혹은 인위적으로 결속된 스포츠 동호인의 교류가 활발하다. 또한 선수, 감독, 코치 등의 권익을 높이기 위해 조직화된 체육관련 단체가 있다.

셋째, 목표 지향적이다. 앞서 언급한 체육단체는 선수의 권익을 높이고 우수한 성적을 내기 위한 목적을 지닌다. 스포츠에 간접적으로 참여하는 기업은 흥행성이 보장된 이벤트를 발굴해 기업 상품의 홍보와 판매증진의 목표를 갖는다.

넷째, 구조적인 활동체계로서 체육·스포츠 조직이 움직인다. 인적자원관리, 재무관리, 제품개발 및 마케팅에 이르기까지 영역별로 분업화되고 전문화된 구조적 활동 시스템이라 할 수 있다.

마지막으로 구성원과 비구성원 사이의 관계가 명확하다. 이러한 명확한 경계는 프로 스포츠 선수의 다른 구단 이적을 통해 흔히 볼 수 있는 현상이다. 일반 조직에 비해 이직 기간이 짧기 때문에 다음 시즌에는 동료에서 상대팀의 선수로서 상대해야 한다. 고정되어 있는 경계가 아니라 유연하게 바뀔 수 있는 환경이라 할 수 있다.

여기서 잠깐

스포츠 조직설계에 영향을 주는 요인

① **환경**: 외부환경의 불확실성이 낮은 경우는 수직적, 기계적, 관료적 조직구조이고, 불확실성이 높은 경우는 수평적, 유기적, 적응적 조직구조를 가짐
② **전략**: 사업의 안정성과 효율성에 초점을 둔 방어형, 신규제품과 서비스 개발의 개척형, 혁신사례를 집중 분석하는 분석형, 외부환경에 대해 통제력이 약한 반응형이 있음
③ **기술**: 투입물을 산출물로 전환시키는 조직 내 기법 혹은 활동을 의미함
④ **사람**: 사람의 역할과 범위에 따라 업무가 세분화되거나 통합됨
⑤ **규모**: 대기업은 수직적, 기계적, 관료적 특성을 갖고, 중소기업은 수평적, 유기적,

적응적인 조직의 특성을 가짐
⑥ 라이프 사이클: 업종별, 규모별로 조직의 수명주기는 다르고 일반적으로 형성기, 성장기, 중년기, 장년기의 과정을 거침

2. 조직이론

1) 고전 조직이론

고전 조직이론은 1890년대부터 등장한 초기이론이다. 대표적으로 테일러(F. W. Taylor, 1911)의 과학적 관리론은 19세기의 대량생산 시스템이 도입되는 데 큰 공헌을 했다. 노동자의 작업시간과 동작에 대한 연구, 노동자의 능률을 높이기 위한 과업관리법 등을 통해 작업환경의 변화를 이루었다.

가내 수공업에서 대량생산이 가능하게 돼 동일한 품질의 상품을 저렴한 가격에 공급할 수 있게 됐다. 하지만 지나친 분업에 따른 조정과 통제비용을 처리하는 데 있어 한계점을 드러냈다. 또한 기계처럼 돌아가는 인간의 노동 분업에 대해 인간성이 결여될 수밖에 없다는 비판을 받았다.

2) 신고전 조직이론

신고전 조직이론은 1920년대부터 고전이론의 비판에서부터 등장했다. 인간에 대해 기계부품과 같은 하찮은 존재가 아니고, 감정적이고 사회적 동물로 보게 된 것이다. 이러한 관점의 변화는 인간이 처한 노동 환경에 관심을 불러 일으켰다.

대표적으로 메이요(E. Mayor)의 호손(Hawthorne) 공장실험을 통해 생산성에 미치는 영향요인으로 공장 내 조명의 밝기보다는 사회적 관계가 보다 중요하다고 했다. 그가 제시한 인간관계론에 따르면 구성원은 집단에서 활동할 때 반응을 나타내며, 경제적 유인요인보다 비경제적인 보상과 제재에 더 큰 관심을 보인다는 것이다. 다만 지나친 감정논리에 우선하여 공식조직의 구조와 기능과의 관계를 규명하는 데는 한계를 드러냈다.

3) 현대 조직이론

현대 조직이론은 1950년대에 고전이론과 신고전 이론을 비판하면서 등장했다. 조직을 복잡한 시스템으로 인식하게 됨으로써 획일화를 배제하고 다양성을 추구했다. 특히 조직의 외부환경이 날로 복잡하게 됨에 따라 적절한 대응책을 준비하는 것은 매우 중요해졌다. 조직구조의 다양성을 인정하게 되면서 상황론적 조직이론(contingency theory), 주인-대리인 이론(principle-agent theory), 거래비용 이론(transaction-cost theory), 조직군 생태론(population ecology theory), 자원의존 이론(resource-dependence theory) 등이 제시됐다.

□ <표 4-2> 현대 조직이론

구분	내용
상황론적 조직이론	• 상황조건에 따른 조직의 특수성을 강조함 • 조직이 처한 상황을 강조하고, 조직 환경에 따라 조직설계가 달라져야 함
주인-대리인 이론	• 조직을 소유주(주인)와 근로자(대리인)의 관계로 인식함 • 주인과 대리인 모두 합리적이고 경제적인 인간관을 가정함
거래비용 이론	• 조직을 거래비용 감소를 위한 장치로 바라봄 • 거래비용은 조직이 활동하는 데 필요한 모든 비용임
조직군 생태군	• 조직의 생존노력은 환경에 대한 적합도를 높이는 방향으로 진행됨 • 환경에 대한 조직의 적자생존을 설명함
자원의존 이론	• 조직과 환경과의 관계에서 조직의 주도적, 능동적 역할을 중시함 • 조직은 환경 의존적 관계를 전략적으로 통제함

※ 출처: 남재걸(2019). 행정학. 박영사, p.184~187(요약).

3. 조직설계와 조직의 구성요소

조직(organization)은 특정한 목표를 달성하기 위해 조직화(organizing)돼 있다. 이는 조직설계(organization design)를 통해 이루어진다. 즉, 조직구조를 구축하거나 변경하는 일련의 활동은 목표를 달성하기 위한 중요한 과정인 것이다.

조직구조 설계의 요인으로 전문화(work specialization), 분화와 부문화(differentiation

& departmentalization), 공식화(formalization), 명령계통(chain of command), 통제의 범위(span of control), 집권화와 분권화(centralization & decentralization)로 구분해 이해할 수 있다(Robins & Coulter, 2012).

☐ <표 4-3> 조직설계 요인

구분	내용
전문화	생산성을 높이기 위해 전문적 기능을 부여하기 위해 고려
분화와 부문화	직무의 세분화 혹은 합병을 고려
공식화	조직 직무의 표준화를 고려
명령계통	의사결정이 되는 절차에 관한 시스템을 고려
통제의 범위	상급자가 하급자를 관리하는 규모를 고려
집권화와 분권화	의사결정이 상위계층에 집중되거나 하부로 위임하는 것을 고려

분화와 부문화에 대해 보다 구체적으로 살펴보면 분화는 전체과업을 더 작은 과업단위로 세분화하는 것을 의미한다. 반면 부문화는 분화된 하위단위들을 전체의 효율성을 증진시키기 위해 묶는 것으로서 의사결정과정을 거쳐 이루어진다.

이와 같이 조직화(organizing)를 위해 검토되어야 할 조직구조 구성요소는 복잡성(complexity), 공식화(formalization), 집권화(centralization), 통합화(integration)가 있다. 복잡성은 앞서 언급한 분화와 연관을 지어 이해할 수 있다. 즉, 조직의 기능을 보다 전문적이고 세분화하기 위해 몇 가지 형태로 분화할 수 있다. 첫째, 수평적 분화는 부서별로 다른 역할과 권한을 나누기 위해 실행한다. 둘째, 수직적 분화는 조직 내에서 계층을 분류함으로써 복잡한 업무가 많아질수록 의사결정의 단계를 늘릴 수 있게 하는 것이다. 셋째, 지리적 분화는 공간적 분화라고도 하는데, 하나의 조직이 여러 지역에 위치해 업무를 수행하는 것을 의미한다.

□ <표 4-4> 조직구조를 형성하는 요소

구분		내용	
핵심적 요소	복잡성	• 분화는 조직이 복잡해질수록 업무가 다양하고, 의사결정 시스템이 조정되어야 함 • 수평적, 수직적, 지리적 분화로 구분할 수 있음	
		수평적 분화	새로운 부서를 신설하고, 분야별 전문인을 고용함
		수직적 분화	단계적 수준의 정도를 의미하고, 다른 조건이 일정한 조건에서 조직의 통제범위(span of control)가 넓거나 클수록 더 효율적임
		지리적 분화	한 조직 내에서 지역적 혹은 공간적으로 나누어짐 (공간적 분화)
	공식화	• 조직 내 규정이 많고 행정절차가 구체적이면 공식화가 높은 조직임 • 업무가 표준화되기 때문에 의사결정권은 최소화될 수 있음 • 조직구성원이 언제, 무엇을, 어떻게 해야 하는지를 규정하고 명시함	
	집권화	• 어떤 계층에서 의사결정이 이루어지느냐의 문제로서 최고경영층에 집중 되는 경향임(↔분권화) • 조직 내 의사결정이 서열이 높은 위치에서 이루어지고 있는지를 나타낸 것임	
부가적 요소	통합화	조직 활동의 조정 및 통합을 의미함	

※ 출처: 문개성(2019). 스포츠 경영: 21세기 비즈니스 미래전략. 박영사, p.107.

조직유형의 이해

1. 조직구성의 요인

민츠버그(H. Mintzberg)는 '효과적인 조직 설계: 조직구조의 5대 유형 (Structural in Fives: Designing Effective Organization)'에서 다섯 가지 부문의 조직구성 요인을 제시했다. 즉 전략부문(Strategic Apex), 중간라인부문(Middle Line), 핵심운영부문(Operating Core), 기술전문가부문(Technostructure), 지원스태프부문 (Support Staff)이다.

첫째, 전략부문은 조직의 최고 경영층 집단으로 최고경영자, 사장, 부사장, 이사회, 경영위원회 등에 해당된다. 이들은 집권화(centralization)를 향한 힘이 강하고, 직접적인 감독활동, 외부환경과의 상호작용 활동, 전략수립활동을 한다.

둘째, 중간라인부문은 전략부문과 핵심운영층을 연결하는 중간관리자들로서 관리이사, 영업이사, 지점장 등에 해당된다. 이들은 산출물의 표준화(standardization of outputs)를 향한 힘이 강하다.

셋째, 핵심운영부문은 재화와 용역의 산출업무와 직결되는 기본업무를 담당하는 현장주임, 영업주임, 구매담당, 기계기사, 조립담당, 판매담당, 배송담당 등이 속한다. 이들은 분권화(decentralization)와 지식 및 기술의 표준화(standardization of skills)를 향한 힘이 강하다.

넷째, 기술전문가는 다양한 분야의 전문적인 분석을 통해 조직 활동의 표준화에 대한 시스템을 구축하는 역할을 하며, 과업의 표준화(standardization of work)에 대한 열망이 강하다.

마지막으로 지원스태프는 노사관계, 임금관리, 인사관리, 서무관리, 문서관리, 구내식당 등 조직운영을 위한 나머지 부문을 지원하는 역할을 한다.

2. 조직구성의 유형

민츠버그(H. Mintzberg)는 앞서 제시한 다섯 가지의 조직구성 요인을 바탕으로 다섯 가지의 조직구조 유형을 분류했다. 즉 단순구조(Simple Structure), 기계적 관료제 구조(Machine Bureaucracy), 전문적 관료제 구조(Professional Bureaucracy), 사업부 형태(Divisional Form), 애드호크러시(Adhocracy)이다.

첫째, 단순구조는 전략부문 즉, 최고경영층이 주체가 되는 조직구조 형태로서 권한이 상층부에 집중돼 있어 공식화 정도가 낮다. 핵심운영층 간의 직접적인 소통이 가능하기 때문에 신속한 의사결정이 가능하지만, 기업주의 판단이 잘못됐을 시 조직이 그릇된 방향으로 갈 수 있다.

둘째, 기계적 관료제 구조는 대규모 조직에서 이루어지는 고도로 표준화된 업무를 수행할 수 있을 만큼 과업의 표준화로 이루어져 있다. 전략부문(최고경영층)과 핵심운영층 사이에서 역할을 수행하는 중간관리층의 힘이 강하게 된다. 정형화된 업무로 세분돼 있어 조직자체는 원활하게 운영되지만 구성원들 간의 인간적인 면이 결여될 수 있고, 지나친 과업의 정형화로 중간관리층이 비대해질 수도 있다.

셋째, 전문적 관료제 구조는 개인의 전문성이 극대화되는 대학, 병원, 로펌, 회계법인, 대형 스포츠 에이전시 등의 전문적 기관과 같은 조직이다. 분권화(decentralization)와 지식 및 기술의 표준화(standardization of skills)를 향한 힘이 강한 핵심운영층(Operating Core)은 분야별 전문성을 강조하게 되고, 지원스태프의 역할과 권한이 확대되는 것을 선호하게 됨으로써 지원스태프의 조직규모는 날로 확대될 수 있다.

넷째, 사업부 형태는 기계적 관료제 구조에서 몇 개의 사업이 핵심운영층으로 분권화된 형태를 갖춘 세계적인 대기업과 같은 조직이다. 산출물의 표준화(standardization of outputs)를 향한 힘이 강한 중간관리층의 역할이 커질 수 있다.

마지막으로 애드호크러시는 테스크포스팀(TFT), 매트릭스 조직, 프로젝트 팀 등으로 대변되는 임시조직으로 문제가 발생했을 시 한정된 기간 동안 구성돼 방향을 제시하는 역할을 할 수 있다.

구분	내용	도식도
단순 구조	• 전략부문(최고경영층)이 주체가 되는 조직 구조임 • 권한이 상층부로 집중되다보니 공식화가 약한 특징이 있음 • 의사결정을 하는데 신속하고 유연성이 있지만, 경영층 판단 하에 조직성패가 좌우될 수 있는 단점이 있음 • 중소기업 등 작은 규모의 조직으로 대표됨	최고경영층 / 중간 관리층 / 핵심운영층
기계적 관료제 구조	• 대규모 조직에서 이루어지는 고도로 표준화된 업무를 수행함 • 업무가 반복적, 연속적, 세분화되어 효율성을 추구함 • 지나친 과업의 정형화로 중간관리층이 비대해질 수 있음 • 기계적 시스템으로 자칫 인간적인 면이 결여될 수 있음 • 대기업과 같은 큰 규모의 조직으로 대표됨	최고경영층 / 기술전문가 중간 관리층 지원스태프 / 핵심운영층
전문적 관료제 구조	• 공식적 지위에서 비롯되지만 분야별 전문성을 통해 이루어짐 • 개인의 전문성을 극대화되면서 지원스태프 조직 규모가 비대해짐 • 전문적, 민주적, 분권적, 자율적, 협력적인 특성이 있음 • 다른 의견이 도출됐을 때 수평적 갈등을 조정하기가 어려울 수 있음 • 대학, 병원, 로펌, 회계법인, 대형 스포츠에이전시 등 조직으로 대표됨	최고경영층 / 기술 중간 관리층 지원스태프 / 핵심운영층
사업부 형태	• 사업부별로 분권화된 독자적인 조직 구조를 갖춘 형태임 • 중간관리자가 조직의 주요부문으로 등장함	

구분	내용	도식도
	• 자본주의의 전형적 산물이란 비판을 받음 • 조직자원의 효율적인 배분을 통해 다양한 성과를 도출할 수 있음 • 전체 조직 본부가 각 사업부 권한을 침범할 수 있음 • 다국적 기업 조직으로 대표됨	최고경영층 중간 관리층 기술 지원스태프 기계적 관료제 구조 기계적 관료제 구조 기계적 관료제 구조
애드호크러시	• 과제를 최종적으로 실행하기보다 그 실행을 위한 문제해결을 위한 방향성 제시에 초점을 둠 • 구성원의 능력을 최대한 발휘하게 하고, 효율성을 추구함 • 고도의 불확실성으로 뜻하지 않은 갈등이 양산될 수 있음 • 수평적이고 유기적인 구조로 인해 과업수행 방향이 불일치하거나 역할분담이 모호해질 수 있음 • 테스크포스팀(TFT), 매트릭스 조직, 프로젝트 팀 등의 임시조직으로 대표됨	최고경영층 중간 관리층 핵심운영층

출처: 문개성(2019). 스포츠 경영: 21세기 미래비전. 박영사, p.126.

여기서 잠깐

블라우(P. M. Blau)와 스콧(W. R. Scott)의 조직 유형(1962)

① **호혜조직**: 구성원의 이익을 위한 조직(정당, 노동조합, 이익단체 등)

② **기업조직**: 조직의 능률성을 강조하는 경쟁체제의 조직(사기업, 은행, 보험회사 등)

③ **봉사조직**: 고객과 직접적인 관계를 갖는 조직(병원, 학교 등)

④ **공익조직**: 다수가 주요 수혜자가 되는 조직(소방서, 경찰서, 행정기관 등)

에치오니(A. Etzioni)의 조직 유형(1964)

① **강제적 조직**: 조직의 통제수단이 강제적이고, 구성원들은 고도의 소외의식을 가짐(교도소, 수용소, 정신병원 등)

② **공리적 조직**: 조직은 구성원들에게 보수를 제공하고, 구성원들은 받은 보상만큼 일함(사기업)

③ 규범적 조직: 규범적 권한과 도덕적 복종으로부터 통제받음(종교단체, 정당, 병원 등)

퀸(R. E. Quinn)과 로어바우(J. Rohubaugh)의 조직 유형(1981)

① 내부과정모형: 조직내부의 효율적 통제에 중점을 둠
② 인간관계모형: 조직내부에서 인간의 유연성을 강조함
③ 개방체제모형: 환경변화에 대응하기 위해 조직의 유연성을 강조함
④ 합리적 목표모형: 생산적이고 효율적인 목표달성을 위해 통제를 중시하고 조직자체를 강조함

체육과 스포츠 행정조직

1. 체육 · 스포츠 행정조직의 개념

일반적으로 조직의 개념은 '어떤 환경 하에서 특정한 목표를 달성하기 위한 다수인(employees)의 집단으로, 그 기능(function) 수행을 위해 일정한 체계적 구조(structure)를 지닌 사회단위(social unit)'로 정의되고 있다. (행정)조직의 구성요소로는 기구(행정기구), 기능(행정사무), 인력(공무원)을 들 수 있다.

행정조직(administrative organization)이라 함은 국가 또는 지방자치단체의 행정사무를 수행하기 위하여 설치된 행정기관의 체계적 기구를 의미한다. 또한 행정기관이란 행정법적 개념에서 행정객체에 대해 행정사무를 처리하는 지위에 있는 행정주체를 의미하며, 입법부 조직인 국회조직 및 사법부조직인 법원조직과 구별하고 있다. 정부조직이라 함은 입법 · 사법부를 포함한 넓은 의미의 정부의 행정조직을 의미할 때도 있으나, 일반적으로 행정부만을 의미하는 좁은 의미로 사용되고 있으며, 공익의 실현을 목표로 하고 있는 점에서 경영의 효율화를 통한 이윤극대화를 추구하는 민간경영조직과 구별하고 있다.

정부출연기관, 공단, 공사, 공공시설 등과 같이 민간경영조직과 행정조직의 중간적 성격을 지닌 조직도 광의의 행정조직에는 포함시키고 있다. 따라서 체육행정조직이란 국가, 지방자치단체 및 공공단체의 체육행정사무를 수행하기 위하여 설치된 체계적인 기구를 의미한다고 말할 수 있다.

우리나라의 역대정부로부터 지금까지 공무원 규모를 살펴보면 다음 <표 4-6>과 같다. 국가 행정조직의 규모는 문민정부에서 국민의 정부로 전환될 때를 제외하고는 규모가 커졌다.

□ <표 4-6> 대한민국 정부의 공무원 규모

구분	총계	행정부			입법부 등	증감	증감률
		소계	국가	지방			
제1공화국 ('60.12.31)	237,476	234,217	123,037	111,180	3,259	–	–
제2공화국 ('61.12.31)	237,500	233,892	118,319	115,573	3,608	24	0.01%
제3공화국 ('72.12.31)	438,573	433,415	362,396	71,019	5,158	201,073	84.66%
제4공화국 ('80.12.31)	596,431	589,020	438,454	150,566	7,411	157,858	35.99%
제5공화국 ('87.12.31)	705,053	693,597	477,146	216,451	11,456	108,622	18.21%
제6공화국 ('92.12.31)	886,179	871,410	565,115	306,295	14,769	181,126	25.69%
문민정부 ('97.12.31)	935,760	919,154	561,952	357,202	16,606	49,581	5.59%
국민의정부 ('03.2.24)	904,266	884,916	576,223	308,693	19,350	-31,494	-3.37%
참여정부 ('08.2.24)	978,711	956,093	607,717	348,376	22,618	74,445	8.23%
이명박정부 ('13.2.24)	990,827	966,227	615,589	350,638	24,600	12,116	1.24%
박근혜정부 ('17.5.9)	1,032,331	1,006,145	631,380	374,765	26,186	41,504	4.19%
문재인정부 ('20.12.31)	1,131,796	1,106,552	735,909	370,643	25,244	99,465	9.63%

※ 출처: 정부조직관리정보시스템(2021.8.). 역대정부 정원 증감현황.

2. 국내 체육·스포츠 행정조직의 변천

현재의 우리나라 체육·스포츠 정책을 수반하는 최고의 기관은 문화체육관광부이다. 해방 후 최고 체육행정기관의 변천을 살펴보면 다음과 같다. 더불어 전문체육과 생활체육의 육성을 전담하는 기구인 대한체육회가 걸어온 길을 살펴보면 1920년 조선체육회로부터 발전해 왔다.

· 최고 체육행정기관의 변천

문교부 문화국 체육과(1946) → 문교부 체육국(1961) → 문예체육국 체육과(1963) →
문교부 사회교육국(1968) → 체육국(1970) → 체육부(1982) → 체육청소년부(1991)
→ 문화체육부(1993) → 문화관광부(1998) → **문화체육관광부(2008 ~ 현재)**

· 대한체육회 변천

조선체육회(1920) → 대한체육회 개칭(1948) → 태릉선수촌 건립(1966) → 진천선수촌
이전(2017) → 국민생활체육회와 통합(2016)

최초의 국제 스포츠 행사인 서울 아시아 경기대회(1986)와 하계올림픽(1988)을 치렀던 정부 체육부처로부터 오늘날까지의 주요 연혁을 살펴보면 다음과 같다.

- 1982. 03. 20. 체육부 신설(1실 3국 10과 3관 4담당관 187명)
  - 기획관리실, 체육진흥국, 체육과학국, 국제체육국
- 1990. 12. 27. 체육부에서 → 체육청소년부로 개칭
- 1992. 01. 01. 한국마사회 운영의 지도·감독업무 인수
- 1993. 03. 06. 문화체육부 발족, 3국 9과 98명
  - 체육정책국, 체육지원국, 국제체육국
- 1994. 12. 23. 3국 9과 98명 → 2국 7과 77명, 체육지원국 폐지
- 1998. 02. 28. 문화관광부 발족, 2국 7과 77명 → 1국 4과 56명, 국제체육국 폐지
- 1999. 05. 24. 1국 4과 56명 → 1국 3과 40명

- 2001. 01. 29. 한국마사회 업무 농림부 이관
- 2002. 03. 09. 생활체육과 신설 1국 4과 45명
- 2004. 11. 07. 스포츠여가산업과 신설, 체육진흥과 폐지
- 2005. 12. 15. 장애인체육과 신설 1국 5과 52명
- 2006. 07. 25. '과' 명칭이 '팀'제로 변경 1국 5팀
- 2008. 02. 29. 문화체육관광부 신설, '팀'제가 '과'제로 변경 1국 5과 50명
- 2008. 12. 31. 생활체육과 → 체육진흥과, 장애인체육과 → 장애인문화체육과로 명칭 변경
- 2009. 05. 01. 직제개편(1국 3과 1팀 50명), 체육진흥과와 스포츠산업과 → 체육진흥과로 통합, 장애인문화체육과 → 장애인문화체육팀으로 명칭 변경
- 2010. 07. 01. 장애인문화체육팀 → 장애인문화체육과로 개편 1국 4과 52명
- 2013. 03. 23. 장애인문화체육과 → 장애인체육과로 개편 1국 4과 51명
- 2013. 12. 13. 스포츠산업과 신설 1국 5과 55명
- 2014. 10. 23. 체육국 → 관광체육레저정책실 내 체육정책관으로 개칭 1정책관 5과 52명
- 2015. 01. 06. 관광체육레저정책실 → 체육관광정책실로 개칭, 체육협력관 및 평창올림픽지원과 신설, 1실 4관 12과 126명
- 2016. 03. 30. 체육관광정책실 → 체육정책실로 개편, 1실 2관 6과 59명
- 2017. 09. 04. 체육정책실 → 체육국으로 개편, 체육국 내 체육협력관 신설. 평창올림픽 지원과를 한시조직인 평창올림픽지원단으로 변경, 2과 15명(평창올림픽지원담당관 8명, 평창올림픽협력담당관 7명)
- 2018. 08. 21. 스포츠유산과 신설

1) 미군정기와 제1 · 2공화국의 체육 · 스포츠 행정조직(1945 ~ 1961)

일제강점기(1910.8.29. ~ 1945.8.15.)에서 해방되고 난 후 미군정기(1945.9.9. ~ 1948.8.15.)로 이어져 우리나라만의 체육정책을 수립하지 못했다. 최초의 체육에 관한 행정조치는 1945년 9월 미군정에 의해 내려진 '신조선을 위한 교육 방침'으로 기록돼 있다(장 류 샤플레, 임도빈, 2017).

대한민국 제헌 헌법에 의해 이승만 정부인 제1공화국(1948.8.15. ~ 1960.4.26.)
이 수립된 이후 문교부 내에 문화국 체육과에서 체육행정을 담당했다. 제2공화국
체제(1960.6.15. ~ 1961.5.16.)는 1960년 4·19 혁명으로 제1공화국이 붕괴된 후,
제1차 과도 권한대행 체제(1960.4.27. ~ 1961.6.14.)를 거쳐 불과 11개월간 존속했
던 대한민국 역사상 유일한 양원제 의원내각제 기반의 헌정체제였다. 미군정기
로부터 제1·2공화국 때까지는 특징지을만한 체육행정을 펼치기엔 열악했다.

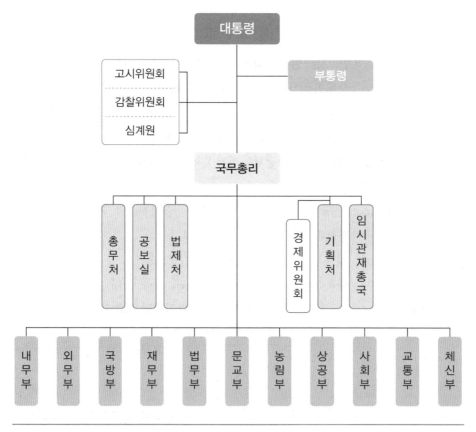

◎ 〈그림 4-1〉 제1공화국 정부조직체계(11부 4처 3위원회, 1948.7.17. 공포 법률
제1호)

출처: 정부조직관리정보시스템

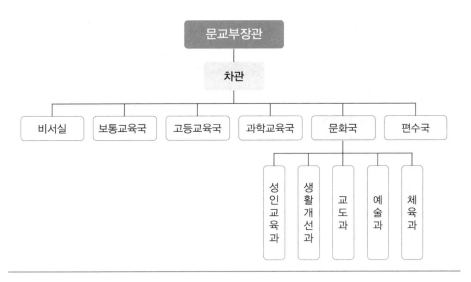

◎ 〈그림 4-2〉 1948년 11월 4일 문교부 직제(대통령령 제22호)

출처: 장 류 샤플레, 임도빈(2017), 재인용, p.128.

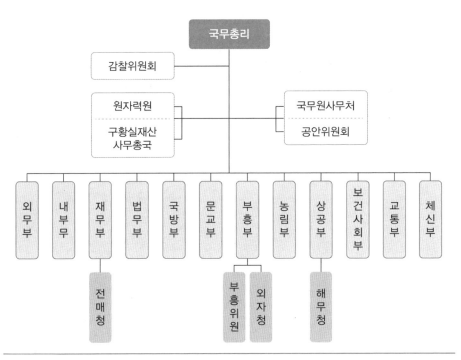

◎ 〈그림 4-3〉 제2공화국 정부조직체계(1원 12부 1처 3청 3위원회, 1960.7.1. 공포 법률 제552호)

출처: 정부조직관리정보시스템

2) 제3·4공화국의 체육·스포츠 행정조직(1961 ~ 1979)

1961년 5월 16일 군사쿠데타를 통해 박정희가 집권함으로써 제3공화국 (1960.12.17. ~ 1972.10.17.)을 맞이했고, 장기집권을 추진하기 위해 헌법을 개정하여 유신체제로 전환하면서 제4공화국(1972.12.23. ~ 1979.10.26.)으로 연장하다가 암살(10.26 사건)당할 때까지 집권을 이어갔다.

이 시기에는 한국 체육의 도약을 위한 계기를 마련했다. 대표적으로 1962년에 국가재건최고회의에서 「국민체육진흥법」을 제정했다. 정부가 체육정책의 운영에 있어 법적근거를 마련한 최초의 체육관련법으로 오늘날에도 여러 차례 개정을 거치며 대표적인 법안으로 평가받고 있다.

이 시기의 체육정책은 '체력은 곧 국력'이라는 구호를 통해 알 수 있듯이 '스포츠 내셔널리즘'으로 평가받기도 한다. 민족주의적 요소를 스포츠에 강력하게 내포함으로써 자국의 스포츠 활동에 대한 우승과 자부심을 느끼게 하여 정권에 대한 반감을 축소하고 은폐할 수 있었다(장 류 샤플레, 임도빈, 2017).

문교부 내에 체육국을 설치하고 국민체육과와 학교체육과를 분리 운영했다. 엘리트 체육을 육성하기 위해 1966년 태릉선수촌을 건립(2017년 충북 진천선수촌으로 완전 이전)했다. 또한 1971년 초·중·고등학교에서 체력장 제도를 실시함으로써 체력증진이라는 교육 목적으로 전국적으로 구현하게 했다. 1972년 학교체육시설 5개년 계획을 수립함으로써 지속적인 정부예산지원을 받는 계기를 마련했다.

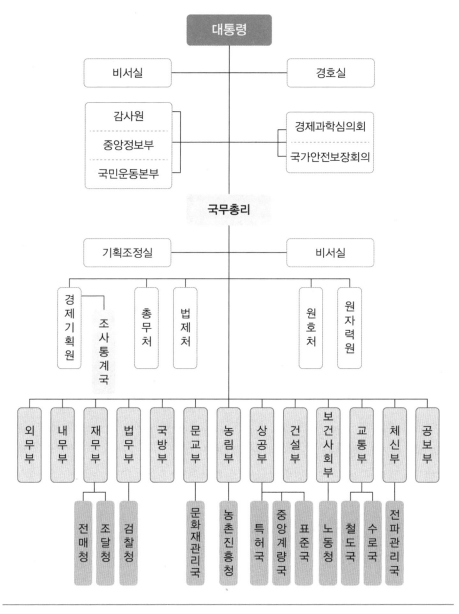

◎ 〈그림 4-4〉 제3공화국 정부조직체계(2원 13부 3처 6청 7외국, 1963.12.14. 공포 법률 제1506호)

출처: 정부조직관리정보시스템

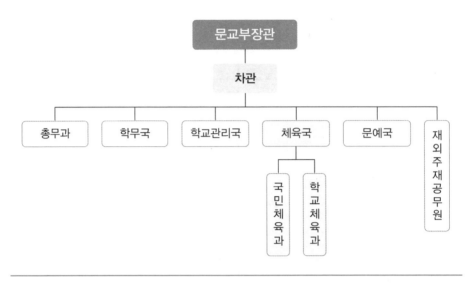

◎ 〈그림 4-5〉 1961년 10월 2일 문교부 직제(각령 제180호)

출처: 장 류 샤플레, 임도빈(2017), 재인용, p.129.

　　1976년에는 체육국 내에 국민체육과, 학교체육과와 더불어 학교급식과를 신설하여 체육전담 행정조직의 규모를 확대했다. 생활체육과 학교체육의 발전을 통해 엘리트 체육의 기틀을 마련하게 됐다. 이 시기에 체육 중·고등학교를 설치하고 체육특기자 전형을 신설하여 오늘날까지 이어져 오고 있다. 또한 「국민체육진흥법」에 토대로 국민체육진흥기금을 설치하여 스포츠 경기 수준을 향상할 수 있는 기반을 마련했다.

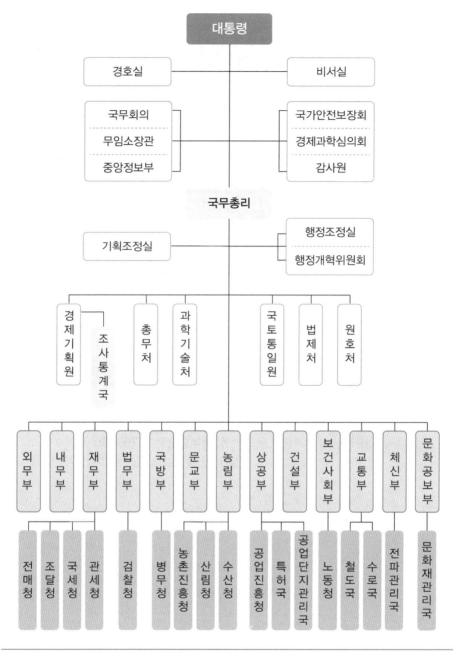

◎ 〈그림 4-6〉 제4공화국 정부조직체계(2원 13부 4처 13청 5외국, 1973.1.15. 공포
법률 제2437호)

출처: 정부조직관리정보시스템

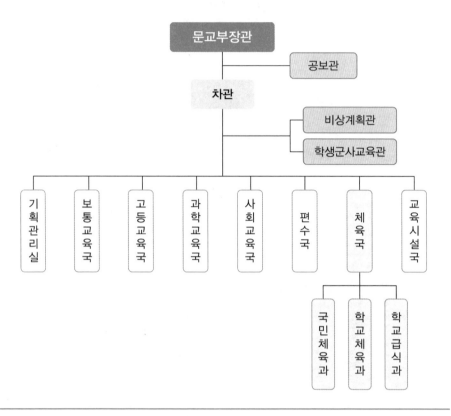

◎ 〈그림 4-7〉 1976년 2월 18일 문교부 직제(대통령령 제7991호)

출처: 장 류 샤플레, 임도빈(2017), 재인용, p.131.

3) 제5공화국의 체육·스포츠 행정조직(1980 ~ 1987)

제5공화국(1981.2.25. ~ 1988.2.24.)은 전두환의 신군부에 의한 군사쿠데타 (1979.
12.12.)와 비상계엄 전국 확대라고 하는 내란(1980.5.17.)으로 탄생했다. 제4공화 국과의 차별성을 부각하기 위해 영구집권이 가능했던 6년 연임제 대신 7년 단임 제를 고수하며 통금 해제, 교복 자율화 등 유화 조치를 취했다. 덧붙여 체육과 스포츠 영역을 적극적으로 지원함으로써 스포츠를 향유하는 비중을 대폭 늘렸 다. 전통성이 부족한 정권 비판의 목소리를 줄이기 위한 우민화 정책이란 비판 과 함께 오늘날 스포츠 산업의 토대가 됐다는 평가가 엇갈린다.

이 시기의 정책기조를 근간으로 최고 행정기관을 체육부로 격상하여 체육진흥 국, 체육과학국, 국제체육국을 두었다. 체육전담부서만을 위한 대대적 지원책을 폈 다. 박정희 정권 말기 1979년 국민체육진흥심의회에서 의결된 서울올림픽 유치 계획을 정권이 바뀌자마자 1980년에 11월 IOC에 유치신청을 내며 불씨를 이어 갔다.

1981년 9월 30일 서독 바덴바덴에서 사마란치 국제올림픽위원회(IOC) 위원 장은 일본과 경합을 치렀던 서울을 1988년 개최지로 발표했다. 이와 같이 이 시기의 체육행정의 성격은 1986년 서울 아시안게임과 1988년 서울 하계올림픽을 치르는 데 주안점을 두었다. 또한 1982년 프로야구 출범, 1983년 프로축구와 프 로씨름(이후 해체되어 2006년부터는 지자체, 실업팀으로 운영) 출범, 1984년 농구대 잔치(1997년 프로농구 출범의 모태가 됨) 등으로 스포츠를 통치수단으로 적극 활 용했다.

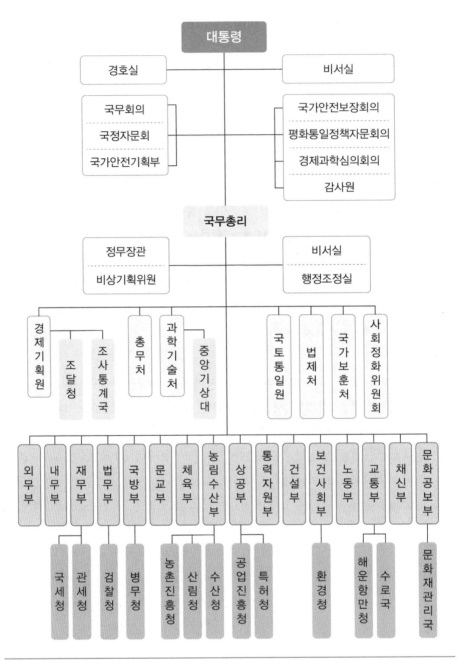

◎ 〈그림 4-8〉 제5공화국 정부조직체계(2원 16부 4처 13청 3외국, 1986.12.20. 공포 법률 제3854호)

출처: 정부조직관리정보시스템

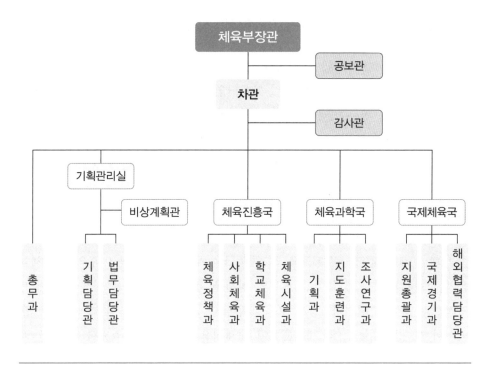

◎ 〈그림 4-9〉 1982년 3월 20일 체육부 직제(대통령령 제10767호)

출처: 장 류 샤플레, 임도빈(2017), 재인용, p.132.

4) 제6공화국(1기)의 체육 · 스포츠 행정조직(1988 ~ 1992)

노태우 정부(1988.2.25. ~ 1993.2.24.)로 시작된 제6공화국은 1987년 6월의 민주항쟁의 결과로 1987년 10월 29일 5년 단임의 대통령 직선제로 바뀐 후, 현재까지 이어져오고 있는 헌정체제이다. 지난 정부가 유치에 성공하면서 하계 올림픽 개최를 치러야 하는 당면의 과제를 안고 시작했다. 이에 성공적 올림픽 개최를 통해 남북통일과 북방외교의 토대를 마련하겠다는 의지를 표명했다. 올림픽 폐막과 함께 소련, 중국 등 공산권의 8개 국가와의 스포츠를 통한 북방외교를 시행했다.

이 시기의 체육행정조직의 성격도 제5공화국의 정책을 승계 받아 체육청소년부 내에 체육진흥국, 체육지도국, 국제체육국을 두었다. 올림픽 이후의 사회체육을 활성화시키고자 했던 이전 정부의 정책을 계승해 생활체육 진흥을 위해 본격적으로 정책을 펼쳤다. 당시 모든 사람들이 스포츠를 자발적으로 참여할 수 있어야 한다는 'sports for all' 운동이 세계적으로 진행되고 있었다. 이에 1990년에 '호돌이 3개년 계획'도 이러한 맥락에서 추진하게 되면서 이듬해 2월에 국민생활체육협의회(이후 국민생활체육회로 개칭, 2016년 대한체육회와 통합)를 출범시켰다.

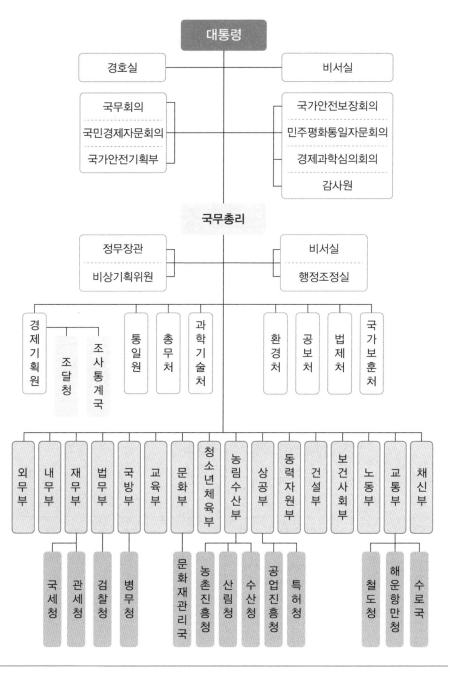

◎ 〈그림 4-10〉 제6공화국 정부조직체계(2원 16부 6처 12청 3외국, 1989.12.30.
공포 법률 제4183호)

출처: 정부조직관리정보시스템

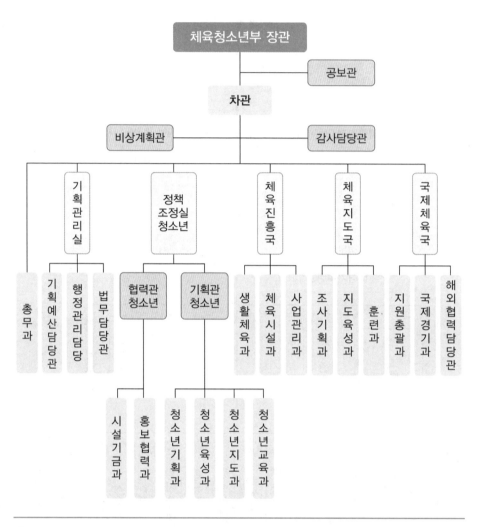

◎ 〈그림 4-11〉 1990년 12월 17일 체육청소년부 직제(대통령령 제13284호)

출처: 장 류 샤플레, 임도빈(2017), 재인용, p.135.

5) 문민정부의 체육 · 스포츠 행정조직(1993 ~ 1997)

김영삼의 문민정부(1993.2.25. ~ 1998.2.24.)는 과거 군부정권이 아닌 '민간인 출신'에 의한 정부란 뜻을 내포하며 차별화에 나섰다. 전두환, 노태우 정부와 달리 체육이라는 한정적 영역을 최고행정조직에서 문화체육부로 확장시켰다. 엘리트 체육에 대한 관심이 이전 정부와 달리 축소되고 작은 정부를 부르짖던 당시의 세계행정환경과 맞물려 문화부와 통합된 것이다(김승영, 2004; 장 류 샤플레, 임도빈, 2017, 재인용).

문화체육부 내에 체육정책국, 국제체육국을 두었다. 이 시기에도 '모두를 위한 스포츠(sports for all)' 운동이 더욱 확산되는 추세를 반영하여 제1차 국민체육진흥5개년계획(1993 ~ 1997)을 발표했다. 이를 통해 국민의 체육 참여율을 50% 이상으로 끌어올리겠다는 의지를 표명해 체육시설과 프로그램을 확충했다. 국민체육진흥기금을 마련하기 위해 사행산업의 일종인 경륜(1994)을 시행했다. 또한 마지막 해에는 프로농구(1997)를 출범시켰다.

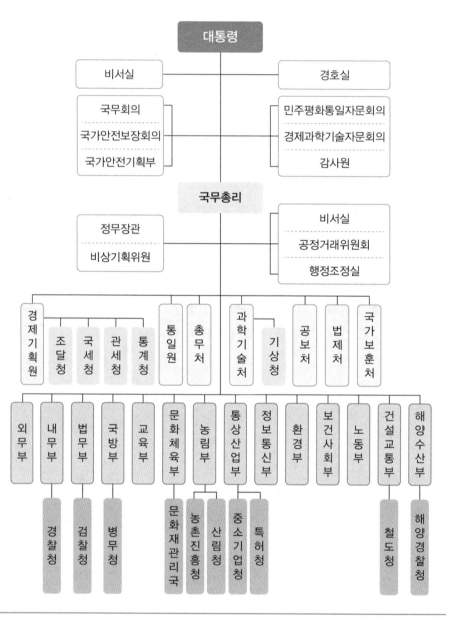

◎ 〈그림 4-12〉 문민정부 정부조직체계(2원 14부 5처 14청 1외국 1위원회, 1996.8.8. 공포 법률 제5153호)

출처: 정부조직관리정보시스템

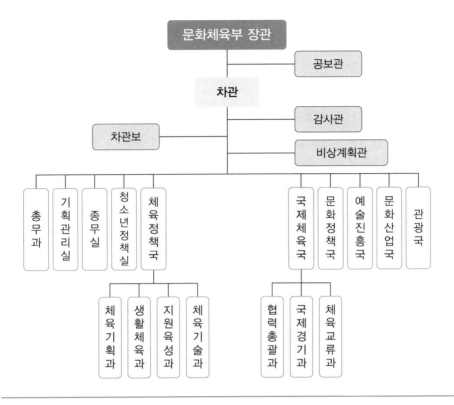

◎ 〈그림 4-13〉 1994년 12월 23일 문화체육부 직제(대통령령 제14442호)

출처: 장 류 샤플레, 임도빈(2017), 재인용, p.136.

6) 국민의 정부의 체육 · 스포츠 행정조직(1998 ~ 2002)

국민의 정부(1998.2.25. ~ 2003.2.24.)로 명명한 김대중 정권은 대한민국 헌정 역사상 최초로 선거에 의해 여 · 야 정권이 교체로 출범했다. 우리나라가 IMF 구제금융 요청(1997.12.3. ~ 2001.8.23.)을 하게 되면서 국가부도 위기에 처한 어려운 시기에 정권이 시작됐다. 지난 정권부터 신자유주의의 물결이 여전히 영향을 받으며 과감한 개혁을 단행하게 됐다. 이러한 흐름은 체육행정조직에도 영향을 미쳐 문화관광부로 개칭하면서 체육국만 존속시켰다.

이 시기에도 '모두를 위한 스포츠(sports for all)' 또는 '라이프타임을 위한 스포츠(sports for lifetime)' 운동이 확산됐다. 지난 정부에 이어 제2차 국민체육진흥 5개년계획(1998 ~ 2002)을 발표하여 체육행정 정책기조를 이어갔다. 노태우 정부 때부터 추진됐던 월드컵 대회 유치는 김영삼 정부 때 본격적으로 추진돼 1996년 5월 31일에 한국과 일본의 공동개최로 성사됐다. 한 · 일 월드컵 이후 스포츠를 통해 부가가치가 창출될 수 있는 분야로서 스포츠 산업에 대한 논의가 시작됐다.

또한 남북 체육교류가 활성화되면서 평양에 실내체육관 건립(현대건설 1999), 시드니 하계올림픽 개막식 공동입장(2000), 부산아시아경기대회 개 · 폐막식 공동입장(2002) 등의 성과를 창출했다. 국민체육진흥기금 확대를 위해 체육진흥투표권(스포츠토토, 2000)과 경정(2002)을 시행해 현재까지 체육재원 마련에 기여하고 있다.

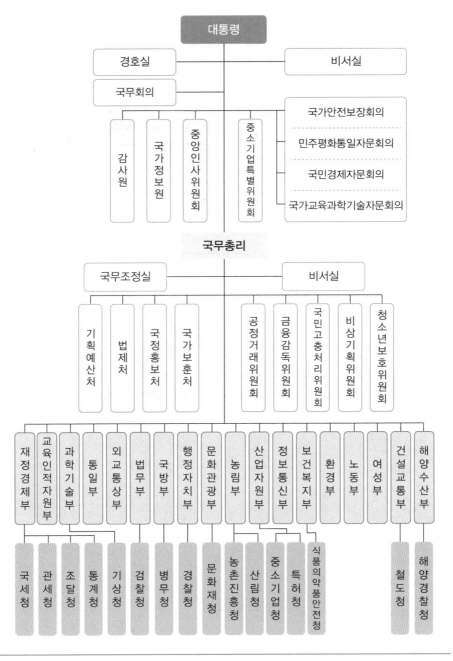

◎ 〈그림 4-14〉 국민의 정부 정부조직체계(18부 4처 16청 1위원회, 2001.1.29.
　　　　공포 법률 제6400호)

출처: 정부조직관리정보시스템

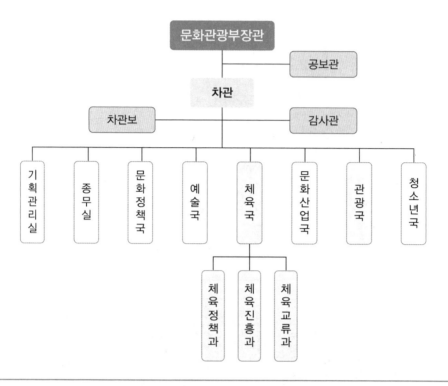

◎ 〈그림 4-15〉 1999년 5월 24일 문화관광부 직제(대통령령 제16346호)

출처: 장 류 샤플레, 임도빈(2017), 재인용, p.138.

7) 참여정부 체육행정조직(2003 ~ 2007)

노무현의 참여정부(2003.2.25. ~ 2008.2.24.)는 김대중 정부의 문화관광부내의 체육행정조직을 계승했다. 2006년 7월에는 고위공무원단제도 도입에 따라 공무원 직제를 '과' 단위에서 '팀' 단위로 변경했다. 특이할 만한 지점은 월드컵 이후 논의가 본격화된 스포츠산업 전담팀을 추가해 2007년에 「스포츠산업진흥법」을 제정하게 됐다. 또한 장애인체육팀을 신설함으로써 2005년 대한장애인체육회 출범이란 성과를 얻었다.

이 외에도 평창동계올림픽 유치(2010 밴쿠버, 2014 소치, 2018년의 세 번째 도전 끝에 2018년 평창에 유치성공)를 위해 중앙정부 차원의 지원을 했다. 이를 위한 체육행정으로 한국도핑방지위원회(KADA, Korea Anti-Doping Agency)를 설립(2006. 11.13.)하여 국가도핑방지기구에 46번째로 가입(2007.3.)했고, 같은 해 12월에 세계도핑방지위원회(WADA, World Anti-Doping Agency)의 인준을 받았다.

또한 이전 정부에 이어 참여정부 국민체육진흥5개년계획(2003 ~ 2007)을 발표했다. 2005년에는 프로배구가 출범하게 되면서 국내 4대 프로스포츠 리그(야구 1982, 축구 1983, 농구 1997, 배구 2005)가 완성하여 현재까지 스포츠 산업 육성의 기반으로 작용하고 있다.

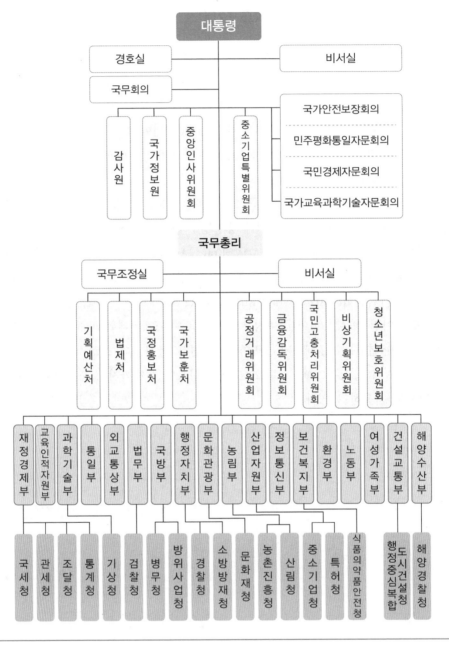

◎ 〈그림 4-16〉 참여정부 정부조직체계[18부 4처 17청 1위원회, 2005.3.18.
　　　공포(2006.01.01.) 법률 제7391호]

출처: 정부조직관리정보시스템

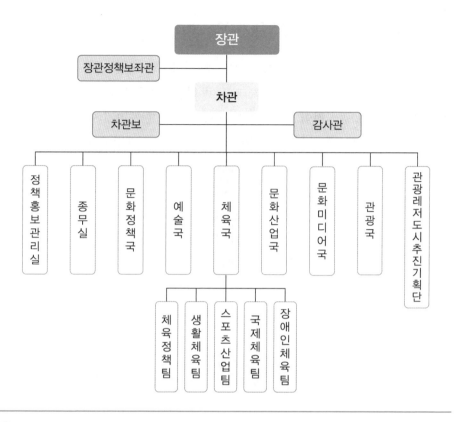

◎ 〈그림 4-17〉 2006년 7월 1일 문화관광부 직제(대통령령 제19596호)

출처: 장 류 샤플레, 임도빈(2017), 재인용, p.139.

8) 이명박 정권의 체육행정조직(2008 ~ 2012)

이명박 정부(2008.2.25. ~ 2013.2.24.)는 제6공화국의 다섯 번째 정부로서 이전 정권(문민정부, 국민의 정부, 참여정부)과 같이 핵심가치를 상징하는 정권이름 대신 대통령 실명으로 공식적인 정권이름에 사용하게 돼 현재까지 이어져 오고 있다.

이 시기에는 대부처주의를 표방해 문화체육관광부로 개칭하여 여러 부처를 통합했다. 두 개 이상의 부처가 통합된 큰 조직일 경우 복수 차관(제1, 2차관) 제도를 도입해 업무를 나누었다. 이 복수 차관제도는 지금도 활용되고 있으며 체육 · 스포츠 분야는 제2차관이 담당해 오고 있다. 이전 정부에서 도입한 스포츠산업을 전담하는 부서가 유지되면서 제1차 스포츠산업중장기계획(2009 ~ 2013)을 발표했다.

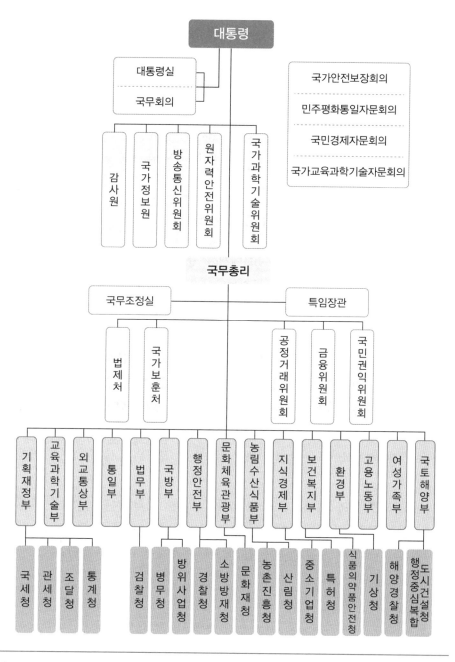

◎ 〈그림 4-18〉 이명박 정부조직체계[15부 2처 18청 4위원회, 2011.7.25.
　　공포(2010.10.26.) 법률 제10912호]

출처: 정부조직관리정보시스템

◎ 〈그림 4-19〉문화체육관광부 체육국 기구(이명박 정부)

출처: 문화체육관광부(2009). 체육백서 2008, p.63.

9) 박근혜 정부의 체육행정조직(2013 ~ 2017.3.)

박근혜 정부(2013.2.25. ~ 2017.3.10.)에서는 문화체육부장관뿐만이 아니라 체육·스포츠를 담당하는 제2차관이 국정농단사건과 연루돼 구속되면서 물의를 크게 일으켰다. 이러한 흐름과 맞물려 대통령 탄핵을 당해 임기를 채우지 못한 불명예스러운 정부가 됐다.

이 시기에는 직제 개편을 통해 체육협력관 내에 평창올림픽지원과를 신설(2015.3.)하기도 했다. 서울하계올림픽(1988)을 지원했던 체육부란 최고행정전담 조직과의 비교를 통해 한 개의 '과'체제로 운영되는 동계올림픽 지원부서의 한계에 대한 우려의 목소리도 있었다. 또한 2014년 인천아시아 경기대회는 역대 최악이라는 개·폐막식이라는 오명과 매끄럽지 못한 조직위의 행정에 대해 비판이 컸다.

이전 정부에 이어 제2차 스포츠산업중장기 발전계획(2014 ~ 2018)를 발표했고, 광주하계유니버시아드 대회(2015)를 개최했다. 2016년에는 「국민체육진흥법」의 개정에 따라 대한체육회가 국민생활체육회와 통합되는 수순을 밟았다.

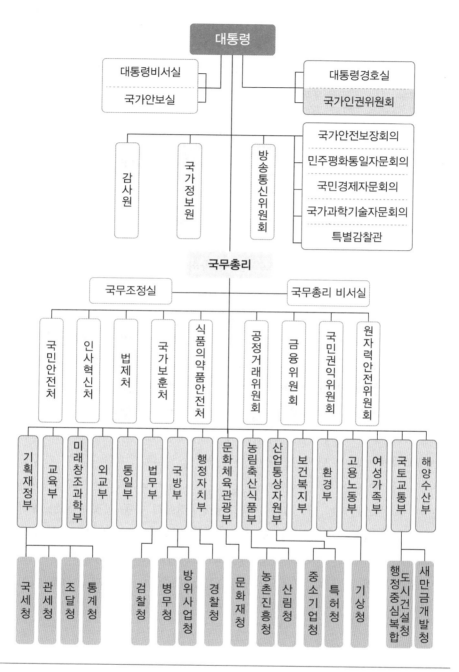

◎ 〈그림 4-20〉 박근혜 정부조직체계[17부 5처 16청 2원 5실 6위원회, 2015.12.22.
공포 (2016.1.1.시행) 법률 제13593호]

출처: 정부조직관리정보시스템

```
                          ┌──────────┐
                          │  체육국   │
                          └──────────┘
     ┌───────────┬───────────┼───────────┬───────────┐
┌─────────┐ ┌─────────┐ ┌──────────┐ ┌─────────┐ ┌─────────────┐
│체육정책과│ │체육진흥과│ │스포츠산업과│ │국제체육과│ │장애인문화체육과│
└─────────┘ └─────────┘ └──────────┘ └─────────┘ └─────────────┘
```

◎ 〈그림 4-21〉 문화체육관광부 체육국 기구(박근혜 정부)

출처: 문화체육관광부(2014). 체육백서 2013, p.49.

10) 문재인 정권의 체육행정조직(2017.5. ~ 2022.4.)

문재인 정권(2017.5.10. ~ 2022.5.9.)은 제6공화국의 일곱 번째 정부로서 이전 대통령의 탄핵으로 치러진 선거를 통해 출범했다. 전반적으로 이전 정부와 크게 다르지 않은 규모의 체육행정조직(체육국)을 두었다. 특히 '스포츠 유산과' 신설을 통해 기존부터 추진돼 왔던 태권도 진흥 정책과 더불어 국제경기대회의 시설 사후활용과 관련한 유산 창출과 보존을 위한 업무를 시행하고 있다. 제3차 스포츠산업 중장기 발전계획(2019 ~ 2023)을 발표하여 현재 75조원 규모의 국내 스포츠산업 규모를 95조원 수준까지 끌어올린다는 의지를 표명했다.

임기를 시작하자마자 6월에 개최될 무주 세계태권도 선수권 대회(2017.6.24. ~ 6.30.)에 북한 태권도단의 초청을 성사시켜 다시 남북 간 체육교류의 가능성을 열었다. 이듬해 평창 동계올림픽(2018.2.9. ~ 25.) 때 미국과 북한 고위급 인사의 방문, 여자아이스하키팀 남·북한 단일팀 출전, 개회식 공동 입장 등으로 경색됐던 남·북·미 간 대화의 물꼬를 텄다. 2018년에 연속하여 남북통일농구대회(평양 개최), 인도네시아 자카르타-팔렘방 아시아경기대회 단일팀(농구, 카누, 조정) 출전, 2032년 하계올림픽 공동유치의사 발표(2018.9.19. 평양공동선언)로 이어졌다.

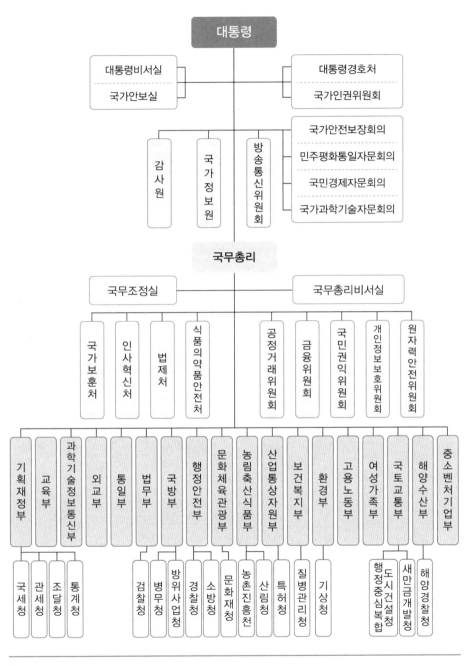

◎ 〈그림 4-22〉 문재인 정부조직체계(18부 18청)

출처: 정부조직관리정보시스템

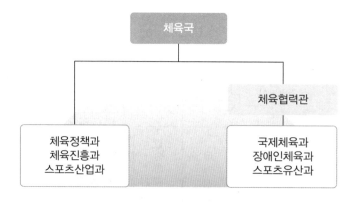

◎ 〈그림 4-23〉 문화체육관광부 체육국 기구(문재인 정부)

출처: 문화체육관광부(2019a). 체육백서 2018, p.22.

체육·스포츠
행정의 이론과 실제

CHAPTER

05

국내 체육·스포츠 행정조직

중앙행정부

우리나라 행정부 조직은 기능별(목적별) 조직으로 기능별 조직은 행정부가 수행하는 업무를 주요 목적과 기능으로 편성하는 것을 말한다. 중앙행정단위에서 많이 사용하는 가장 일반적인 기준이며 대부분의 나라에서 이러한 기준에 의해서 부처를 편성한다. 기능별 조직은 동일한 종류의 모든 기능은 동일한 부처에 귀속하는 것을 원칙으로 하며 각 부처는 타 부처의 업무에 간섭하지 않는다.

「정부조직법」에 따르면 정부조직은 국가행정기관으로 사용한다. 다음 <그림 5-1>에 나타낸 바와 같이 국가행정기관은 중앙행정기관, 협의체 행정기관, 특별지방행정기관, 부속기관 등으로 구성돼 있다.

국가행정사무의 체계적이고 능률적인 수행을 위하여 국가행정기관의 설치·조직과 직무범위의 대강을 정함을 목적으로 하는 「정부조직법」의 제28조(교육부) ①항에 따르면 "교육부장관은 인적자원개발정책, 학교교육·평생교육, 학술에 관한 사무를 관장한다."라고 명시돼 있다. 동법 제35조(문화체육관광부) ①에 따르면 "문화체육관광부장관은 문화·예술·영상·광고·출판·간행물·체육·관광, 국정에 대한 홍보 및 정부발표에 관한 사무를 관장한다."라고 돼 있다. 따라서 우리나라의 체육행정을 담당하는 부서는 학교체육(특히 교과과정상)을 담당하는 교육부와 그 이외의 체육을 담당하는 문화체육관광부로 구분할 수 있다.

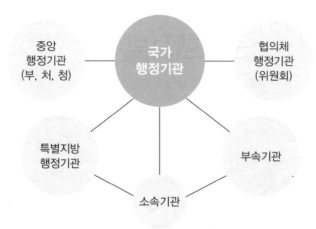

◎ 〈그림 5-1〉 정부조직체계

출처: 최현선, 2021, p.5, 도식도 재인용(정부조직관리정보시스템)

1. 교육부

법제처에 따르면 교육부와 그 소속기관의 조직 및 직무범위 그 밖에 필요한 사항을 규정함을 목적으로 한 「교육부와 그 소속기관 직제」의 제3조(직무)를 살펴보면 교육부는 '교육·사회·문화 분야 정책의 총괄·조정, 인적자원개발정책, 학교교육·평생교육 및 학술에 관한 사무'를 관장하고 있다. 이를 토대로 시·도교육청에서 분야별 업무를 담당하고 있다. 또한 동법 제11조(학교혁신지원실)의 업무범위는 다음과 같다(2021.2월 기준).

1. 초·중등학교 교육제도 및 입학제도의 개선
2. 자율형 공립·사립 고등학교 및 자율학교의 제도 개선 및 운영 지원
3. 특성화중학교, 외국어고등학교 및 국제고등학교의 제도 개선 및 운영 지원
4. 각종학교의 운영 지원 및 제도 개선
5. 초·중등 사립학교 정책 및 학교법인 관련 제도 개선
6. 공교육정상화정책의 수립·시행

7. 사교육 경감 대책 총괄

8. 지방교육자치제도 기본정책의 수립 및 제도 개선

9. 지방교육행정기관의 기구ㆍ정원(교원은 제외한다)에 관한 사항

10. 지방교육행정기관 소속 지방공무원(교육전문직원은 제외한다)의 인사ㆍ교육훈련ㆍ복무ㆍ급여 제도 등에 관한 사항

11. 시ㆍ도교육청 평가계획의 수립ㆍ시행 및 제도 개선

12. 교원에 관한 종합정책의 수립ㆍ시행

13. 초ㆍ중등교원 인사제도 및 정원에 관한 사항

14. 교원소청심사위원회의 운영 지원

15. 교원의 자격ㆍ양성ㆍ연수ㆍ임용 관리 및 제도 개선

16. 초ㆍ중등교원 능력개발평가에 관한 사항

17. 교육대학ㆍ사범대학ㆍ교육대학원 설치ㆍ폐지 및 학생 정원 조정ㆍ운영

18. 대학부설 교육연수원 및 원격교육연수기관의 설치ㆍ폐지 및 운영 지원

19. 교육공무원의 보수 및 복리ㆍ후생에 관한 기본계획의 수립ㆍ시행 및 제도 운영

20. 교원단체 및 교원노동조합에 관한 사항

21-22. 삭제 〈2019. 6. 25.〉

23. 학부모 지원정책의 수립ㆍ시행 및 관련 법령ㆍ제도 개선

24. 학부모 교육 및 학부모의 학교교육 참여 활성화

25. 한국교직원공제회, 사립학교교직원연금공단 및 한국교육삼락회의 운영 지원

26. 유치원, 특수학교 및 초ㆍ중등학교의 국가수준 교육과정 기본정책의 수립ㆍ시행

27. 교과별 교육과정 기본정책의 수립ㆍ시행

28. 통일대비 남북 표준 교육과정의 개발

29. 자유학기 지정 및 운영 지원에 관한 사항

30. 영어교육 관련 기본정책의 수립ㆍ시행

31. 국가 교육과정 심의기구의 설치ㆍ운영 및 포럼의 운영

32. 국정ㆍ검정ㆍ인정 교과용도서의 구분 고시 및 교과용도서 개발

33. 교과용도서 제도의 개선

34. 교과용도서심의회의 구성ㆍ운영

35. 교과용도서의 가격 결정 및 발행ㆍ공급에 관한 사항

36. 외국의 역사 왜곡 대응 및 한국바로알리기 사업 추진

37. 동북아역사재단의 운영 및 독도 교육 지원

38. 교과학습 방법 및 평가 제도의 개선에 관한 사항

39. 창의적 교육 운영에 관한 기본정책의 수립ㆍ시행

40. 초·중등학교의 학사운영 지원에 관한 사항
41. 대학별고사 사교육 영향평가에 관한 사항
42. 민주시민교육 기본정책의 수립·시행
43. 학생 자치활동의 활성화 및 생활문화 개선에 관한 사항
44. 인성교육 종합계획의 수립·시행 등 인성교육 진흥에 관한 사항
45. 학교체육 진흥 시책의 수립·시행
46. 초·중등학생 예술교육 활성화 정책의 수립·시행
47. 초·중등학교 통일교육 및 통일대비 교육정책의 수립·시행
48. 초·중등학생 독서교육 활성화 및 학교도서관 진흥 기본정책의 수립·시행

또한 동법 제13조(학교지원국)를 살펴보면 다음과 같다.

1. 교육소외 계층·지역 지원계획의 수립·시행
2. 다문화교육 지원 및 다문화가정 학생에 대한 교육 지원
3. 북한이탈 학생 교육 지원
4. 학업중단의 예방 및 대안교육 운영 지원
5. 기초학력 미달학생을 위한 지원
6. 국가수준 학업성취도 평가계획의 수립·시행 및 제도 개선
7. 초·중등학생 국제학력비교평가에 관한 사항
8. 초·중등학력 검정고시제도의 수립·시행
9. 방송통신중·고등학교의 설치·폐지와 관련 법령·제도 개선
10. 학생 생활지도에 관한 사항
11. 학교 폭력 예방 종합대책의 수립·시행
12. 학교부적응 예방 종합대책의 수립·시행
13. 학생안전통합시스템(Wee 프로젝트) 구축·운영
14. 학생의 신체적·정신적 건강 증진 정책의 기획·총괄
15. 교육환경보호제도의 관리 및 개선
16. 학교급식 기본정책의 수립·시행 및 영양관리에 관한 사항
17. 특수교육발전 기본계획의 수립·시행
18. 특수교육대상자의 의무교육 및 무상교육 지원
19. 장애인의 진로교육 및 고등·평생교육 지원

20. 특수교육대상자 통합교육 및 장애 이해 교육 계획의 수립·시행
21. 국립특수교육원 및 국립특수학교의 운영 지원

교육부의 조직구성은 정부의 미션과 비전을 담아 정책적 과제를 수행하기 위해 정권 초기에 구상된다. 이후 소폭 조정과 재배치 등을 통해 분장된 업무의 효율적 추진을 실행한다. 즉, 교육부 내 부서의 업무분장은 위의 제시한 법적 근거에 따라 구체적으로 제시하고 있다. 교육부의 조직도와 부서별 업무분장을 해당 홈페이지(www.moe.go.kr)를 통해 쉽게 자료를 얻고 이해할 수 있다.

2. 문화체육관광부

문화체육관광부와 그 소속기관의 조직과 직무범위 기타 필요한 사항을 규정함을 목적으로 한 「문화체육관광부와 그 소속기관 직제」제3조(직무)에 따르면 문화체육관광부는 '문화·예술·영상·광고·출판·간행물·체육·관광, 국정에 관한 사무를 관장'하는 것으로 돼 있다. 또한 제4조(하부조직)에 따르면 문화체육관광부 내에는 '운영지원과·문화예술정책실·종무실·국민소통실·콘텐츠정책국·저작권국·미디어정책국·체육국 및 관광정책국'을 둘 수 있다(법제처, 2021.2월 기준).

동법 제17조(체육국)에 따르면 다음과 같이 역할을 분장하고 있다.

1. 생활체육, 전문체육 및 스포츠산업의 진흥을 위한 장기 · 단기 종합계획의 수립
2. 체육과학의 진흥 및 체육과학 연구기관의 육성 · 지원
3. 체육지도자의 양성 · 배치
4. 선수 및 운동경기부의 육성 · 지원
5. 청소년 및 학생의 체육활동 육성 · 지원
6. 국민체육진흥기금의 조성 · 운용
7. 체육진흥투표권 및 경륜 · 경정사업
8. 체육주간 및 체육의 날 행사, 우수체육인 포상 및 체육유공자의 보호 · 육성
9. 직장 및 지역생활체육 진흥, 스포츠 클럽의 육성 · 지원
10. 전통무예, 전통민속경기 및 프로운동경기의 진흥
11. 스포츠산업 진흥을 위한 조사 · 연구 및 전문인력 양성, 관련 업체 및 단체의 육성 · 지원
12. 공공체육시설 확충계획의 수립 · 추진 및 민간체육시설 설치 · 이용의 활성화
13. 국제체육교류 및 장애인 체육의 진흥을 위한 장기 · 단기 종합계획의 수립
14. 국내대회 개최, 국제대회 유치 · 개최 및 참가지원
15. 국가 간 · 국제기구와의 체육교류 및 국제체육회의 등에 관한 사항
16. 태권도 진흥 정책의 수립 · 추진
17. 장애인 생활체육 활동 프로그램의 개발 · 보급
18. 전국장애인체육대회, 종목별 경기대회, 장애인 체육교류 및 전문인력 양성
19. 스포츠유산(遺産)에 관한 사항

문화체육관광부의 조직구성은 정부의 미션과 비전을 담아 정책적 과제를 수행하기 위해 정권 초기에 구상된다. 이후 소폭 조정과 재배치 등을 통해 분장된 업무의 효율적 추진을 실행한다. 즉, 문화체육관광부 내 부서의 업무분장은 위의 제시한 법적 근거에 따라 구체적으로 제시하고 있다. 문화체육관광부의 조직도와 부서별 업무분장을 해당 홈페이지(www.mcst.go.kr)를 통해 쉽게 자료를 얻고 이해할 수 있다.

◎ 〈그림 5-2〉 문화체육관광부 조직도

출처: 홈페이지, 2021.8월 기준

광복 이후 체육사

연도	내용
1947년	서윤복 선수가 보스턴 마라톤 대회 우승
1948년	• 최초로 태극기(KOREA 정식 국호)를 들고 참가한 동계올림픽은 스위스의 생모리츠 동계올림픽(2월) • 최초로 태극기를 들고 참가한 하계올림픽인 영국의 런던 하계올림픽(7월)에서 김성집 역도 선수 동메달('KOREA'란 대한민국 국적의 최초 메달), 한수안 복싱 선수 동메달
1950년	함기용, 송길윤, 최윤칠 선수가 보스톤마라톤 대회에서 1~3위 차지
1952년	핀란드의 헬싱키 올림픽, 한국전쟁 중 참가한 대회임
1951년	뉴델리하계아시안게임(우리나라를 비롯해 6개국이 합의해 아시아게임의 첫 대회를 개최했으나 우리나라는 전쟁으로 불참)
1954년	필리핀의 마닐라에서 2회 아시안게임이 개최되고, 우리나라는 첫 출전함
1962년	국민체육진흥법 제정 • 정부가 체육정책의 운영에 있어 법적근거를 마련한 최초의 체육관련법
1966년	• 태릉선수촌 건립(서울 노원구) • 2011년 진천선수촌(충북)에 입소를 시작으로 2017년 완전 이전함
1971년	체력장 제도 첫 실시 • 국민체력검사표준위원회에서 기준과 종목 선정 • 체력증진이라는 교육 목적으로 전국적으로 실시 • 입시과열 현상 등 부작용 발생 • 달리기, 뛰기, 던지기, 메달리기, 나르기 등 기본기능종목 중심
1976년	몬트리올 올림픽, 양정모 선수(레슬링)가 올림픽 대회 첫 우승자(최초 금메달)
1981년	서독 바덴바덴에서 1988년 서울하계올림픽 유치 확정(일본과 경합)
1982년	• 체육부 신설 • 프로야구 출범(6개 구단)
1983년	• 프로축구 출범(프로 2팀, 실업 3팀) • 프로씨름 출범(해체되어 2006년부터는 지자체, 실업팀으로 운영) • FIFA 세계청소년축구 대회 4위(※ 2006년부터 FIFA U-20 월드컵 대회로 불림)

연도	내용
1986년	• 제10회 서울 아시아경기 대회 개최 • 삿포로에서 동계아시안게임을 최초로 개최하여 우리나라도 참가
1988년	제24회 서울하계올림픽 대회 개최(4위) • 동서 진영이 모두 참가한 대회 • 생활체육 활성화의 계기를 마련 • 엘리트 스포츠 발전의 획기적인 역할
1989년	• 서울올림픽기념 국민체육진흥공단 설립 • 체육시설의 설치 · 이용에 관한 법률 제정
1990년	남북통일축구대회(평양, 서울)
1991년	• 국민생활체육협의회 설립(이후 국민생활체육회로 개칭, 2016년 대한 체육회와 통합), 호돌이 계획 • 세계탁구선수권 대회 최초 단일팀 출전(일본 지바) • 세계청소년축구대회 단일팀 출전(포르투칼)
1992년	스페인 바르셀로나 하계올림픽에서 마라톤 황영조 선수 우승
1993년	제1차 국민체육진흥 5개년 계획(1993 ~ 1997)
1997년	• 프로농구 출범 • 제18회 무주 · 전주 동계유니버시아드 대회 개최 • 제2회 부산동아시아 경기대회 개최
1998년	• 제2차 국민체육진흥 5개년 계획(1998 ~ 2002) • 프로농구(여자) 출범
1999년	• 남북통일농구대회(평양, 서울) • 남북노동자축구대회(평양) • 제4회 강원동계아시아 경기대회 개최
2000년	• 시드니올림픽 개회식 남북한 공동 입장 • 남북통일탁구대회(평양) • 태권도 올림픽 정식종목 채택
2001년	• 이봉주 선수가 보스톤마라톤 대회에서 우승 • 남한 공연단의 태권도 시범경기(평양) • 북한 공연단의 태권도 시범경기(서울)
2002년	• 제17회 한 · 일 월드컵 축구대회 개최(4위) • 제14회 부산아시아경기 개최(남북한 개폐회식 공동 입장) • 남북통일축구대회(서울)

연도	내용
2003년	• 참여정부 국민체육진흥 5개년 계획(2003 ~ 2007) • 제22회 대구하계유니버시아드 대회 개최
2005년	• 프로배구 출범 • 대한장애인체육회 출범 • 남북통일축구대회(서울)
2006년	2006 스포츠어코드(SportAccord)
2007년	• 스포츠산업진흥법 제정 • 남북노동자축구대회(서울) • 제12회 세계청소년(U-17)월드컵 축구대회 개최
2008년	• 문화관광부에서 문화체육관광부로 개편 • 제1차 스포츠산업중장기계획(2009 ~ 2013)
2011년	제13회 대구세계육상선수권 대회 개최
2014년	• 제17회 인천아시아경기 대회 개최 • 제2차 스포츠산업중장기 발전계획(2014 ~ 2018)
2015년	• 제24회 광주하계유니버시아드 대회 개최 • 2015 세계군인체육대회
2016년	대한체육회는 국민생활체육회와 통합
2017년	• FIFA U-20 월드컵 대회 개최 • 무주 세계태권도 대회 개최(북한 공연단의 태권도 시범경기) • 진천선수촌 완전 이전(2011 ~)
2018년	• 제23회 평창동계올림픽 대회 개최(개회식 남북한 공동 입장) • 여자아이스하키팀 단일팀 출전(평창) • 남북통일농구대회(평양) • 인도네시아 자카르타-팔렘방 아시아경기대회 단일팀(농구, 카누, 조정) 출전 • 2018 창원세계선수권 대회 개최 • 공동 하계올림픽 유치의사 발표(2018.9.19. 평양공동선언)
2019년	• 제3차 스포츠산업 중장기 발전계획(2019 ~ 2023) • FIFA U-20 월드컵 대회(2위) • 2019 광주세계수영마스터즈선수권 대회 개최
2020년	한국 프로야구 COVID-19로 인한 무관중 경기(미국 ESPN 중계권 판매, 130여개국 송출)

SECTION 02 지방자치단체

1. 지방교육행정기관

　지방교육행정기관에서 체육행정은 교육의 자주성 및 전문성과 지방교육의 특수성을 살리기 위하여 지방자치단체의 교육·과학·기술·체육 그 밖의 학예에 관한 사무를 관장하는 기관의 설치와 그 조직 및 운영 등에 관한 사항을 규정함으로써 지방교육의 발전에 이바지함을 목적으로 한「지방교육자치에 관한 법률」제20조(관장사무) 9호에 의하여 '학교체육·보건 및 학교환경정화에 관한 사항'에 대하여 교육감이 사무를 관장하고 있다.

　체육행정을 담당하는 조직은「지방교육자치에 관한 법률」제30조(보조기관) 내지 제34조(하급교육행정기관의 설치 등)의 규정에 의한 지방교육행정기관의 행정기구의 조직 및 운영에 관한 사항과 지방공무원의 정원의 기준 등에 관하여 필요한 사항을 규정함을 목적으로 한「지방교육행정기관의 기구와 정원기준 등에 관한 규정」제10조(과·담당관 등의 설치)에 의하여 당해 시·도의 교육규칙으로 정하고 있다. 이상의 법령조항에 근거하여 각 시·도교육청별 체육행정 담당조직은 다음과 같다.

□ <표 5-1> 시·도 교육청 체육행정조직(2021.8월 기준)

시도	조직	시도	조직
서울	평생진로교육국 체육건강문화예술과	충북	기획국 체육건강안전과
부산	교육국 학교생활교육과	충남	교육국 체육건강과
대구	교육국 체육보건과	전북	교육국 인성건강과

시도	조직	시도	조직
인천	미래교육국 체육건강교육과	전남	교육국 체육건강예술과
광주	교육국 체육예술융합교육과	경북	교육국 체육건강과
대전	교육국 체육예술건강과	경남	미래교육국 체육예술건강과
울산	교육국 체육예술건강과	제주	교육국 체육건강과
경기도	교육정책국 학생건강과	세종	교육정책국 민주시민교육과
강원도	교육국 문화체육과		

※ 출처: 각 시·도 교육청 홈페이지

2. 지방행정기관

지방자치단체에서의 체육행정은 지방자치단체의 종류와 그 조직 및 운영에 관한 사항을 정하고, 국가와 지방자치단체와의 기본적 관계를 정함으로써 지방자치행정의 민주성과 능률성을 도모하며 지방의 균형적 발전과 대한민국의 민주적 발전을 기함을 그 목적으로 한 「지방자치법」 제13조(지방자치단체의 사무범위) 2항 5호에 의하여 '교육·체육·문화·예술의 진흥'에 관한 사무를 처리하고 있다.

체육행정을 담당하는 조직은 「지방자치법」 102조(사무처 등의 설치), 106조(지방자체단체의 장), 제115조(국가사무의 위임), 제116조(사무의 관리 및 집행권) 등에 따라 지방자치단체의 행정기구의 조직과 운영에 관한 대강과 지방공무원의 정원의 기준 등에 관하여 필요한 사항을 규정함을 목적으로 한 「지방자치단체의 행정기구와 정원기준 등에 관한 규정」 제11조 (시·도의 과·담당관 등의 설치)에 의하여 '시·도 본청에 두는 과·담당관의 설치와 사무분장 등에 관한 사항'은 해당 지방자치단체의 규칙으로 정하고 있다(법제처, n. d.).

문화체육관광부(2020)에 따르면 17개 시·도의 체육·스포츠 조직의 현황을 살펴보면 다음 <표 5-2>와 같다. 이 자료를 전제로 해야 할 부분은 임기만료와 선거를 통한 지방자치단체장의 변화, 시대 트렌드와 사회적 수요, 체육과 스포츠 분야의 중요한 이슈 등의 여러 가지 요인을 통해 부서명칭, 부서 간의 분화와 부문화 등 탄력적으로 바뀐다는 사실이다.

일반적으로 체육진흥, 관광연계, 시설관리 조직을 두고 있다. 특이할만한 점을 살펴보면 대구, 대전, 경남에서는 스포츠 마케팅 전담부서를 배치했다. 흥행적 기획요소를 극대화하고 전문적인 홍보 마케팅을 통해 외부 관광객을 유치하고자 하는 의지가 담겨있다고 할 수 있다. 충북의 무예마스터지원팀, 전북의 태권도스포츠산업팀은 다른 지역과의 차별화를 추구할 수 있는 지역특화적 요소이다.

기초자치단체인 시·군·구의 경우에는 문화체육과, 문화관광과, 문화공보과, 체육청소년과, 자치행정과, 사회진흥과 등에서 생활체육팀, 체육시설팀, 주민자치팀, 생활환경정비팀 등 매우 다양한 형태로 체육조직을 운영하고 있으며, 보통 10명 내외의 인력이 배치되어 있다. 위에 언급한 해당부서 명칭과 인원 규모는 지방정부의 미션, 비전 및 정책 수행 과제에 따라 탄력적으로 변한다. 광역자치단체별 홈페이지를 통해 관련 내용을 참고할 수 있다.

□ <표 5-2> 광역자치단체의 체육·스포츠 조직

구분	조직	인력					
		행정직	기술직	기능직	별정직	계약직	계
서울	관광체육국 체육정책과(체육정책팀, 전문체육팀, 체육시설팀, 체육복지팀)	15	2	–	–	1	18
	관광체육국 체육진흥과(생활체육진흥팀, 생활체육시설팀, 여가스포츠팀)	11	1	1	–	1	14
	관광체육국 전국체전기획과(체전기획팀, 체전운영팀, 체전시설팀, 체전홍보팀, 대외협력팀)	15	5	–	–	2	22
	체육시설관리사업소(4과 4팀)	31	59	31	–	6	127
	서울시설공단(체육시설 3개소)	76	63	19	–	–	158
	소계	148	130	51	0	10	339
부산	문화체육관광국 체육진흥과(체육진흥, 체육시설, 장애인체육, 스포츠산업)	17	2	–	–	–	19
	체육시설관리사업소	30	50	18	–	2	100
	소계	47	52	18	0	2	119

구분	조직	인력					
		행정직	기술직	기능직	별정직	계약직	계
대구	문화체육관광국 체육진흥과(체육정책, 생활체육, 장애인체육, 스포츠마케팅, 체육시설)	16	5	–	–	1	22
	체육시설관리사무소(대구스타디움, 시민운동장, 육상진흥센터)	21	54	–	–	1	76
	소계	37	59	0	0	2	98
인천	문화관광체육국 체육진흥과(체육정책, 체육진흥, 체육시설, 체육시설마케팅, 국제스포츠교류)	22	6	–	–	–	28
	소계	22	6	0	0	0	28
광주	문화관광체육실 체육진흥과(4개팀)	12	5	–	–	–	17
	광주실내수영장 등 3개소(민간위탁-도시공사)	2	1	20	–	7	30
	월드컵경기장 등 20개소(민간위탁-시체육회)	33	–	–	–	4	37
	장애인국민체육센터 등 3개소(민간위탁-장애인체육회)	2	2	–	–	3	7
	소계	49	8	20	0	14	91
대전	문화관광체육국 체육진흥과(체육진흥팀, 생활체육팀, 스포츠마케팅팀, 체육시설팀)	14	4	1	–	–	19
	시설관리공단	23	37	–	4	111	175
	소계	37	41	1	4	111	194
울산	문화관광체육국 체육지원과 (스포츠레저, 생활체육, 체육시설)	10	4	–	–	–	14
	시설공단	18	28	1	–	48	95
	소계	28	32	1	0	48	109
세종	자치분권문화국 문화체육과 체육지원팀	3	2	–	–	–	5
	자치분권문화국 문화체육과 체육시설팀	1	5	1	–	–	7
	소계	4	7	1	0	0	12
경기	문화체육관광국 체육과(체육행정팀, 체육지원팀, 체육시설팀, 스포츠산업팀)	13	7	–	–	–	20

구분	조직	인력					
		행정직	기술직	기능직	별정직	계약직	계
	경기도체육회(경기도사격테마파크, 유도회관, 검도회관, 체육회관·민간위탁)	37	–	–	–	2	39
	소계	50	7	0	0	2	59
강원	문화체육국 체육과(체육진흥팀)	5	–	–	–	1	6
	문화체육국 체육과(생활체육팀)	3	–	–	–	–	3
	문화체육국 체육과(체육시설팀)	–	4	–	–	–	4
	문화체육국 체육과(국제대회유치팀)	3	–	–	–	–	3
	소계	11	4	0	0	1	16
충북	문화체육관광국 체육진흥과(체육진흥팀, 생활체육팀, 체육시설팀, 무예마스터지원팀)	16	3	–	–	–	19
	소계	16	3	0	0	0	19
충남	문화체육관광국 체육진흥과(체육정책, 체육복지, 체육활동지원, 체육시설지원)	14	2	–	–	–	16
	소계	14	2	0	0	0	16
전북	문화체육관광국 체육정책과(체육진흥팀, 생활체육팀, 태권도스포츠산업팀, 체육시설관리팀)	10	4	1	–	1	16
	소계	10	4	1	0	1	16
전남	관광문화체육국 스포츠산업과 (체육정책, 체육시설, 스포츠마케팅)	10	1	5	–	–	16
	소계	10	1	5	0	0	16
경북	문화체육관광국 체육진흥과 (체육정책, 체육지원, 장애인체육)	12	1	–	–	–	13
	소계	12	1	0	0	0	13
경남	문화관광체육국 체육지원과(체육행정, 생활체육, 스포츠마케팅, 체육시설관리)	16	2	–	–	–	18
	소계	16	2	0	0	0	18
제주	문화체육대회협력국 체육진흥과(체육진흥팀, 체육시설팀, 체육지원팀)	10	2	–	–	1	13
	소계	10	2	0	0	1	13

※ 출처: 문화체육관광부(2020). 2019 체육백서, p.29.

공공기관

1. 공공기관의 구분과 지정기준

「공공기관의 운영에 관한 법률」 제4조(공공기관)에 따르면 공공기관이란 '정부의 투자·출자 또는 정부의 재정지원 등으로 설립·운영되는 기관'으로서 「공공기관의 운영에 관한 규정」 각호의 요건에 해당하여 기획재정부장관이 지정한 기관을 의미한다. 공공기관의 운영에 관한 규정에 따라 공공기관은 다음과 같이 분류된다.

동법 제5조(공공기관의 구분)에 따르면 '공기업'은 시장형 공기업(자산규모와 총수입액 중 자체수입액이 대통령령으로 정하는 기준 이상인 공기업)과 준시장형 공기업으로 구분하고, '준정부기관'은 기금관리형 준정부기관(「국가재정법」에 따라 기금을 관리하거나 기금의 관리를 위탁받은 준정부기관)과 위탁집행형 준정부기관으로 구분할 수 있다.

동법 시행령 제7조(공기업 및 준정부기관의 지정기준)에 따르면 공기업과 준정부기관의 기준은 직원 정원이 50인 이상, 총수입액 30억 원 이상, 자산규모 10억원 이상으로 명문화돼 있다. 또한 총 수입액 중 자체수입액이 차지하는 비중이 100분의 50 이상인 공공기관을 공기업으로 지정할 수 있다. 더불어 시장형 공기업의 기준은 자산규모 2조원이고 총수입액 중 자체수입액이 차지하는 비중이 100분의 85로 명시돼 있다.

공공기관 알리오(www.alio.go.kr)에 따르면 2021년에 공공기관으로 지정된 기관은 총 350개이다. 구체적으로 살펴보면 다음과 같다.

1) 공기업

2021년 공공기관 알리오에 따르면 공기업은 36개이다. 직원 정원이 50인 이상이고, 자체수입원이 총 수입액의 2분의 1이상인 공공기관 중에서 기획재정부장관이 지정한 기관으로 시장형과 준시장형으로 구분한다.

① 시장형(16개): 자산규모가 2조원 이상이고, 총 수입액 중 자체 수입액이 85% 이상인 공기업을 말한다. 대표적으로 한국전력공사, 한국가스공사, 한국지역난방공사, 인천국제공항공사, 한국공항공사, 부산항만공사, 인천항만공사 등이 있다.
② 준시장형(20개): 시장형 공기업이 아닌 공기업으로 한국조폐공사, 한국방송광고진흥공사, 한국전력기술주식회사, 한국수자원공사, 제주국제자유도시개발센터, 한국도로공사, 한국철도공사, 한국방송광고진흥공사 등이 있다. 또한 한국마사회도 준시장형 공기업에 속한다.

2) 준정부기관

2021년 공공기관 알리오에 따르면 준정부기관은 96개이다. 직원 정원이 50인 이상이고, 공기업이 아닌 공공기관 중에서 기획재정부장관이 지정한 기관을 말한다. 기금관리형과 위탁집행형이 있다.

① 기금관리형(13개): 국가재정법에 따라 기금을 관리하거나, 기금의 관리를 위탁받은 준정부기관이다. 대표적으로 사립학교교직원연금공단, 한국언론진흥재단, 한국무역보험공사, 국민연금공단, 근로복지공단, 중소벤처기업진흥공단, 공무원연금공단 등이 있다. 체육·스포츠 분야인 문화체육관광부 산하인 서울올림픽기념국민체육진흥공단이 기금관리형 준정부기관이다.
② 위탁집행형(83개): 기금관리형 준정부기관이 아닌 준정부기관으로 한국재정정보원, 한국국제협력단, 한국장학재단, 한국승강기안전공단, 국제방송교류재단, 한국콘텐츠진흥원, 한국관광공사, 한국농어촌공사, 대한무역투자진흥공사, 한국가스안전공사 등이 있다.

3) 기타공공기관

2021년 공공기관 알리오에 따르면 218개로서 공기업, 준정부기관이 아닌 공공기관이다. 대표적으로 한국투자공사, 한국수출입은행, 한국사학진흥재단, 민주화운동기념사업회, 예술의 전당, 세종학당재단 등이 있다. 체육·스포츠 영역으로 문화체육관광부 산하 기타공공기관으로 대한체육회, 대한장애인체육회, 태권도진흥재단, 한국체육산업개발(주)이 있다.

☐ <표 5-3> 공기업 및 준정부기관의 지정기준(법제처, 2021년 2월 기준)

구분		직원	수입액	자산규모	총수입액 중 자체수입액 비중
공기업	시장형 공기업	50명 이상	30억 원 이상	2조 원	100분의 85 이상
	준시장형 공기업			10억 원 이상	100분의 50 이상
준정부기관	기금관리형 준정부기관				
	위탁집행형 준정부기관				

여기서 잠깐

<표 5-4> **공공기관 유형 구분**

유형구분		지정요건
①	공기업	직원 정원이 50인 이상이고, 자체수입액이 총수입액의 2분의 1 이상인 공공기관 중에서 기획재정부장관이 지정한 기관
	시장형	자산규모가 2조 원 이상이고, 총수입액 중 자체수입액이 85% 이상인 공기업(한국전력공사, 한국가스공사 등)
	준시장형	시장형 공기업이 아닌 공기업(한국도로공사, 한국방송광고진흥공사 등)
②	준정부기관	직원 정원이 50인 이상이고, 공기업이 아닌 공공기관 중에서 기획재정부장관이 지정한 기관
	기금관리형	「국가재정법」에 따라 기금을 관리하거나, 기금의 관리를 위탁받은 준정부기관(기술보증기금, 서울올림픽기념국민체육진흥공단 등)
	위탁집행형	기금관리형 준정부기관이 아닌 준정부기관 (한국승강기안전공단, 한국장학재단 등)

유형구분	지정요건
③ 기타공공기관	직원 정원 50인 미만인 공공기관과 이외 공기업, 준정부기관이 아닌 공공기관 • 기관의 성격 및 업무특성 등을 고려하여 기타공공기관 중 일부를 연구개발을 목적으로 하는 기관 등으로 세분하여 지정할 수 있음

출처: 한국조세재정연구원(2020). 2020 공공기관 현황편람, p.21.

2. 서울올림픽기념국민체육진흥공단

1) 설립목적 및 배경

「국민체육진흥법」 제24조(서울올림픽기념국민체육진흥공단)에 따르면 '제24회 서울올림픽대회를 기념하고 국민체육 진흥을 위한 다음의 사업을 하게 하기 위하여 문화체육관광부장관의 인가를 받아 서울올림픽기념국민체육진흥공단을 설립'한다고 했다. 이 기금관리형 준정부기관의 역할은 다음과 같다.

1. 제24회 서울올림픽대회 기념사업
2. 국민체육진흥계정의 조성, 운용 및 관리와 이에 딸린 사업
3. 체육시설의 설치 · 관리 및 이에 따른 부동산의 취득 · 임대 등 운영 사업
4. 체육 과학의 연구
5. 그 밖에 문화체육관광부장관이 인정하는 사업

위의 문화체육관광부장관이 인정하는 사업이란 동법 제24조(체육진흥투표권의 발행사업 등)에 의거한 스포츠토토(상품명) 사업이 있다. 또한 「경륜 · 경정법」에 따른 경륜(競輪, cycle racing business)과 경정(競艇, motorboat racing business)을 통해 기금을 조성 · 관리하고 있다.

2) 연혁

국민체육진흥재단을 모체로 하여 1989년 4월 20일에 의거 설립된 국민체육

진흥공단은 올림픽공원과 각종 경기장 등을 효율적으로 관리하기 위해 1990년 7월 출자회사인 한국체육산업개발(주)을 설립하였다. 그 후 공단은 국내외 청소년과 체육인들의 편의를 제공하고 건전한 청소년육성과 국제간 청소년교류를 위하여 1990년 9월 올림픽유스호스텔(올림픽파크텔)을 개관하였다. 그리고 1993년 12월에는 (주)한국스포츠TV를 설립하였다.

또한 1994년 10월에는 안정적인 체육진흥재원을 마련하고 국민의 건전한 여가선용을 위하여 잠실경륜장(서울 송파구 소재)을 개장하였으며, 1999년 1월에는 체육과학연구원(현 한국스포츠정책과학원)을 통합하여 부설기관으로 설치하였다. 2000년 2월에는 공단 경영효율화의 한 방편으로 (주)한국스포츠TV를 매각하였으며, 2001년 5월에 서울국제올림픽박람회(SPOEX), 10월에는 체육진흥투표권 사업을 개시하였다. 2002년 8월에는 경정장(경기도 하남시 소재)을 개장하였고 2003년 3월에 올림픽공원(서울 송파구 소재)에 올림픽홀, 2004년 9월에는 소마미술관을 개관하였다. 2005년 10월에는 경정 국제등급에 등록(Hydro Sprint)했으며, 2006년 2월에 잠실경륜장을 경륜 스피돔(경기도 광명시 소재)으로 이전했다.

2007년 9월에는 투르드코리아(Tour de Korea) 국제도로 사이클 대회를 개시했고, 이 대회는 2013년 국제사이클연맹(UCI)으로부터 대회승급 승격(2.1 Class)이 됐다. 2015년 체육지도자 자격제도를 전문스포츠지도사, 생활스포츠지도사, 장애인·유소년·노인스포츠지도사 등으로 전면 개편하면서 주관하고 있다. 2016년 1월에는 체육인재육성재단(현 체육인재아카데미 프로그램)을 통합했고, 2019년 올림픽공원을 국제올림픽위원회(IOC)의 올림픽 레거시 우수사례로 선정돼 오늘에 이르고 있다(www.kspo.or.kr 설립목적 및 연혁).

3) 조직

문화체육관광부 산하조직인 서울올림픽기념국민체육진흥공단(KSPO, Korea Sports Promotion Foundation)의 조직구성은 정부의 미션과 비전을 담아 정책적 과제를 수행하기 위해 지속적으로 부서 재배치와 조정을 거치며 분장된 업무의 효율적 추진을 실행한다. 즉, 조직도와 부서별 업무분장을 해당 홈페이지(www.kspo.or.kr)를 통해 쉽게 자료를 얻고 이해할 수 있다.

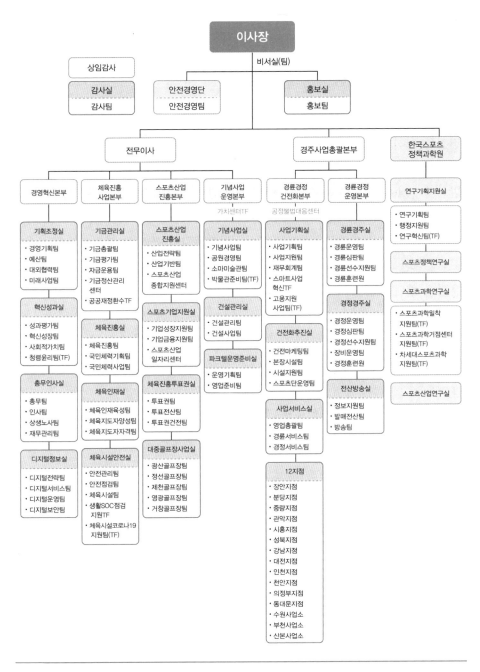

◎ 〈그림 5-3〉 국민체육진흥공단 조직도

출처: 홈페이지, 2021. 8월 기준.

3. 대한체육회

1) 설립목적 및 배경

대한체육회는 1920년 7월 13일에 '조선체육회'로 창립되었다. 건강한 육체에 건전한 정신을 함양하여 민족정기를 살리자는 취지로 창설된 대한체육회는 일제 강점시대 때 강제 해산(1938년)되는 아픔을 겪기도 했으나, 해방과 더불어 부활하여 1948년 대한체육회 및 대한올림픽위원회(KOC)로 개칭 후, 1954년 3월 16일에는 사단법인 대한체육회로 인가를 받았다.

1964년 9월에 대한체육회에서 대한올림픽위원회(KOC)를 분리했다가 1968년 3월에 대한올림픽위원회 및 대한학교체육회를 통합했다. 다만, 불완전한 형태로 운영돼 왔던 것을 41년만(2009.6.16.)에 양 기구(대한체육회·KOC)를 완전하게 통합하여 대한체육회(KOC, Korean Olympic Committee)가 됐다. 이후 2015년 「생활체육진흥법」의 제정과 「국민체육진흥법」의 일부 개정을 통해 2016년에 대한체육회(KOC)와 국민생활체육회를 통합함으로써 오늘날 대한체육회(KSOC, Korean Sports & Olympic Committee)로 운영되고 있다(www.sports.or.kr 창립취지 및 연혁).

「국민체육진흥법」 제33조(대한체육회)에 따르면 다음과 같은 사업과 활동을 하고 있다.

---

1. 체육회에 가맹된 경기단체와 생활체육종목단체 등의 사업과 활동에 대한 지도와 지원
2. 체육대회의 개최와 국제 교류
3. 선수 양성과 경기력 향상 등 전문체육 진흥을 위한 사업
4. 체육인의 복지 향상
5. 국가대표 은퇴선수 지원사업
5의2. 생활체육 프로그램 개발 및 보급
5의3. 스포츠클럽 및 체육동호인조직의 활동 지원
5의4. 생활체육 진흥에 관한 조사 및 연구
5의5. 전문체육과 생활체육과의 연계 사업
6. 그 밖에 체육 진흥을 위하여 필요한 사업

---

2) 지위

① 체육운동을 범국민화하여 학교체육 및 생활체육의 진흥으로 국민의 체력 향상을 도모하고, 체육회에 가맹한 체육단체를 지원 육성함과 아울러 우수한 경기자를 양성하여 국위선양에 이바지함을 목적으로 한다.

② 국제올림픽위원회(IOC)와 독점적 교섭권을 갖는 대한민국을 대표하는 유일한 단체로서 올림픽운동을 통하여 올림피즘의 원칙과 가치를 확산하며 스포츠를 통한 국제친선과 세계평화에 기여한다.

③ 국제올림픽위원회(IOC, International Olympic Committee), 국가올림픽위원회 (NOC, National Olympic Committee), 국가올림픽위원회연합회(ANOC, Association of National Olympic Committee), 아시아올림픽평의회(OCA, Olympic Council of Asia) 등 국제체육기구에 대하여 대한민국을 대표한다.

3) 조직

대한체육회는 정관상 최고의결기관인 대의원총회와 최고집행기관인 이사회, 각종위원회를 두고 있다. 특별위원회, 대한대학스포츠위원회(KUSB, Korean University Sports Board), 선수위원회, 스포츠공정위원회 등이 있으며 분야별로 자문위원회(학교체육위원회, 생활체육위원회, 국제위원회, 전국종합체육대회위원회, 경기력향상위원회, 스포츠클럽위원회, 심판위원회, 여성체육위원회, 평가위원회, 문화·환경·교육위원회, 남북체육교류위원회, 의무위원회, 마케팅위원회, 홍보·미디어위원회, 고용·능력개발위원회 등)를 두고 있다. 각종 위원회는 소관 사항을 조사·연구, 심의하고 이사회의 자문에 응하기 위하여 설치됐다.

대한체육회는 회장 아래 대표적으로 행정을 총괄하는 사무총장과 엘리트 선수 훈련을 총괄하는 선수촌장을 둔다. 문화체육관광부 산하조직인 대한체육회의 내부 조직구성은 정부의 미션과 비전을 담아 정책적 과제를 수행하기 위해 지속적으로 부서 재배치와 조정을 거치며 분장된 업무의 효율적 추진을 실행한다. 즉, 조직도와 부서별 업무분장을 해당 홈페이지(www.sports.or.kr)를 통해 쉽게 자료를 얻고 이해할 수 있다.

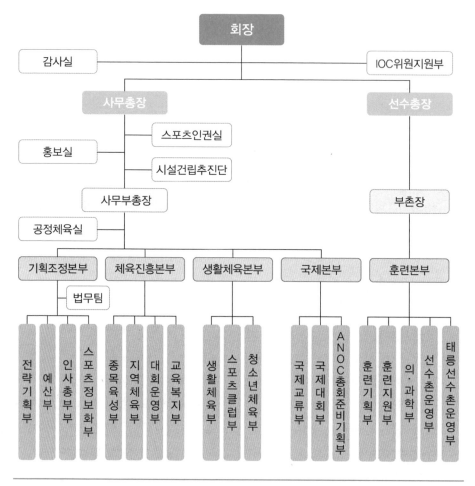

◎ 〈그림 5-4〉 대한체육회 조직도

출처: 홈페이지, 2021. 8월 기준

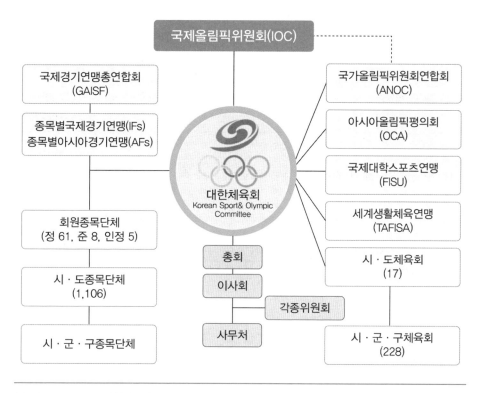

◎ 〈그림 5-5〉 대한체육회와 연관된 국내·외 도식도(문화체육관광부, 2019a)

4) 대한체육회 시·도 및 해외지부

대한체육회는 17개의 시·도 체육회와 해당 시·도의 행정구역별 228개의 시·군·구 체육회로 구성돼 있다(문화체육관광부, 2019a).

□ <표 5-5> 대한체육회 시·도 지부 현황

구분	설립시기	구분	설립시기
서울특별시체육회	1953. 2월	충청북도체육회	1946. 4월
부산광역시체육회	1963. 3월	충청남도체육회	1927. 3월
대구광역시체육회	1981. 7월	전라북도체육회	1947. 3월
인천광역시체육회	1981. 7월	전라남도체육회	1945. 9월
광주광역시체육회	1986. 11월	경상북도체육회	1922. 1월

구분	설립시기	구분	설립시기
대전광역시체육회	1989. 1월	경상남도체육회	1945. 12월
울산광역시체육회	1997. 7월	제주도체육회	1951. 6월
경기도체육회	1950. 6월	세종특별자치시체육회	2012. 7월
강원도체육회	1946. 5월		

대한체육회의 해외 지부는 일본으로 시작으로 설립되어 현재 총 16개(2021. 2 월)로 지속적으로 확대되고 있다.

□ <표 5-6> 대한체육회 해외 지부 현황(2021. 2월 기준)

구분	지정시기	구분	지정시기
일본	1956. 7월	괌	1989. 3월
미국	1972. 6월	뉴질랜드	1994. 9월
독일	1976. 6월	사이판	1998. 2월
캐나다	1977. 9월	필리핀	2001. 11월
스페인	1982. 9월	중국	2005. 4월
홍콩	1984. 8월	영국	2006. 9월
브라질	1985. 9월	말레이시아	2008. 4월
호주	1987. 9월	인도네시아	2011. 4월
아르헨티나	1987. 9월	베트남	2017. 9월

5) 대한체육회 회원종목단체

2016년 대한체육회와 국민생활체육회의 통합으로 각 단체의 회원으로 있던 회원종목단체도 연이어 통합을 했다. 이로써 대한체육회의 정회원 61개 종목 단체, 준회원단체는 8개, 인정단체는 5개로 등록됐다(문화체육관광부, 2019a).

□ <표 5-7> 대한체육회 회원종목단체

구분	연번	단체명	연번	단체명
정회원 (61)	1	대한검도회	32	대한승마협회
	2	대한게이트볼협회	33	대한씨름협회
	3	대한골프협회	34	대한아이스하키협회
	4	대한국학기공협회	35	대한야구소프트볼협회
	5	대한궁도협회	36	대한양궁협회
	6	대한그라운드골프협회	37	대한에어로빅협회
	7	대한근대5종연맹	38	대한역도연맹
	8	대한민국농구협회	39	대한요트협회
	9	대한당구연맹	40	대한우슈협회
	10	대한민국댄스스포츠연맹	41	대한유도회
	11	대한럭비협회	42	대한육상연맹
	12	대한레슬링협회	43	대한자전거연맹
	13	대한롤러스포츠연맹	44	대한소프트테니스협회
	14	대한루지경기연맹	45	대한조정협회
	15	대한바둑협회	46	대한민국족구협회
	16	대한바이애슬론연맹	47	대한철인3종협회
	17	대한민국배구협회	48	대한체조협회
	18	대한배드민턴협회	49	대한축구협회
	19	대한보디빌딩협회	50	대한카누연맹
	20	대한복싱협회	51	대한컬링경기연맹
	21	대한볼링협회	52	대한탁구협회
	22	대한봅슬레이 · 스켈레톤경기연맹	53	대한태권도협회
	23	대한빙상경기연맹	54	대한택견회
	24	대한사격연맹	55	대한테니스협회
	25	대한산악연맹	56	대한파크골프협회
	26	대한세팍타크로협회	57	대한패러글라이딩협회
	27	대한수상스키 · 웨이크보드협회	58	대한펜싱협회
	28	대한수영연맹	59	대한하키협회
	29	대한수중핀수영협회	60	대한합기도총협회

구분	연번	단체명	연번	단체명
	30	대한스쿼시연맹	61	대한핸드볼협회
	31	대한스키협회		
준회원 (8)	1	대한민국줄넘기협회		
	2	대한카라테연맹		
	3	대한카바디협회		
	4	대한킥복싱협회	인정 단체 (5)	1	대한요가회
	5	대한파워보트연맹		2	대한민국줄다리기협회
	6	한국주짓수협회		3	대한치어리딩협회
	7	한국e스포츠협회		4	대한민국플라잉디스크연맹
	8	대한크라쉬연맹		5	대한피구연맹

※ 출처: 문화체육관광부(2019a). 2018 체육백서.

4. 대한장애인체육회

1) 설립목적 및 배경

장애인의 건강증진과 건전한 여가생활 진작을 위한 생활체육 활성화와 회원 종목단체, 장애유형별 체육단체 및 시·도 지부를 지원·육성하고, 우수한 선수와 지도자를 양성하여 국위선양을 도모하고 국제스포츠 교류 및 활동을 통한 국제 친선에 기여하고자 2005년 7월 29일 국민체육진흥법이 개정 공포됨에 따라 2005년 11월 25일에 「국민체육진흥법」 제34조(대한장애인체육회)에 의거하여 설립되었고, 다음과 같은 사업과 활동을 할 수 있다.

1. 장애인 경기단체의 사업과 활동에 대한 지도와 지원
2. 장애인 체육경기대회 개최와 국제 교류
3. 장애인 선수 양성과 경기력 향상 등 장애인 전문체육 진흥을 위한 사업
4. 장애인 생활체육의 육성과 보급

5. 장애인 선수, 장애인 체육지도자와 장애인 체육계 유공자의 복지 향상

6. 그 밖에 장애인 체육 진흥을 위하여 필요한 사업

2) 연혁

2005년에 설립한 대한장애인체육회(KPC, Korea Paralympic Committee)는 19개 경기단체(골볼, 농구, 댄스스포츠, 럭비, 론볼, 배구, 배드민턴, 보치아, 볼링, 사격, 사이클, 수영, 스키, 아이스하키, 양궁, 역도, 육상, 테니스, 펜싱) 및 3개 유형별 단체(한국스페셜올림픽위원회, 한국시각장애인스포츠연맹, 대한지적장애인스포츠협회)를 두며 시작했다. 이후 요트, 컬링, 유도, 태권도, 골프, 당구 등의 경기단체가 추가됐다. 2009년 이천장애인체육종합훈련원이 개원했고 2014년 대한장애인체육회와 대한장애인올림픽위원회가 통합을 이루어 오늘에 이르고 있다.

3) 조직

대한장애인체육회는 정관상 최고의결기구인 대의원총회와 최고집행기관인 이사회와 행정을 총괄하는 사무처를 두고 있다. 또한 장애인국가대표 선수들의 훈련을 총괄하는 이천훈련원을 별도로 운영하고 있다. 국제패럴림픽위원회(IPC, International Paralympic Committee)은 아시아패럴림픽위원회(APC, Asia Paralympic Committee), 종목별 국제스포츠기구와 연맹과의 협력관계를 통해 장애인체육의 발전을 도모하고 있다.

문화체육관광부 산하조직인 대한장애인체육회의 내부 조직구성은 정부의 미션과 비전을 담아 정책적 과제를 수행하기 위해 지속적으로 부서 재배치와 조정을 거치며 분장된 업무의 효율적 추진을 실행한다. 즉, 조직도와 부서별 업무분장을 해당 홈페이지(www.koreanpc.kr)를 통해 쉽게 자료를 얻고 이해할 수 있다.

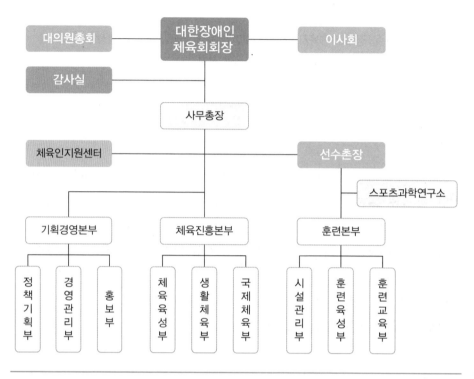

◎ 〈그림 5-6〉 대한장애인체육회 조직도

출처: 홈페이지, 2021. 8월 기준

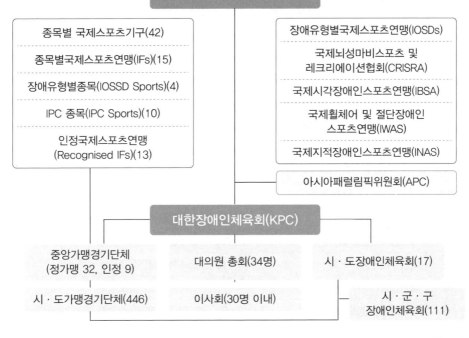

◎ 〈그림 5-7〉 대한장애인체육회와 연관된 국내·외 도식도

출처: 문화체육관광부, 2019a

4) 대한장애인체육회 시·도 및 회원종목단체

대한장애인체육회는 17개의 시·도 체육회와 해당 시·도의 행정구역별 111 개의 시·군·구 장애인체육회와 446개의 시·도 가맹경기단체로 운영되고 있다. 또한 32개 중앙가맹경기단체가 소속돼 운영되고 있다(문화체육관광부, 2019a).

▢ <표 5-8> 대한장애인체육회 시·도 지부 현황

구분	설립시기	구분	설립시기
서울특별시체육회	2007. 3월	충청북도체육회	2006. 12월
부산광역시체육회	2006. 12월	충청남도체육회	2007. 1월
대구광역시체육회	2006. 7월	전라북도체육회	2006. 12월

구분	설립시기	구분	설립시기
인천광역시체육회	2007. 4월	전라남도체육회	2007. 11월
광주광역시체육회	2007. 7월	경상북도체육회	2007. 4월
대전광역시체육회	2007. 5월	경상남도체육회	2006. 7월
울산광역시체육회	2008. 1월	제주도체육회	2007. 2월
경기도체육회	1950. 6월	세종특별자치시체육회	2014. 2월
강원도체육회	2007. 5월		

□ <표 5-9> 대한장애인체육회 회원종목단체

연번	단체명	연번	단체명
1	대한장애인골볼협회	17	대한장애인양궁협회
2	대한장애인골프협회	18	대한장애인역도연맹
3	대한장애인농구협회	19	대한장애인요트연맹
4	대한장애인당구협회	20	대한장애인유도협회
5	대한장애인댄스스포츠연맹	21	대한장애인육상연맹
6	대한장애인럭비협회	22	대한장애인조정연맹
7	대한장애인론볼협회	23	대한장애인축구협회
8	대한장애인배구협회	24	대한장애인컬링협회
9	대한장애인배드민턴협회	25	대한장애인탁구협회
10	대한장애인보치아연맹	26	대한장애인태권도협회
11	대한장애인볼링협회	27	대한장애인테니스협회
12	대한장애인사격연맹	28	대한장애인펜싱협회
13	대한장애인사이클연맹	29	대한장애인승마협회
14	대한장애인수영연맹	30	(사)한국시각장애인스포츠연맹
15	대한장애인스키협회	31	(사)한국농아인스포츠연맹
16	대한장애인아이스하키협회	32	대한장애인노르딕스키연맹

※ 출처: 문화체육관광부(2019a). 2018 체육백서.

SECTION 04 국내 스포츠 거버넌스

1. 스포츠 거버넌스

거버넌스(governance)란 협치(協治)란 개념으로 여러 이해 관계자가 서로 협력해서 다스린다는 의미이다. 거버넌스의 네 가지 구조를 살펴보면 첫째, 구조(structure)이다. 공식적·비공식적인 제도의 건축물을 생각하면 이해할 수 있다. 둘째, 과정(process)으로서 정책 수립의 과정에 개입되는 조정 기능이라 할 수 있다. 셋째, 장치(mechanism)로 의사결정과 규정준수, 통제 등에 이르기까지의 제도화된 절차이다. 마지막으로 전략(strategy)이다. 이는 선택과 신호를 만들어내고자 제도와 장치를 설계하고 조작하려는 행위자들의 노력을 뜻한다(Levi-Faur, 2012).

스포츠 거버넌스(sport governance)는 신조어로서 국가 수준의 통치체, 정부 주관자, 스포츠 서비스 조직, 프로 스포츠팀에 이르는 모든 스포츠 코드에 필요한 제도적 구성요소이다(Ferkins & Shilbury, 2010). 이는 스포츠 조직의 지역적·국가적·국제적 범위를 결정하기 위해 필요한 권력과 권한의 행사란 의미가 포함돼 있다(Hums & MacLean, 2013).

2. 국가 스포츠 거버넌스의 구성요소

국가 스포츠 거버넌스의 주요 구성요소는 여덟 가지로 제시할 수 있다. 즉 정부, 국가 체육회, 지역 체육회, 협회, 지부, 클럽, 국내의 기능적 조직, 국내 파트너이다. 이들 모든 조직은 각자의 고유역할을 하고 '협회'를 중심으로 조화와 균형을 이룬다. 각각의 개념과 역할을 살펴보면 다음과 같다(오준혁, 2021).

1) 정부

정부(Government)는 국가 스포츠에 대한 전체 행정을 관장하는 현재의 문화체육관광부(Ministry of Culture, Sports and Tourism)가 해당된다. 정부의 미션과 비전을 토대로 국가체육회와 협력해 국가 스포츠 발전을 도모하는 가장 권위가 있는 조직이다.

2) 국가 체육회

국가체육회는 곧 국가올림픽위원회(NOC, National Olympic Committee)가 된다. 국내 스포츠를 총괄하고 국제 스포츠에서 국가를 대표하는 비정부·비영리 단체이다. 지난 2016년 국민생활체육회와 통합을 이룬 대한체육회(KSOC, Korean Sport & Olympic Committee)가 해당된다. 전국종합체육대회를 개최하고 중앙정부와의 직접 교류를 통해 정부의 체육정책을 이행한다. 대한체육회는 국가체육회총연합회(ANOC, Association of National Olympic Committees)와 아시아올림픽평의회(OCA, Olympic Council of Asia)에 소속돼 있다.

국가 체육회인 대한체육회는 다양한 마케팅 활동을 수행할 수 있다. 정관을 살펴보면 '체육회의 사업수행에 필요한 홍보사업 및 재원 조달을 위한 수익사업(제5조 사업 15항)'을 할 수 있다. 또한 '체육회의 고유목적 사업을 원활히 수행하기 위하여 필요하다고 인정하는 때에는 관계부처의 협의를 거쳐 별도 법인을 설립하거나 출자·출연(제5조 사업 16항)'할 수 있다. 이를 토대로 마케팅 규정 제3조에는 후원권, 상품화권, 방송권에 대한 사업이 명시돼 있다.

3) 지역 체육회

지역 체육회(Regional Sports Council)는 같은 지역에서 서로 다른 종목의 지부들로 구성된 연합체이다. 예를 들어 서울시축구협회, 서울시농구협회 등이 모여 서울시체육회가 된다. 이 조직은 국가체육회, 산하 종목별 지부와 밀접하게 협력하는 역할을 한다.

4) 협회

종목 협회(National Sport Federation)는 같은 종목의 서로 다른 지부가 모인 단체이다. 예를 들어 서울시축구협회, 부산시축구협회 등이 모여 대한축구협회가 된다. 국가 체육회가 지정한 1개의 협회는 해당 종목의 본부 기능을 담당하며, 선수육성, 지도자·심판 교육, 종목의 시설·장비 관할을 하고, 전국규모 대회를 개최한다.

5) 지부

종목 지부(Regional Sport Federation)는 둘 이상의 클럽이 모여 있는 군집이다. 지부 자체 규정에 따라 종목을 육성하고 대회를 개최하기도 한다. 예를 들어 서울시축구협회, 부산시축구협회 등을 말한다.

6) 클럽

클럽(club)은 개인들이 특정 스포츠를 타인과 즐기고자 둘 이상으로 구성된 체계가 있는 최소단위 조직체를 뜻한다. 상업적 목적으로 운영되는 프로 스포츠 클럽(professional sports club)과 생활 스포츠 동호인 조직으로 대표되는 아마추어 클럽(amateur club)이 있다. 클럽은 직속 상위 조직, 협회 등과의 협력 관계에 있다.

7) 국내의 기능적 조직

국내의 기능적 스포츠 조직(National Functional Sport Organization)은 영리를 추구하는 목적을 지닌 집단을 제외한 국가 스포츠 발전을 위해 설립된 비영리 단체들을 말한다. 스포츠와 관련한 재단, 아카데미, 센터, 위원회, 학회, 연구소 등이 있다.

8) 국내 파트너

국내 파트너(Domestic Partner)는 협찬사, 상표 상품화권자, 대행사, 언론사, 용품협찬사 등이 해당된다.

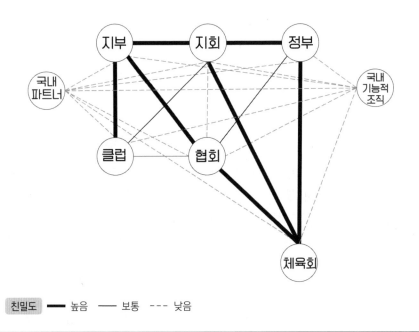

◎ 〈그림 5-8〉 국가 스포츠 거버넌스

출처: 오준혁(2021), 스포츠 거버넌스, 박영사, p.5.

CHAPTER

06

해외 체육·스포츠
행정조직

SECTION 01 국제 스포츠 거버넌스

1. 국제 스포츠 거버넌스의 구성요소

국제 스포츠 거버넌스(governance)는 크게 세 가지 축으로 구성돼 있다. 국가 체육회를 대표하는 국가체육회총연합회(ANOC, Association of National Olympic Committees)와 스포츠 종목을 대표하는 국제스포츠종목연맹총연합회(GAISF, Global Association of International Sports Federations)이다. 이 두 개의 연합회 중간에서 국제 스포츠를 주도하는 기구가 국제올림픽위원회(IOC, International Olympic Committee)이다.

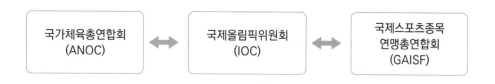

◎ 〈그림 6-1〉 국제 스포츠 거버넌스

오준혁(2021)에 따르면 국제 스포츠 거버넌스의 주요 구성요소를 여섯 가지로 제시할 수 있다. 즉 국가 체육회 및 연합회, 국제 스포츠 종목연맹 및 연합회, 종합대회 주최기구, 임시스포츠 기구, 기능적 스포츠 조직, 국제 파트너이다. 이들 조직의 개념과 역할을 살펴보면 다음과 같다.

1) 국가체육회 및 연합회

국가체육회는 국가 스포츠와 국제 스포츠를 연결하는 통로역할을 하는 국가 올림픽위원회(NOC, National Olympic Committee)가 있다. 국가체육회총연합회 (ANOC)는 총 5개 대륙별 연합으로 돼 있다. 즉 범미국가체육회연합회, 오세아니 아국가체육회연합회, 아시아국가체육회연합회, 유럽국가체육회연합회, 아프리카 국가체육회연합회가 있다. 회원 조직들과 다양한 형태로 교류한다.

2) 국제스포츠종목연맹 및 연합회

국제스포츠종목연맹(ISF, International Sport Federation)은 국가별 협회들이 모여 구성된 국제적 조직체이다. 국제스포츠종목연맹총연합회(GAISF)는 하계올림픽국 제연맹연합회, 동계올림픽국제연맹연합회, IOC 인정국제연맹연합회, 독립국제 연맹연합회가 있다. 이들은 국제종합대회 참가, 선수와 세부종목 관리, 조직 개 발, 협회 간 교류활동 등을 한다.

3) 종합대회 주최기구

종합대회 주최기구(Event-Platform-Right-Holder)는 종합스포츠 대회를 개 최하는 플랫폼 비즈니스(platform business) 법인체이다. 국제올림픽위원회(IOC, International Olympic Committee)가 바로 이 기구에 해당된다.

4) 임시스포츠 기구

임시스포츠 기구(Temporary Sport Organization)는 국제대회를 유치하고자 하 는 도시와 주최 조직이 특정 기간 동안 설립해 운영하는 조직체이다. 유치도시 에는 유치 위원회를 구성한 후, 대회유치에 성공하게 되면 조직 위원회로 변경 하는 과정을 거친다. 주최 조직은 평가 위원회와 조정 위원회를 구성하여 특수 목 적을 달성하기 위한 과정을 거친다.

5) 기능적 스포츠 조직

기능적 스포츠 조직(Functional Sport Organization)은 국제 스포츠 거버넌스 조직들이 각자 역량을 최대로 발휘할 수 있도록 지원하는 독립기구라고 할 수 있다. 대표적으로 스포츠 분야의 법적 분쟁을 해결하는 임무를 지닌 스포츠중재 재판소(CAS, Court of Arbitration for Sport)가 있다.

6) 국제 파트너

파트너(Partner)는 국제 스포츠 조직이 지닌 마케팅 권리를 확보해 이익을 얻고자 하는 기업 및 단체이다. 국제 스포츠 이벤트를 중심으로 세미나, 콘퍼런스, 포럼 외에도 각종 전시회와 캠페인 등에 이르기까지 다양한 형태의 행사에 파트너로 참여한다.

여기서 잠깐

스포츠중재재판소(CAS, Court of Arbitration for Sport)

① 국제올림픽위원회(IOC)에 의해 1984년에 설립한 기관임
② 1994년 IOC로부터 독립함에 따라 스포츠 중재 국제 이사회(ICAS, International Council for Arbitration for Sport)가 설립되면서 스포츠 중재 재판소를 운영하고 있음(파리 협정, Paris Agreement)
③ 스포츠로 인해 발생한 문제를 해결하는 목표를 지닌 중재기관으로 본부는 스위스 로잔, 지원조직은 뉴욕, 시드니에 위치하고 있으며 올림픽 기간 중에는 해당 도시에 임시 재판소를 설치함
④ 기능
  • 스포츠 분야의 법적 분쟁을 해결하는 임무를 지님
  • 결정은 보통 법원의 판결과 똑같은 강제성을 가진 중재적 심판을 표시하는 것임
  • 조정을 통한 타협에 기초하여 당사자들의 분쟁을 해결하는데 도움이 될 수 있게 함
  • 스포츠에 관련된 법적문제에 관한 권고적 의견을 제공함
⑤ 별도의 절차를 위한 규칙 제정
  • 보통중재 절차
  • 항소중재 절차
  • 권고 절차(스포츠 단체가 CAS로부터 권고의견을 구하는 절차)

- 화해 절차
⑥ 중재진행 방식
- 사례의 진술교환을 통한 문서진행
- CAS의 사무실에서 당사자와 중재자가 하는 구두진행

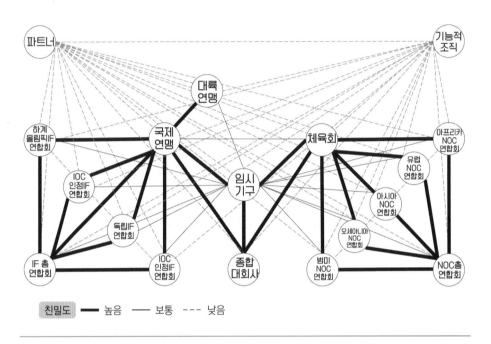

◎ 〈그림 6-2〉 국제 스포츠 거버넌스의 구성요소

출처: 오준혁, 2021, p.23

2. 국제올림픽위원회(IOC)

국제올림픽위원회(IOC, International Olympic Committee)는 1894년 6월 23일에 설립됐다. 올림픽 대회 규정이라 할 수 있는 '올림픽 헌장'은 1925년에 채택했다. 한국은 1947년, 북한은 1957년에 가입했다.

IOC의 올림픽 헌장 제1장 제1조 2항은 '올림픽 운동의 3대 구성원은 국제올림픽위원회(IOC), 국제경기연맹(IFs, International Sports Federations), 국가올림픽위원

회(NOCs, National Olympic Committees)'라고 규정돼 있다. 3항에는 '올림픽 운동에는 올림픽조직위원회, 국가별 협회, 클럽, 선수, 심판, 코치, 체육관련 임원, 전문위원, 기술위원을 비롯해 IOC가 승인한 기타 조직과 기구도 올림픽 운동에 포함'돼 있다고 규정하고 있다.

복잡한 국제 스포츠 거버넌스 영역에서 '연대(Olympic Solidarity)'를 강조하고 있다(올림픽 헌장 제5조). 이 개념은 양면적으로 해석할 여지도 있다. 즉, 올림픽 운동에 대한 통제권을 강화하고 세력의 확장을 위한 장치이면서 올림픽 정신의 본원적 가치를 담고 있다는 것이다(정기웅, 2018).

[제5조 올림픽 솔리다리티]
올림픽 솔리다리티는 각별한 도움을 필요로 하는 NOCs를 지원하는 것을 그 목적으로 한다. 이러한 지원은 IOC와 NOCs가 공동으로 수립한 프로그램의 형태를 취하며, 필요한 경우 IFs의 기술적 도움을 받는다.

제5조 부칙
올림픽 솔리다리티가 채택한 프로그램은 다음 사항에 기여하는 것을 그 목적으로 한다.
1. 올림픽 이념의 기본 원칙 증진
2. NOCs의 올림픽 대회 참가를 위해 선수와 팀의 준비 지원
3. 선수 및 코치의 전문적인 스포츠 지식 발전
4. 장학금 등 NOCs와 IFs와의 협력을 통한 선수 및 감독의 기술 수준 향상
5. 스포츠 행정가 육성
6. 동일 목적을 추구하는 조직 및 단체와의 올림픽 교육과 스포츠 홍보를 통한 협력
7. 국가 혹은 국제 기구와의 협력 하에 단순하고 기능적이며 경제적인 스포츠 시설 설치
8. NOSs의 권한과 후원 하에서 국가적, 지역적, 대륙적 차원의 대회 조직을 지원하고 NOCs의 지역별 및 대륙별 경기 조직, 준비, 참가를 지원
9. NOCs의 양자 혹은 다자간 협력 프로그램 장려
10. 스포츠를 공적개발원조(Official Development Assistance)에 포함되도록 정부와 국제단체에 촉구

상기의 프로그램들은 올림픽 솔리다리티 위원회가 관장한다.

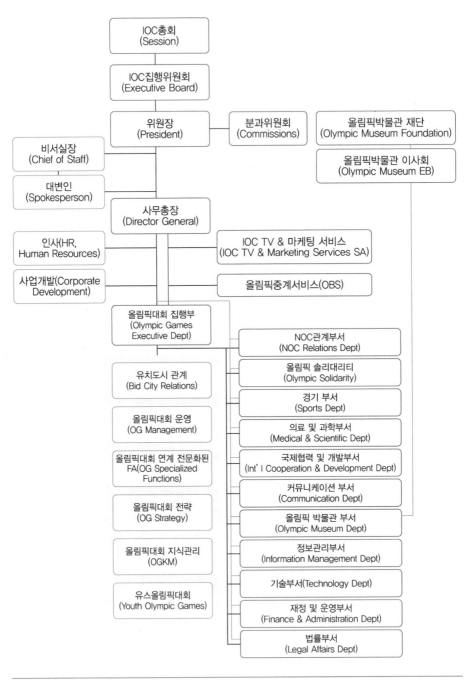

◎ 〈그림 6-3〉 국제올림픽위원회 조직도

출처: IOC Organization Chart 윤강로의 스포츠 세상.

SECTION

02

국가체육회총연합회 (ANOC)

국가체육회총연합회(ANOC, Association of National Olympic Committees)는 1979년에 설립됐고, 스위스 로잔에 본부를 두고 있다(www.anocolympic.org). 현재 206개(2021년 기준)의 회원국을 보유하고 있다. 5개 대륙별로 살펴보면 범미국가체육회연합회(41개), 오세아니아국가체육회연합회(17개), 아시아국가체육회연합회(44개), 유럽국가체육회연합회(50개), 아프리카국가체육회연합회(54개)가 있다. 국가별 조직명(영문), 설립연도, IOC 가맹연도, 홈페이지 등 상세한 정보를 알고자 하면 오준혁(2021)의 '스포츠 거버넌스'를 참고하면 좋겠다.

1. 범미체육회연합회(PANAM SPORTS)

범미체육회연합회(PANAM SPORTS)는 1948년에 설립됐다. 멕시코 멕시코시티에 본부를 두고 있고(www.panamsports.org), 41개의 회원국을 두고 있다.

가이아나, 과테말라, 그레나다, 니카라과, 도미니크, 도미니카 공화국, 멕시코, 미국, 미국령 버진아일랜드, 바베이도스, 바하마, 버뮤다, 베네수엘라, 벨리즈, 볼리비아, 브라질, 세인트 루시아, 세인트 빈센트 그레나딘, 세인트 키츠네비스, 수리남, 아루바, 아르헨티나, 아이티, 엔티가 바부다, 에콰도르, 엘살바도르, 영국령 버진아일랜드, 온두라스, 우루과이, 자메이카, 칠레, 캐나다, 케이맨 제도, 코스타리카, 콜롬비아, 쿠바, 트리니다드토바고, 파나마, 파라과이, 페루, 푸에르토리코

2. 오세아니아체육회연합회(ONOC)

오세아니아체육회연합회(ONOC, Oceania National Olympic Committees)는 1981년에 설립됐다. 미국령 괌의 하갓냐에 본부를 두고 있고(www.oceanianoc.org), 17개의 회원국을 두고 있다.

> 괌, 나우루, 뉴질랜드, 마셜 제도, 미국령 사모아, 미크로네시아연방 공화국, 바누아투, 사모아, 솔로몬 제도, 쿡 제도, 키리바시, 통가, 투발루, 파푸아뉴기니, 팔라우, 피지, 호주

3. 아시아올림픽평의회(OCA)

아시아올림픽평의회(OCA, Olympic Council of Asia)는 1982년에 설립됐다. 쿠웨이트 하왈리에 본부를 두고 있고(www.ocasia.org), 44개의 회원국을 두고 있다. 우리나라도 OCA에 속해있다.

> 네팔, 대만, 대한민국, 동티모르, 라오스, 레바논, 말레이시아, 몰디브, 몽골, 미얀마, 바레인, 방글라데시, 베트남, 부탄, 북한, 브루나이, 사우디아라비아, 스리랑카, 시리아, 싱가포르, 아랍에미리트, 아프가니스탄, 예맨, 오만, 요르단, 우즈베키스탄, 이라크, 이란, 인도, 인도네시아, 일본, 중국, 카자흐스탄, 카타르, 캄보디아, 쿠웨이트, 키르기스스탄, 타지키스탄, 태국, 투르크메니스탄, 파키스탄, 팔레스타인, 필리핀, 홍콩

4. 유럽체육회연합회(EOC)

유럽체육회연합회(EOC, European Olympic Committees)는 1968년에 설립됐다. 이탈리아 로마에 본부를 두고 있고(www.eurolympic.org), 50개의 회원국을 두고

있다.

> 조지아, 그리스, 네덜란드, 노르웨이, 덴마크, 독일, 라트비아, 러시아, 루마니아, 룩셈부르크, 리투아니아, 리히텐슈타인, 마케도니아, 모나코, 몬테네그로, 몰도바, 몰타, 벨기에, 벨라루스, 보스니아헤르체고비나, 불가리아, 산마리노, 세르비아, 스웨덴, 스위스, 스페인, 슬로바키아, 슬로베니아, 아르메니아, 아이슬란드, 아일랜드, 아제르바이잔, 안도라, 알바니아, 에스토니아, 영국, 오스트리아, 우크라이나, 이스라엘, 이탈리아, 체코 공화국, 코소보, 크로아티아, 사이프러스, 터키, 포르투갈, 폴란드, 프랑스, 핀란드, 헝가리

5. 아프리카체육회연합회(ANOCA)

아프리카체육회연합회(ANOCA, Association of National Olympic Committees of Africa)는 1981년에 설립됐다. 나이지리아 아부자에 본부를 두고 있고(www.africaolympic.org), 54개의 회원국을 두고 있다.

> 가나, 가봉, 감비아, 기니, 기니 비사우, 나미비아, 나이지리아, 남수단, 남아프리카 공화국, 니제르, 라이베리아, 레소토, 르완다, 리비아, 마다가스카르, 말라위, 말리, 모로코, 모리셔스, 모리타니아, 모잠비크, 베냉, 보츠와나, 부룬디, 부르키나파소, 상투메프린시페, 세네갈, 세이셸, 소말리아, 수단, 시에라이온, 알제리, 앙골라, 에리트레아, 에스와티니, 에티오피아, 우간다, 이집트, 잠비아, 적도 기니, 중앙아프리카공화국, 지부티, 짐바브웨, 차드, 카메룬, 카보베르데, 케냐, 코모로, 코트디부아르, 콩고, 콩고민주공화국, 탄자니아, 토고, 튀니지

SECTION
03

국제스포츠종목총연합회 (GAISF)

국제스포츠종목총연합회(GAISF, Global Association of International Sports Federations)는 1967년에 설립됐고, 스위스 로잔에 본부를 두고 있다(https://gaisf. sport). 현재 95개(2021년 기준)의 가맹 국제연맹을 보유하고 있다. 이들을 4개의 범주로 구분한다. 하계올림픽국제연맹연합회(28개), 동계올림픽국제연맹연합회(7개), IOC 인정국제연맹연합회(41개), 독립국제연맹연합회(19개)가 있다.

1. 하계올림픽국제연맹연합회(ASOIF)

하계올림픽국제연맹연합회(ASOIF, Association of Summer Olympic International Federations)은 1983년에 설립했다(www.asoif.com). 스위스 로잔에 본부를 두고 있고, 가맹 국제연맹의 수는 28개이다. 종목별로 살펴보면 다음 <표 6-1>과 같다.

☐ <표 6-1> 하계올림픽국제연맹연합회(ASOIF)

구분	국제연맹	아시아연맹	국내연맹
골프	[국제골프연맹] International Golf Association 스위스 로잔, 1958년 설립 146개 회원국 www.igfgolf.org	[아시아태평양골프연맹] Asia-Pacific Golf Association 호주 멜버른, 1963년 설립 45개 회원국 www.asiapacificgolf.org	[대한골프협회] Korea Golf Association 한국 파주시, 1965년 설립 1986년 대한체육회 가맹 www.kgagolf.or.kr

구분	국제연맹	아시아연맹	국내연맹
근대5종	[국제근대5종연맹] Union Internationale de Pentathlon Moderne 모나코, 1948년 설립 124개 회원국 www.uipmworld.org	[아시아근대5종연맹] Asian Modern Pentathlon Confederation 한국 서울, 1987년 설립 32개 회원국 www.uipmworld.org/asia	[대한근대5종연맹] Korea Modern Pentathlon Federation 한국 서울, 1982년 설립 1987년 대한체육회 가맹 www.pentathlon.or.kr
농구	[국제농구연맹] Fédération Internationale de Basketball 스위스 미스, 1932년 설립 213개 회원국 www.fiba.basketball	[아시아농구연맹] FIBA Asia 레바논 베이루트, 1960년 설립 44개 회원국 www.fiba.basketball/asia	[대한민국농구협회] Korea Basketball Association 한국 서울, 1925년 설립 1987년 대한체육회 가맹 www.koreabasketball.or.kr
럭비	[세계럭비연맹] World Rugby 아이랜드 더블린, 1886년 설립 120개 회원국 www.worldrugby.org	[아시아럭비연맹] Asia Rugby 홍콩, 1871년 설립 31개 회원국 www.asiarugby.com	[대한럭비협회] Korea Rugby Union 한국 서울, 1946년 설립 1953년 대한체육회 가맹 www.rugby.or.kr
레슬링	[세계레슬링연맹] United World Wrestling 스위스 코르시에쉬르보베, 1905년 설립 185년 회원국 www.uintedworldwrestling.org	[아시아레슬링연맹] UWW Asia 카자흐스탄 알마티, 1973년 설립 39개 회원국 www.uww.asia	[대한레슬링협회] Korea Wrestling Federation 한국 서울, 1946년 설립 1946년 대한체육회 가맹 www.kor-wrestling.or.kr
배구	[국제배구연맹] Fédération Internationale de Volleyball 스위스 로잔, 1947년 설립 222개 회원국 www.fivb.com	[아시아배구연맹] Asian Volleyball Confederation 태국 방콕, 1954년 설립 65개 회원국 www.asianvolleyball.org	[대한민국배구협회] Korea Volleyball Association 한국 서울, 1946년 설립 1946년 대한체육회 가맹 www.kva.or.kr

구분	국제연맹	아시아연맹	국내연맹
배드민턴	[세계배드민턴연맹] Badminton World Federation 말레이시아 쿠알라룸푸르, 1934년 설립 194개 회원국 www.bwfbadminton.com	[아시아배드민턴연맹] Badminton Asia 말레이시아 셀랑고르, 1959년 설립 43개 회원국 www.badmintonasia.org	[대한배드민턴협회] Badminton Korea Association 한국 서울, 1957년 설립 1962년 대한체육회 가맹 www.badmintonkorea.org
복싱	[국제복싱연맹] International Boxing Association 스위스 로잔, 1946년 설립 201개 회원국 www.aiba.org	[아시아복싱연맹] Asian Boxing Confederation 아랍에미리트 아부다비, 1962년 설립 www.asbcnews.org	[대한복싱협회] Boxing Association of Korea 한국 서울, 1932년 설립 1953년 대한체육회 가맹 http://boxing.sports.or.kr
사격	[국제사격연맹] International Shooting Sport Federation 독일 뮌헨, 1907년 설립 161개 회원국 www.issf-sports.org	[아시아사격연맹] Asian Shooting Confederation 쿠웨이트, 1966년 설립 44개 회원국 www.asia-shooting.org	[대한사격연맹] Korea Shooting Federation 한국 서울, 1955년 설립 1956년 대한체육회 가맹 www.shooting.or.kr
수영	[국제수영연맹] Fédération Internationale de Natation 스위스 로잔, 1908년 설립 209개 회원국 www.fina.org	[아시아수영연맹] Asia Swimming Federation 오만 무스카트, 1978년 설립 45개 회원국 –	[대한수영연맹] Korea Swimming Federation 한국 서울, 1929년 설립 1954년 대한체육회 가맹 www.korswim.co.kr
승마	[국제승마연맹] Fédération Equestre Internationale 스위스 로잔, 1921년 설립 137개 회원국 www.fei.org	[아시아승마연맹] Asian Equestrian Federation 카타르 도하, 1978년 설립 34개 회원국 www.asianef.org	[대한승마협회] Korea Equestrian Federation 한국 서울, 1945년 설립 1946년 대한체육회 가맹 http://kef.sports.or.kr

구분	국제연맹	아시아연맹	국내연맹
양궁	[세계양궁연맹] World Archery 스위스 로잔, 1931년 설립 165개 회원국 www.worldarchery.sport	[아시아양궁연맹] World Archery Asia 한국 서울, 1978년 설립 37개 회원국 www.asianarchery.com	[대한양궁협회] Korea Archery Association 한국 서울, 1922년 설립 1983년 대한체육회 가맹 www.archery.or.kr
역도	[국제역도연맹] International Weightlifting Federation 헝가리 부다페스트, 1905년 설립 193개 회원국 www.iwf.net	[아시아역도연맹] Asian Weightlifting Federation 카타르 도하, 1958년 설립 45개 회원국 www.awfederation.com	[대한역도연맹] Korea Weightlifting Association 한국 서울, 1936년 설립 1945년 대한체육회 가맹 www.weightlifting.or.kr
요트	[세계요트연맹] World Sailing 영국 런던, 1907년 설립 140개 설립 www.sailing.org	[아시아요트연맹] Asia Sailing Federation 싱가포르 1981년 설립 28개 회원국 www.asiansailing.org	[대한요트협회] Korea Sailing Federation 한국 서울, 1979년 설립 1979년 대한체육회 가맹 www.ksaf.org
유도	[국제유도연맹] International Judo Federation 헝가리 부다페스트, 1951년 설립 204개 회원국 www.ijf.org	[아시아유도연맹] Judo Union de Asia 쿠웨이트, 1956년 설립 42개 회원국 www.onlinejua.org	[대한유도회] Korea Judo Asssociation 한국 서울, 1945년 설립 1945년 대한체육회 가맹 http://judo.sports.or.kr
육상	[세계육상연맹] World Athletics 모나코, 1912년 설립 214개 회원국 www.worldathletics.org	[아시아육상연맹] Asian Athletics Association 태국 빠툼타니, 1973년 설립 45개 회원국 www.athleticsaia.org	[대한육상연맹] Korea Association of Athletics Federation 한국 서울, 1945년 설립 1945년 대한체육회 가맹 www.kaaf.or.kr

구분	국제연맹	아시아연맹	국내연맹
자전거	[국제자전거연맹] Union Cycliste Internationale 스위스 에이글, 1900년 설립 196개 회원국 www.uci.org	[아시아자전거연맹] Asian Cycling Confederation 아랍에미리트 두바이/ 인도 뉴델리, 1962년 설립 43개 회원국 www.accaisa.org	[대한자전거연맹] Korea Cycling Federation 한국 서울, 1946년 설립 1946년 대한체육회 가맹 www.cycling.or.kr
조정	[세계조정연맹] World Rowing 스위스 로잔, 1892년 설립 153개 회원국 www.worldrowing.com	[아시아조정연맹] Asia Rowing 태국 방콕, 1982년 설립 36개 회원국 www.arfrowing.com	[대한조정협회] Korean Rowing Association 한국 서울, 1962년 설립 1963년 대한체육회 가맹 http://rowing.sports.o r.kr
철인3종	[국제철인3종연맹] International Triathlon Union 스위스 로잔, 1989년 설립 172개 회원국 www.triathlon.org	[아시아철인3종연맹] Asian Triathlon Confederation 한국 서울, 1991년 설립 35개 회원국 https://astc.triathlon.org	[대한철인3종협회] Korea Triathlon Federation 한국 서울, 1987년 설립 1997년 대한체육회 가맹 www.triathlon.or.kr
체조	[국제체조연맹] Fédération Internationale de Gymnastique 스위스 로잔, 1881년 설립 152개 회원국 www.gymnastics.sport	[아시아체조연맹] Asian Gymnastics Union 카타르 도하, 1982년 설립 38개 회원국 www.agu-gymnastics .com	[대한체조협회] Korea Gymnastics Association 한국 서울, 1945년 설립 1945년 대한체육회 가맹 www.gymnastics.or.kr
축구	[국제축구연맹] Fédération Internationale de Football Association 스위스 취리히, 1904년 설립 211개 회원국 www.fifa.com	[아시아축구연맹] Asian Football Confederation 말레이시아 쿠알라룸푸르, 1954년 설립 47개 회원국 www.the-afc.com	[대한축구협회] Korea Football Association 한국 서울, 1933년 설립 1945년 대한체육회 가맹 www.kfa.or.kr

구분	국제연맹	아시아연맹	국내연맹
카누	[국제카누연맹] International Canoe Federation 스위스 로잔, 1946년 설립 167개 회원국 www.canoeicf.com	[아시아카누연맹] Asian Canoe Confederation 이란 테헤란, 1985년 설립 37개 회원국 www.canoeacc.com	[대한카누연맹] Korea Canoe Federation 한국 서울, 1983년 설립 1985년 대한체육회 가맹 www.canoe.or.kr
탁구	[국제탁구연맹] International Table Tennis Federation 스위스 로잔, 1926년 설립 226개 회원국 www.ittf.com	[아시아탁구연맹] Asian Table Tennis Union 중국 베이징, 1972년 설립 45개 회원국 www.attu.org	[대한탁구협회] Korea Table Tennis Association 한국 서울, 1945년 설립 1945년 대한체육회 가맹 http://koreatta.sports.or.kr/servlets/org/Main
태권도	[세계태권도연맹] World Taekondo 한국 서울, 1973년 설립 210개 회원국 www.worldtaekwondo.org	[아시아태권도연맹] World Taekwondo Asia 한국 성남, 1978년 설립 43개 회원국 www.wtasia.org	[대한태권도협회] Korea Taekwondo Association 한국 서울, 1961년 설립 1963년 대한체육회 가맹 www.koreataekwondo.co.kr
테니스	[국제테니스연맹] International Tennis Federation 영국 런던, 1924년 설립 210개 회원국 www.itftennis.com	[아시아테니스연맹] Asian Tennis Federation 인도 뉴델리, 1958년 설립 45개 회원국 www.asiantennis.com	[대한테니스협회] Korea Tennis Association 한국 서울, 1945년 설립 1945년 대한체육회 가맹 www.kortennis.co.kr
펜싱	[국제펜싱연맹] Fédération Internationale d'Escrime 스위스 로잔, 1913년 설립 153개 회원국 www.fie.org	[아시아펜싱연맹] Fencing Confederation of Asia 필리핀 파시그, 1972년 설립 39개 회원국 www.asianfencing.com	[대한펜싱협회] Korean Fencing Federation 한국 서울, 1947년 설립 1961년 대한체육회 가맹 http://fencing.sports.or.kr

구분	국제연맹	아시아연맹	국내연맹
하키	[국제하키연맹] Fédération Internationale de Hockey 스위스 로잔, 1924년 설립 137개 회원국 www.fih.ch	[아시아하키연맹] Asian Hockey Federation 말레이시아 쿠알라룸푸르, 1958년 설립 31개 회원국 www.asiahockey.org	[대한하키협회] Korea Hockey Association 한국 서울, 1947년 설립 1947년 대한체육회 가맹 www.koreahockey.co. kr
핸드볼	[국제핸드볼연맹] International Handball Federation 스위스 바젤, 1946년 설립 209개 회원국 www.ihf.info	[아시아핸드볼연맹] Asian Handball Federation 쿠웨이트, 1974년 설립 44개 회원국 www.asianhandball.org	[대한핸드볼협회] Korea Handball Federation 서울 한국, 1945년 설립 1945년 대한체육회 가맹 www.handballkorea.com

출처: 오준혁(2021). 스포츠거버넌스. 박영사, p.55 ~ 82(요약); 한국산업인력공단(2018). NCS 스포츠경기지원-스포츠국제교류.

2. 동계올림픽국제연맹연합회(AIOWF)

동계올림픽국제연맹연합회(AIOWF, Association of International Olympic Winter Sports Federations)은 1976년에 설립했다. 스위스 베른에 본부를 두고 있고, 가맹 국제연맹의 수는 7개이다. 종목별로 살펴보면 다음 <표 6-2>와 같다.

□ <표 6-2> 동계올림픽국제연맹연합회(AIOWF)

구분	국제연맹	국내연맹
루지	[국제루지연맹] Fédération Internationale de Luge de Course 독일 베르히테스가덴, 1957년 설립 52개 회원국 www.fil-luge.org	[대한루지경기연맹] Korea Luge Federation 한국 서울, 1989년 설립 1993년 대한체육회 가맹 http://luge.sports.or.kr

구분	국제연맹	국내연맹
바이애슬론	[국제바이애슬론연맹] International Biathlon Union 오스트리아 잘츠부르크, 1993년 설립 59개 회원국 www.biathlonworld.com	[대한바이애슬론연맹] Korea Biathlon Union 한국 서울, 1982년 설립 2000년 대한체육회 가맹 www.korbia.or.kr
봅슬레이 · 스켈레톤	[국제봅슬레이스켈레톤경기연맹] International Bobsleigh and Skeleton Federation 스위스 로잔, 1923년 설립 74개 회원국 www.ibsf.org	[대한봅슬레이스켈레톤경기연맹] Korea Bobsleigh & Skeleton Federation 한국 서울, 1985년 설립 1993년 대한체육회 가맹 www.kbsf.or.kr
빙상	[국제빙상경기연맹] International Skating Union 스위스 로잔, 1892년 설립 77개 회원국 www.isu.org	[대한빙상경기연맹] Korea Skating Union 한국 서울, 1945년 설립 1945년 대한체육회 가맹 www.skating.or.kr
스키	[국제스키연맹] Fédération Internationale de Ski 스위스 베른, 1924년 설립 133개 회원국 www.fis-ski.com [아시아스키연맹] Asian Ski Federation 일본 도쿄, 1990년 설립 17개 회원국 www.asf-ski.org	[대한스키협회] Korea Ski Association 한국 서울, 1932년 설립 1953년 대한체육회 가맹 http://ski.sports.or.kr
아이스하키	[국제아이스하키연맹] International Ice Hockey Federation 스위스 취리히, 1908년 설립 81개 회원국 www.iihf.com	[대한아이스하키협회] Korea Ice Hockey Association 한국 서울, 1930년 설립 1947년 대한체육회 가맹 www.kiha.or.kr

구분	국제연맹	국내연맹
컬링	[세계컬링연맹] World Curling Federation 영국 퍼스, 1966년 설립 64개 회원국 www.worldcurling.org	[대한컬링경기연맹] Korea Curling Federation 한국 서울, 1994년 설립 1996년 대한체육회 가맹 www.koreacurling.or.kr

출처: 오준혁(2021). 스포츠거버넌스. 박영사, p.84 ~ 90(요약); 한국산업인력공단(2018). NCS 스포츠경기지원-스포츠국제교류.

3. IOC 인정국제연맹연합회(ARISF)

IOC 인정국제연맹연합회(ARISF, Association of IOC Recognised International Sports Federations)은 1984년에 설립했고(www.arisf.sport), 스위스 로잔에 본부를 두고 있다. 가맹 국제연맹의 수는 41개이다.

넷볼, 당구, 댄스스포츠, 라켓볼, 라크로스, 롤러스포츠, 모터사이클, 무에타이, 미식축구, 반디, 볼링, 불스포츠, 브리지, 산악, 삼보, 서핑, 수상스키·웨이크스포츠, 수중·핀수영, 스모, 스쿼시, 스키산악, 아이스스톡, 암벽등반, 야구·소프트볼, 오리엔티어링, 우슈, 인명구조, 자동차, 줄다리기, 체스, 치어리딩, 카라테, 코프볼, 크리켓, 킥복싱, 파워보트, 펠로타바스카, 폴로, 플라잉디스크, 플로어볼, 항공스포츠

---

4. 독립국제연맹연합회(AIMS)

독립국제연맹연합회(AIMS, Alliance of Independent Recognised Members of Sport)은 2009년에 설립했고(www.aimsisf.org), 스위스 로잔에 본부를 두고 있다. 가맹 국제연맹의 수는 18개이다.

검도, 다트, 독스포츠, 드래곤보트, 드래프츠, 미니골프, 바둑, 보디빌딩, 사바테, 세팍타
크로, 소프트테니스, 스포츠피싱, 아이키도, 주짓수, 캐스팅, 테크볼, 파워리프팅, 팔씨름,
피스트볼

여기서 잠깐
국제대학스포츠연맹(FISU: International University Sports Federation)

① 1949년에 창설, 국제 대학스포츠를 통괄하고 동계, 하계(2년제) 유니버시아드를
   주최함
② 대학스포츠의 전반적 수준향상, 대학생들의 도덕성 함양 및 신체단련, 각국 대학생
   들 간의 긴밀한 교류 및 국제 대학스포츠의 단결을 위한 협력도모를 위함
③ 역사적 배경
   • 1905년 미국에서 국립대학선수연합(NCAA, National Collegiate Athletic
     Association)이 조직됨
   • 다른 연합도 헝가리, 폴란드, 독일, 스웨덴, 노르웨이에서 탄생했으나, 제1차 세
     계대전 중 1919년 프랑스에서 국제학생연맹(CIE, International Cofederation
     of Students)이 생길 때까지 중단됨
   • 1923년 세계 대학선수권 대회(WUC, World University Championships)가
     조직됐고, 프랑스 파리에서 제1회 대회가 열렸으나, 1939년 제10회 빈대회로 마
     감함
   • 제2차 세계대전 후 학생경기대회를 다시 개최하고자 했음. 이러한 배경으로
     1946년에 국제학생연합(ISU, International Students Union)이 조직됨. 하지
     만 ISU의 정치적 성향으로 이에 반대해 1949년 9월에 국제대학스포츠연맹
     (FISU)이 창립됨

선진국 체육 · 스포츠 조직

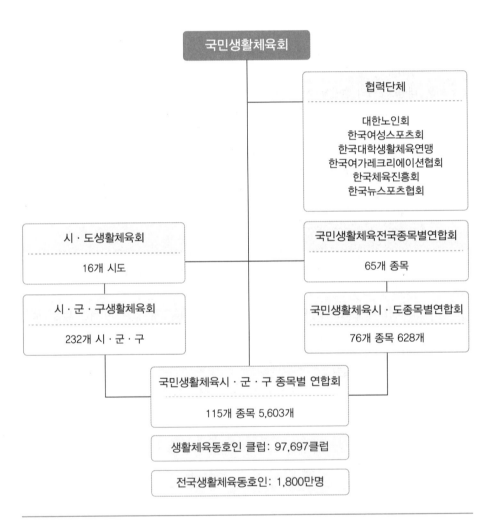

◎ 〈그림 6-4〉 국민생활체육회

출처: 통합 전, 2014

앞서 설명한 바와 같이 국내의 체육·스포츠 조직은 우여곡절 끝에 엘리트 체육과 생활체육이 통합됐다. 1991년 2월에 사단법인 설립허가를 받은 '국민생활체육협의회'가 같은 해 7월 재단법인 세계한민족체전위원회와 통합되면서 성장했다. 이후 2009년 6월에는 <그림 6-4>와 같이 '국민생활체육회'로 명칭이 변경되면서 명실상부한 생활체육 영역의 공익 기관으로 발전했다. 이후 2016년 3월 국민생활체육회와 대한체육회가 통합되면서 현재의 대한체육회가 됐다.

주요 선진국의 엘리트와 생활체육의 조직 운영을 살펴보면 다음 <표 6-3>과 같다. 서구 선진사회의 대표적인 미국과 영국은 종목 단체를 통합 운영하면서도 엘리트와 생활체육·스포츠 정책을 분리 운영하고 있다. 반면 독일, 프랑스의 유럽사회와 호주, 일본의 아시아권의 주요 선진국에서는 우리나라와 마찬가지로 통합 운영되고 있다.

□ <표 6-3> 선진국의 엘리트/생활체육 · 스포츠 조직

국가	내용	엘리트 · 생활체육	종목 단체
미국	• 1960년대 초에 전미대학경기협회(NCAA)와 아마추어경기연맹(AAU) 간에 아마추어 스포츠의 주도권 분쟁 • 1975년 대통령올림픽스포츠위원회(PCOS) 설립을 통해 정부 개입하면서 관계 정리 • 1978년 아마추어스포츠법(Amateur Sports Act) 제정을 통해 미국올림픽위원회(USOC)의 위상과 권한 확립 • 체육행정조직 구분은 연방정부 차원과 민간 차원으로 구분함. 단, 연방정부에서도 실질적 의무와 책임이 있는 체육행정기관이 없음 • 반면, 민간차원에서는 미국올림픽위원회(USOC), 전미대학경기협회(NCAA), 아마추어경기연맹(AUU)이 대표적임 • 생활체육진흥은 아마추어경기연맹(AUU)이 담당하고, 민간체육단체는 공공자금에 의존하지 않고, 자체 마케팅을 통해 자립적인 재정구조를 갖고 있음	분리	통합

국가	내용	엘리트 · 생활체육	종목 단체
영국	• 대표적인 기관은 UK Sports, Sport England, 영국스포츠레크리에이션협회(SRA), Youth for Trust(청소년을 위한 스포츠)로 운영됨 • UK Sports는 왕실헌장에 의해 1997년에 설립, 올림픽 참여 지원, 경기력 향상 프로그램 등 엘리트 체육 육성 • Sport England는 생활체육 진흥 목적, 중등학교의 지역스포츠클럽 연계, 장애인 체육과 소외계층 청소년 대상의 체육 프로그램 보급	분리	통합
독일	• 19세기 학교체육으로 시작한 독일의 사회전반에 체육활동이 활발 • 1883년 지역별 지역체육연맹 창설, 1891년 독일스포츠진흥 중앙위원회가 결성되면서 대중경기 보급 확산 • 1895년 아테네올림픽 참가를 위해 국가올림픽위원회 설립 • 제2차 세계대전 이전에는 노동자 체조스포츠동맹, 독일제국체육위원회로 구성됨(정치적, 이념적) • 1950년 독일체육회 창설됨으로써 공공의 목적을 추구하는 정치적 중립 단체 역할(학교체육, 생활체육, 엘리트 체육 지원, 스포츠 과학 진흥) • 스포츠 제2의 길(1959), 황금계획(1961), 트림 캠페인(Trimming 130, 1970) 등 다양한 생활체육 운동 전개 • 2006년 독일스포츠협회(DSB), 독일올림픽위원회(NOK)가 통합하여 독일올림픽스포츠위원회(DOSB)로 기구통합을 실현함(98개 단체, 2,800만 명 회원, 9만 1,000개 이상의 스포츠클럽 운영)	통합	통합
프랑스	• 스포츠부(Le Ministère des Sports)는 엘리트체육의 진흥을 목적 • 프랑스국립올림픽위원회 및 스포츠위원회(CNOSF)는 모든 종목의 스포츠 연맹(fédérations sportive)을 구성됨[107개 단체, 1,800만 명 회원, 18만 개 스포츠 협회(associations sportive)로 구성] • 생활체육과 전문체육이 발전할 수 있는 구조형태를 갖춤	통합	통합

국가	내용	엘리트 · 생활체육	종목 단체
호주	• 1989년 호주스포츠위원회(ASC)는 호주체육연구원(AIS, 1981년 설립)와 통합되면서 대표적인 체육운영기관으로 탄생함 • 오지 스포츠 프로그램(Aussie Sports Program, 1986)를 통해 학교와 클럽에 속해 있는 아동들의 스포츠 참여 확대, 양성평등을 추구하기 위해 3M(Marketing, Management, Media) 캠페인을 통해 여성들에게 스포츠 참여 권장함	통합	통합
일본	• 1911년 일본체육협회 설립, 1920년 종목별 경기단체 결성, 1942년 일본체육회로 명칭 변경, 1945년 일본체육협회(JASA)로 변경하여 순수 민간단체 형태로 운영 • 1989년 일본올림픽위원회(JOC)는 일본체육협회(JASA)로부터 독립하여 특수공인법인 자격을 갖춤 • 민간주도형 시스템 정착을 위한 일환으로 지역의 체육단체를 종합형 지역스포츠클럽 형태로 설립 운영함	통합	통합

*미국: NCAA(National Collegiate Athletic Association), AUU(Amateur Athletic Union), PCOS(President's Commission on Olympic Sports), USOC(United States Olympic Committee),

*영국: SRA(Sports and Recreation Alliance)

*독일: DSB(Deutscher Sportbund), NOK(Nationales Olympisches Komitee für Deutschland), DOSB(Deutscher Olympischer Sport Bund)

*프랑스: CNOSF(Le Comité National Olympique et Sportif Français)

*호주: ASC(Australian Sports Commission), AIS(Australian Institute of Sports)

*일본: JASA(Japan Amateur Sports Association), JOC(Japan Olympic Committee)

※ 출처: 신재득 외(2021). 한국의 통합체육정책에 따른 지방체육정책의 변동요인. 박영사, p.40 ~ 51(요약); 문화체육관광부(2019c). 국제스포츠행사 개최 지원방식 개선을 위한 선진사례 연구, p.24 ~ 29(요약).

체육·스포츠
행정의 이론과 실제

CHAPTER

07

체육 · 스포츠
시설관리조직

체육시설의 개념

체육시설은 체육활동의 주체인 인간이 그 활동을 하게 되는 객체 또는 터전으로 운동 활동을 통하여 건강과 즐거움을 추구하는 공간이다. 이러한 공간은 각종 스포츠 프로그램을 효율적으로 운영하기 위한 필수요건이며, 구성원들로 하여금 스포츠를 생활화하도록 하는 동기유발의 기능을 담당하기도 한다. 체육시설을 통해 인간은 건강과 체력을 증진하고, 다양한 욕구를 충족하게 되는데 이러한 것은 인간의 사회적·경제적 활동에 크게 기여하고 때론 산업적 부가가치도 생산하여 중요한 사회간접자본(SOC)이자 경제적 생산 요소로의 가치를 지니고 있다.

체육시설은 학문적으로 매우 다양하게 정의되고 있다. 포괄적으로는 '운동에 필요한 물적인 여러 가지 조건을 인공적으로 정비한 시설과 용기구 및 용품을 포함한 조형물'로 정의함으로써 운동장소로서의 공간적 개념뿐 아니라 용기구와 용품을 포함한 조형물까지로 그 의미를 확장하고 있다. 반면, 협의의 개념으로는 '운동학습을 위한 각종의 장소'로 규정함으로써 체육시설의 공간적 개념을 좀 더 부각시키고 있다. 그러나 체육시설은 '효과적이며, 보다 쾌활하고, 적합하며, 안전한 운동 활동을 전제로 설치·관리되는, 일정한 공간적 범위를 가지는 물적 환경'으로 정의하는 것이 보다 보편적인 것으로 보인다.

「체육시설의 설치·이용에 관한 법률」 제2조(정의)에 따르면 체육시설을 '체육활동에 지속적으로 이용되는 시설과 그 부대시설'로 정의하고 있다. 또한 「국민체육진흥법」 제2조(정의)에 따르면 체육은 '운동경기·야외운동 등 신체활동을 통하여 건전한 신체와 정신을 기르고 여가를 선용하는 것'으로 규정하고 있다. 따라서 체육시설의 법적 개념은 '건전한 신체·정신 함양과 여가 선용을 목적으로 운동경기·야외운동 등의 신체활동에 지속적으로 이용되는 시설과 그 부대시설'로 정의할 수 있다.

여기서 잠깐

스포츠 시설의 정의

① 공간적 개념으로의 구분
- 광의의 스포츠 시설: 스포츠에 관련된 모든 시설, 인공적 시설, 스포츠에 필요한 용품 등을 포함한 개념의 공간
- 협의의 스포츠 시설: 스포츠를 할 수 있는 공간

② 「체육시설의 설치 · 이용에 관한 법률」상의 구분
- 체육활동에 지속적으로 이용되는 시설: 종목별로 사용 가능한 시설
- 부대시설: 스포츠 시설의 기능을 원활하게 운영될 수 있도록 도와주는 시설(기계실, 냉 · 냉방 장치 등)
- 부속시설: 스포츠 활동에 편리를 제공하는 시설(사물함, 파우더룸 등)
- 관계적 스포츠 시설: 운동 이외의 사용목적을 가지고 만들어진 시설(공원, 하천부지, 유희도로 등에 설치된 시설)

③ 관점에 따른 스포츠 시설
- 사회적 관점: 스포츠 활동의 터전, 건강과 즐거움을 추구하는 공간
- 기능적 관점: 스포츠 활동을 위해 설립된 실내외 장소
- 경제적 관점: 스포츠 활동을 가능하게 하는 생산적 수단
- 법률적 관점: 스포츠 활동에 이용되는 시설 및 부대시설

※ 출처: 윤태훈 외(2015). 스포츠 시설 경영론. 대한미디어, p.2.

체육시설의 종류

「체육시설의 설치·이용에 관한 법률」제3조(체육시설의 종류) 및 동법시행령에 따르면 체육시설을 운동종목 및 시설형태에 따라 구분하고 있으며, 골프장, 골프연습장, 궁도장, 게이트볼장 등 45개의 운동 종목을 위한 운동장, 체육관, 종합체육시설, 가상체험 체육시설 등 4개의 체육시설로 규정하고 있다. 이 밖에 국내 또는 국제적으로 행하여지는 운동종목의 시설로서 문화체육관광부장관이 정하는 것을 체육시설에 포함시킴으로써 뉴스포츠시설을 체육시설로 규정할 수 있는 가능성을 열어 놓고 있다.

설치주체나 운영주체에 따라 공공체육시설과 민간체육시설(영리를 목적으로 하는 체육시설업)로 구분하기도 한다. 1994년 「체육시설의 설치·이용에 관한 법률」이 개정되면서 공공체육시설이라는 용어가 법령에 공식적으로 사용되게 됐다. 동법 제2장(공공체육시설)에 따르면 전문체육시설, 생활체육시설, 직장체육시설 등 세 가지로 구분하고 있다. 전문체육시설과 생활체육시설의 구분은 그 체육시설이 주로 어떠한 용도로 사용하느냐에 따른 분류로서 이용자나 이용목적에 따라 전문체육시설이 생활체육시설로 사용될 수 있다.

□ <표 7-1> 운동종목별 · 시설형태별 체육시설의 종류

구분	체육시설의 종류
운동종목	골프장, 골프연습장, 궁도장, 게이트볼장, 농구장, 당구장, 라켓볼장, 럭비풋볼장, 롤러스케이트장, 배구장, 배드민턴장, 벨로드롬, 볼링장, 봅슬레이장, 빙상장, 사격장, 세팍타크로장, 수상스키장, 수영장, 무도학원, 무도장, 스쿼시장, 스키장, 승마장, 썰매장, 씨름장, 아이스하키장, 야구장, 양궁장, 역도장, 에어로빅장, 요트장, 육상장, 자동차경주장, 조정장, 체력단련장, 체육도장, 체조장, 축구장, 카누장, 탁구장, 테니스장, 펜싱장, 하키

구분	체육시설의 종류
	장, 핸드볼장, 기타 국내 또는 국제적으로 행하여지는 운동종목의 시설로서 문화체육관광부장관이 정하는 것
시설형태	운동장, 체육관, 종합체육시설, 가상체험 체육시설

출처 : 체육시설의 설치·이용에 관한 법률 시행령

1. 공공체육시설

생활수준의 향상과 여가시간의 증대로 국민들의 체육에 대한 관심이 증가함에 따라 공공체육시설을 포함한 체육시설의 수와 규모도 지속적으로 늘어나고 있다. 그러나 공공체육시설의 수와 규모가 늘고 있는 만큼 이들 시설들이 국민의 체육수요를 충족시키고 설치목적에 충실하게 효율적으로 운영·관리되고 있는지에 대해서는 검토가 요구되고 있다.

각 시도는 체육시설을 직접 관리하던 체육시설사업소를 점차 증가되고 있는 체육시설을 효과적으로 관리하기 위하여 「지방공기업법」 제4장(지방공단) 제76조(설립·운영)와 각 시도별 「시설관리 공단 설치 및 운영에 관한 조례」에 근거하여 설립된 시설관리공단에 위탁·관리하고 있다. 2019년 기준으로 전국 17개 시·도별 공공체육시설 현황은 다음 <표 7-2>를 보면 총 2만 8,068개로 집계됐다(2020.5.26.개시).

(단위: 개소)

종목 \ 시·도	서울	부산	대구	인천	광주	대전	울산	세종	경기	강원	충북	충남	전북	전남	경북	경남	제주	합계
육상경기장	3	3	5	4	2	3	5		45	34	17	15	18	27	30	30	14	241
축구장	73	34	29	28	22	13	26	7	243	67	34	23	100	77	66	156	21	998
하키장	1	1	1						3	2	1	2		2		1		16
야구장	17	11	14	6	6	2	4	4	74	24	12	13	21	24	29	30	4	299
사이클경기장	1	1	1	1	1	1	1		1	1	1			1		1		11
테니스장	62	33	26	34	19	9	11	7	185	73	32	32	59	50	57	101	7	790
씨름장		1	2	1	1	1	1		15	3	3	1	7	11	10	8	1	65
간이운동장(마을체육시설)	2,472	1,160	656	911	787	408	196	47	3,257	1,650	1,766	1,112	708	1,951	2,510	1,873	383	21,464
체육관(계)	139	32	25	32	21	20	16	15	262	79	39	59	68	69	71	92	27	1,039
체육관 구기체육관	37	4	3	4	3	6	6	3	139	34	14	38	25	37	27	46	18	426
체육관 특기체육관	3	2	4	3	1				6	9	3		2	5	4	3	1	45
체육관 생활체육관	99	26	18	25	17	14	10	12	117	36	22	21	41	27	40	43	8	568

종목	서울	부산	대구	인천	광주	대전	울산	세종	경기	강원	충북	충남	전북	전남	경북	경남	제주	합계
전천후게이트볼장	13	20	3	48	10	15	17	13	344	214	103	211	142	198	56	159	28	1,566
수영장	91	25	16	20	10	18	6	6	100	17	14	8	17	23	25	26	2	426
롤러스케이트장	16	15	4	5	2	2	10		42	11	8	5	6	9	12	18	2	163
사격장	1	1	1	1	2		1		1	6	3	2	1	1	4	4		26
국궁장	8	3	3	7	3	5	4	3	54	33	13	21	15	35	17	44	5	268
양궁장	1	1	2	2	2	1	1		5	3	3		2	1	1			25
승마장	1	2	3		1	1			1	3		1	3	1	3			20
골프연습장	35	8		4	2				7	8	3		3	4	4	5	1	83
조정카누장	1	1							2	1	4	1		2		1		11
요트장		1	1	1	1	1			1	2	1	1	1	2	7			17
빙상장	3	2	1	1					8	7		1	1		1	3		30
설상경기장										4						1		4
기타경기장	31	47	21	17	13	6	5	5	156	78	23	15	9	34	35	21	15	516
합계	2,967	1,402	813	1,124	902	506	297	113	4,806	2,320	2,080	1,522	1,182	2,522	2,932	2,580	510	28,068

출처: 문화체육관광부(2020a). 2019 체육백서, p.504~505.

1) 전문체육시설

전문체육시설은 「체육시설의 설치·이용에 관한 법률」 제5조(전문체육시설)에 따르면 국내·외 경기대회의 개최와 선수훈련 등에 필요한 운동장이나 체육관 등의 체육시설을 말하며, 국가와 지방자치단체의 설치 의무를 규정하고 있다. 이에 따라 특별시, 광역시 및 도에는 국제경기대회 및 전국규모의 종합경기대회를 개최할 수 있는 체육시설을, 시·군에는 시·군 규모의 종합경기대회를 개최할 수 있는 체육시설을 설치토록 하고 있다.

2) 생활체육시설

위의 동법 제6조(생활체육시설)에서는 생활체육시설을 국민이 거주지와 가까운 곳에서 쉽게 이용할 수 있는 체육시설로 규정하고 있으며 국가와 지방자치단체로 하여금 시·군·구에는 지역주민이 고루 이용할 수 있는 실내·외 체육시설, 읍·면·동에는 지역주민이 고루 이용할 수 있는 실외체육시설을 설치·운영하도록 하고 있다. 동법 시행령 제4조(생활체육시설의 설치·운영)와 시행규칙 제3조(생활체육시설의 설치기준)에 따르면 다음과 같이 명시됐다.

---

1. 특별자치시·특별자치도·시·군·구
체육관, 수영장, 볼링장, 체력단련장, 테니스장, 에어로빅장, 탁구장, 골프연습장, 게이트볼장 등의 실내·외 체육시설 중 지역주민의 선호도·입지여건 등을 고려하여 설치
2. 읍·면·동
테니스장, 배드민턴장, 운동장, 골프연습장, 게이트볼장, 롤러스케이트장, 체력단련장 등의 실외체육시설 중 지역주민의 선호도·입지여건 등을 고려하여 설치

---

3) 직장체육시설

위의 동법 제7조(직장체육시설)에 따르면 직장체육시설은 직장의 장이 직장인의 체육활동을 위하여 설치하는 체육시설이다. 상시 근무하는 직장인이 500인

이상인 직장에는 두 종류 이상의 체육시설을 설치하도록 돼 있다. 동법 시행규칙(직장체육시설의 설치기준)에서 제시된 '문화체육관광부령으로 정하는 직장'은 다음과 같다.

---

1. 「초·중등교육법」 및 「고등교육법」에 따른 학교
2. 체육시설의 설치·운영을 주된 업무로 하는 직장
3. 다음 각 목의 어느 하나에 해당하는 직장
   가. 인구과밀지역인 도심지에 위치하여 직장체육시설의 부지를 확보하기 어려운 직장
   나. 가까운 직장체육시설이나 그 밖의 체육시설을 항상 사용할 수 있는 직장
   다. 그 밖에 시·도지사가 직장체육시설을 설치할 수 없는 부득이한 사유가 있다고 인정하는 직장

☐ <표 7-3> 공공체육시설 기준

전문체육시설	(법 제5조) 국가와 지방자치단체는 국내·외 경기대회의 개최와 선수 훈련 등에 필요한 운동장이나 체육관 등 체육시설을 대통령령으로 정하는 바에 따라 설치·운영하여야 한다. (시행령 제3조) 국가와 지방자치단체가 설치·운영하여야 하는 전문체육시설은 다음 각 호와 같다. 1. 시·도: 국제경기대회 및 전국 규모의 종합경기대회를 개최할 수 있는 체육시설 2. 시·군: 시·군 규모의 종합경기대회를 개최할 수 있는 체육시설

※ 특별시·광역시·도 및 특별자치도 설치기준

종합운동장	대한육상경기연맹의 시설관계공인규정에 따른 1종 공인경기장
체육관	바닥면적이 1,056제곱미터(길이 44미터, 폭 24미터) 이상이고, 바닥에서 천장까지의 높이가 12.5미터 이상인 관람석을 갖춘 체육관
수영장	대한수영연맹의 시설관계공인규정에 따른 1급 공인수영장

※ 시·군 설치기준

적용기준		혼합형	소도시형	중도시형
적용기준		군지역 또는 인구 10만 명 미만인 시	인구 10~15만 명인 시	인구 15만 명 이상인 시
관람석수	운동장	5,000석	10,000석	15,000석
	체육관	500석	1,000석	1,420석
	수영장	–	–	300석

생활체육시설	(법 제6조) ① 국가와 지방자치단체는 국민이 거주지와 가까운 곳에서 쉽게 이용할 수 있는 생활체육시설을 대통령령으로 정하는 바에 따라 설치·운영하여야 한다. ② 생활체육시설을 운영하는 국가와 지방자치단체는 장애인이 생활체육시설을 쉽게 이용할 수 있도록 시설이나 기구를 마련하는 등의 필요한 시책을 강구하여야 한다. (시행령 제4조) 법 제6조에 따라 국가와 지방자치단체가 설치·운영하여야 하는 생활체육시설은 다음 각 호와 같다. 　1. 시·군·구: 지역 주민이 고루 이용할 수 있는 실내·외 체육시설 　2. 읍·면·동: 지역 주민이 고루 이용할 수 있는 실외체육시설
직장체육시설	(법제 7조) 직장의 장은 직장인의 체육 활동에 필요한 체육시설을 설치·운영하여야 한다. (시행령 제5조) 법 제7조 제1항에 따라 직장체육시설을 설치·운영하여야 하는 직장은 상시 근무하는 직장인이 500명 이상인 직장으로 한다. ※ 설치기준: 체육시설의 종류 중 두 종류 이상의 체육시설

여기서 잠깐

공공체육시설 사업

① 국민체육센터
- 1997년부터 추진된 국민체육센터는 2019년까지 30년 동안 총 404개소를 지원함(문화체육관광부, 2020d).
- 전국 시·군·구 지자체에 수영장을 기본으로 하는 기본형, 체육관형, 복합형, 생활밀착형의 공공체육 인프라를 확충하고 있음
- 지역주민의 건강 및 체육복지 기반을 마련하는 서민형 공공체육시설로서 국민체육진흥공단에서 예산(30억 내외)을 지원하고 있음
- 헬스장, 사우나실, 체력측정실, 다목적실 등 다양한 시설로 구성돼 있음

② 개방형 다목적 학교체육관
- 2010년부터 추진된 개방형 다목적 학교체육관은 2019년까지 총 248개를 지원함(문화체육관광부, 2020d).
- 초·중·고 학교부지에 실내체육관을 건립, 학생과 지역주민이 함께 활용할 수 있는 주민 체육공간을 확충하고 있음
- 국민체육복지 향상을 위해 국민체육진흥공단에서 예산(4~9억 원)을 지원하고 있음

2. 등록체육시설업과 신고체육시설업

민간체육시설은 체육단체, 사회복지단체, 종교단체, 민간단체 또는 개인이 영리목적이 아닌 일반인의 체육활동 또는 그 기관의 고유목적을 위하여 설치·운영하는 모든 비영리 체육시설과 개인·영리단체 또는 기업에서 영리목적으로 설치·운영하는 모든 상업용 체육시설로 정의할 수 있다. 2019년 기준 전국 광역자치단체의 등록 및 신고체육시설업 현황을 살펴보면 다음 <표 7-4>와 같다.

□ <표 7-4> 전국 등록 및 신고체육시설업 현황

(단위: 개소)

구분	시·도 종목	서울	부산	대구	인천	광주	대전	울산	세종	경기
등록 시설	골프장	–	10	2	10	4	3	4	2	149
	스키장	–	–	–	–	–	–	–	–	5
	자동차경주장	–	–	–	1	–	–	–	–	1
	소계	0	10	2	11	4	3	4	2	155

구분	시·도 종목	강원	충북	충남	전북	전남	경북	경남	제주	합계
등록 시설	골프장	60	36	14	25	41	47	39	41	487
	스키장	10	1	–	1	–	–	1	–	18
	자동차경주장	4	–	–	–	–	–	–	–	6
	소계	74	37	14	26	41	47	40	41	511

구분	시·도 종목	강원	충북	충남	전북	전남	경북	경남	제주	합계
신고 시설	요트장	-	-	1	-	1	2	9	4	18
	카누장	-	-	-	-	-	-	3	-	3
	빙상장	2	2	5	-	1	3	-	-	35
	승마장	4	7	6	13	9	21	15	26	164
	종합체육시설	6	8	4	4	5	15	13	3	282
	수영장	46	16	36	26	40	37	32	27	782
	체육도장	384	384	467	523	515	797	832	62	13,988
	골프연습장	368	381	226	400	363	691	695	154	10,335
	체력단련장	235	260	273	270	269	447	512	122	9,046
	당구장	844	663	750	913	1,131	1,167	1,124	307	20,724
	썰매장	26	19	7	7	8	11	8	1	128
	무도장	1	7	8	1	8	4	3	1	72
	무도학원	15	15	19	31	31	59	58	49	756
	소계	1,931	1,762	1,802	2,188	2,381	3,254	3,304	756	56,333
합계		2,005	1,799	1,816	2,214	2,422	3,301	3,344	797	56,844

출처: 문화체육관광부(2020). 2019 체육백서, p.505~506.

위의 동법 제2조(정의)에 따르면 '체육시설업'이란 "영리를 목적으로 체육시설을 설치·경영하거나 체육시설을 이용한 교습행위를 제공하는 업(業)"으로 규정해 있고, '체육시설업자'는 '체육시설업을 등록하거나 신고한 자'를 말한다.

동법 제10조(체육시설업의 구분·종류)에 제시한 체육시설업은 등록체육시설업과 신고체육시설업으로 구분한다. 구체적인 종류를 살펴보면 다음과 같다. 특히 신고 체육시설업은 법적 토대를 근간으로 사회적 수요와 기술 발달 등에 따라 일부 개정으로 통해 지속적으로 체육시설업을 추가하고 있다(2021. 8월 기준).

1. 등록 체육시설업(3종): 골프장업, 스키장업, 자동차 경주장업
2. 신고 체육시설업(18종): 요트장업, 조정장업, 카누장업, 빙상장업, 승마장업, 종합 체육시설업, 수영장업, 체육도장업, 골프연습장업, 체력단련장업, 당구장업, 썰매장업, 무도학원업, 무도장업, 야구장업, 가상체험 체육시설업, 체육교습업, 인공암벽장업

☐ <표 7-5> 신고체육시설업

업종	영업의 범위
스키장업	눈, 잔디, 그 밖에 천연 또는 인공 재료로 된 슬로프를 갖춘 스키장을 경영하는 업
썰매장업	눈, 잔디, 그 밖에 천연 또는 인공 재료로 된 슬로프를 갖춘 썰매장(「산림문화·휴양에 관한 법률」에 따라 조성된 자연휴양림 안의 썰매장을 제외한다)을 경영하는 업
요트장업	바람의 힘으로 추진되는 선박(보조추진장치로서 엔진을 부착한 선박을 포함한다)으로서 체육활동을 위한 선박을 갖춘 요트장을 경영하는 업
빙상장업	제빙시설을 갖춘 빙상장을 경영하는 업
종합 체육시설업	신고 체육시설업의 시설 중 실내수영장을 포함한 두 종류 이상의 체육시설을 같은 사람이 한 장소에 설치하여 하나의 단위 체육시설로 경영하는 업
체육도장업	문화체육관광부령으로 정하는 종목의 운동을 하는 체육도장을 경영하는 업 [※ 체육도장업의 종류(7종): 권투, 레슬링, 태권도, 유도, 검도, 우슈, 합기도]
무도학원업	수강료 등을 받고 국제표준무도(볼룸댄스) 과정을 교습하는 업(「평생교육법」, 「노인복지법」, 그 밖에 다른 법률에 따라 허가·등록·신고 등을 마치고 교양강좌로 설치·운영하는 경우와 「학원의 설립·운영 및 과외교습에 관한 법률」에 따른 학원은 제외한다)
무도장업	입장료 등을 받고 국제표준무도(볼룸댄스)를 할 수 있는 장소를 제공하는 업
가상체험 체육시설업	정보처리 기술이나 기계장치를 이용한 가상의 운동경기 환경에서 실제 운동경기를 하는 것처럼 체험하는 시설 중 골프 또는 야구 종목의 운동이 가능한 시설을 경영하는 업
체육교습업	체육시설을 이용하는 자로부터 직접 이용료를 받고 다음 종목 중 하나에 해당하는 운동에 대해 13세 미만의 어린이 대상으로 30일 이상 교습행위를 제공하는 업(농구, 롤러스케이트, 배드민턴, 빙상, 수영, 야구, 줄넘기, 축구)
인공암벽장업	인공적으로 구조물을 설치하여 등반을 할 수 있는 인공암벽장을 경영하는 업

「체육시설의 설치·이용에 관한 법률」제11조(시설 기준 등)에 따르면 체육시설업자는 '체육시설업의 종류에 따라 문화체육관광부령으로 정하는 시설 기준에 맞는 시설을 설치하고 유지·관리'하여야 한다. 동법 시행규칙 제8조(체육시설업의 시설 기준)에 명시된 체육시설업의 설치 공통기준을 살펴보면 다음과 같다.

시행규칙 제8조(체육시설업의 시설 기준)

[필수시설]

① 편의시설

- 수용인원에 적합한 주차장(등록 체육시설업만 해당한다) 및 화장실을 갖추어야 한다. 다만, 해당 체육시설이 다른 시설물과 같은 부지에 위치하거나 복합건물 내에 위치한 경우로서 그 다른 시설물과 공동으로 사용하는 주차장 및 화장실이 있을 때에는 이를 별도로 갖추지 않을 수 있다.
- 수용인원에 적합한 탈의실(수영장업을 제외한 신고 체육시설업과 자동차경주장업의 경우에는 세면실로 대신할 수 있다)을 갖추어야 한다. 다만, 탈의실 또는 세면실을 건축물 내 다른 시설과 공동으로 사용하는 경우에는 이를 별도로 갖추지 않을 수 있다.
- 수용인원에 적합한 급수시설을 갖추어야 한다.

② 안전시설

- 체육시설(무도학원업과 무도장업은 제외한다) 내의 조도(照度)는 「산업표준화법」제12조에 따른 한국산업표준의 조도기준에 맞아야 한다.
- 부상자 및 환자의 구호를 위한 응급실 및 구급약품을 갖추어야 한다. 다만, 신고 체육시설업(수영장업은 제외한다)과 골프장업에는 응급실을 갖추지 아니할 수 있다.
- 적정한 환기시설을 갖추어야 한다.
- 어린이 이용자를 운송하기 위한 차량을 운행하는 때에는 「도로교통법」제52조에 따라 신고된 어린이통학버스를 갖추어야 한다. 이 경우 「자동차 및 자동차부품의 성능과 기준에 관한 규칙」제53조의4에 따라 설치하는 어린이 하차확인장치가 정상적으로 작동되어야 한다.
- 높이 3미터 이상으로서 추락의 위험이 있는 장소(계단은 제외한다)에는 견고한 재질로 된 높이 1.2미터 이상의 안전난간을 설치해야 한다.

③ 관리시설

- 등록 체육시설업에는 매표소·사무실·휴게실 등 그 체육시설의 유지·관리에 필요한 시설을 설치하여야 한다. 다만, 관리시설을 복합 용도의 시설물 내 다른 시설물과 공동으로 사용하는 경우에는 이를 별도로 갖추지 아니할 수 있다.

[임의시설]

① 편의시설

- 관람석을 설치할 수 있다.

- 체육용품의 판매 · 수선 또는 대여점을 설치할 수 있다.

- 관계 법령에 따라 식당 · 목욕시설 · 매점 등 편의시설을 설치할 수 있다(무도학원업과 무도장업은 제외한다).

② 운동시설

- 등록 체육시설업에는 그 체육시설을 이용하는 데에 지장이 없는 범위에서 그 체육시설 외에 다른 종류의 체육시설을 설치할 수 있다.

- 하나의 체육시설을 계절 또는 시간에 따라 체육종목을 달리하여 운영하는 경우에는 각각 해당 체육시설업의 시설기준에 맞아야 한다.

또한 체육시설업의 종류별 설치기준을 살펴보면 다음 <표 7−6>과 같다.

☐ <표 7-6> 체육시설업의 종류별 설치기준

구분		내용
골프장업	운동시설	• 골프코스 – 회원제 골프장업 3홀 이상, 정규 골프장업 18홀 이상 – 일반 대중골프장업 9홀 이상 18홀 미만 – 간이 골프장업 3홀 이상 9홀 미만
		※ 법 제13조(대중골프장의 병설 등) • 대중골프장의 규모 – 18홀인 회원제 골프장: 6홀 이상의 대중골프장 – 18홀을 초과하는 회원제 골프장 : 6홀에 18홀을 초과하는 9홀마다 3홀을 추가하는 규모 이상의 대중골프장
		예 회원제 골프장업을 하려는 자는 대중골프장을 병설해야 함

회원제 골프장 규모	대중골프장 규모	회원제 골프장업자의 대중골프장 병설의무 규모
3홀 이상 ~ 18홀	6홀	6홀 이상의 대중골프장
19홀 이상 ~ 27홀	6홀 + 3홀	9홀 이상의 대중골프장
28홀 이상 ~ 36홀	6홀 + 3홀 + 3홀	12홀 이상의 대중골프장

구분		내용
		• 안전사고 당할 위험 있는 곳은 20미터 이상 간격 • 티그라운드, 페어웨이, 그린, 러프, 장애물, 홀컵 등 시설 설치
	관리시설	골프코스 주변, 러프지역, 절토지, 성토지의 경사면 등 조경
스키장업	운동시설	• 슬로프 길이 300미터 이상, 폭 30미터 이상 • 평균 경사도 7도 이하인 초보자용 슬로프 1면 이상 • 리프트 설치
	안전시설	• 안전망은 지면에서 1.8미터 이상, 설면은 1.5미터 이상 • 구급차 1대 이상, 설상차 1대 이상
	관리시설	절토지, 성토지 경사면 조경
요트장업	운동시설	• 3척 이상 요트 • 계류장 또는 요트보관소를 갖추어야 함
	안전시설	• 긴급해난구조용 선박 1척 이상 • 감시탑 • 요트 내 승선인원 수에 적정한 구명대 구비
조정장업 및 카누장업	운동시설	• 5척 이상 조정(카누) • 수면은 폭 50미터 이상, 길이 200미터 이상 • 수심은 3미터 이상, 유속은 시간당 5킬로미터 이하
	안전시설	• 적정한 구명대, 1척 이상 구조용 선박(모터보트) • 감시탑
빙상장업	안전시설	• 빙판 외곽에 높이 1미터 이상 울타리 • 제빙시설
자동차 경주장업 (2륜)	운동시설	• 트랙은 길이 400미터 이상, 폭 5미터 이상 • 바닥면은 포장과 비포장 병행
	안전시설	• 트랙 양편 폭 3미터 이상 안전지대 • 통제소
	관리시설	수리시설
자동차 경주장업 (4륜)	운동시설	• 트랙은 길이 2킬로미터 이상, 폭 11미터 이상 15미터 이하, 출발지점부터 첫 곡선부분 시작지점까지 250미터 이상 직선 구간 • 바닥면은 포장과 비포장 병행 • 종단 기울기(경사)는 오르막 20% 이하, 내리막 10% 이하 • 횡단 기울기(경사)는 직선구간 1.5% 이상 3% 이하, 곡선구간 10% 이하 • 트랙 양편 가장자리는 폭 15센티미터 흰색 표시

구분		내용
	안전시설	• 트랙 좌우 흰색선 바깥쪽으로 3미터 이상 5미터 이하 안전지대 • 무단접근 방지 수직 보호벽 바깥쪽 3미터 내외 간격, 높이 1.8 미터 견고한 철망, 울타리 설치 • 종합통제소, 검차장, 표지판, 신호기 설치 • 감시탑 간의 간격 500미터 이하 • 견인차, 구급차, 소화기 탑재차, 통제차 각 1대 이상, 비상도로
승마장업	운동시설	• 실내 또는 실외 마장면적 500제곱미터 이상, 실외마장 0.8 미터 이상 목책 설치 • 3마리 이상 승마용 말 배치, 마사(馬舍) 설치
수영장업	운동시설	• 물의 깊이 0.9미터 이상 2.7미터 이하, 벽면에 거리 및 수심표시 • 도약대 설치 경우 3미터 이내 수용조 수심은 2.5미터 이상
체육도장업	운동시설	• 운동전용면적 3.3제곱미터당 수용인원 1명 이하 • 바닥면은 충격흡수 가능 • 해당종목의 운동에 필요한 기구, 설비 배치
골프연습장업	운동시설	• 실외 연습에 필요한 2홀 이하 골프코스 또는 18홀 이하 피칭연습용 코스 • 타석 간 간격 2.5미터 이상
체력단련장업	운동시설	• 바닥면은 충격흡수 가능 • 신장기 및 체중기 등 필요한 기구 배치
당구장업	운동시설	당구대 1대당 16제곱미터 이상 면적
썰매장업	운동시설	슬로프 규모에 적절한 썰매, 제설기, 눈살포기 배치
	안전시설	슬로프 가장자리 – 안전망, 안전매트 설치

무도학원업 및 무도장업	운동시설	• 무도학원업
		  – 바닥면적 66제곱미터 이상
		  – 조도 100럭스 이상
		• 무도장업
		  – 특별시, 광역시 330제곱미터 이상
		  – 그 외 지역 231제곱미터 이상
		  – 조도 30럭스 이상
		• 방음시설, 목재마루(탄력성)

야구장업	운동시설	• 투수석(투수 마운드), 타자석(타자 박스), 코치석(코치 박스), 충돌 경고 트랙, 포수 뒤 그물망, 선수대기석(더그아웃), 타자 시선 보호벽, 파울 기둥(파울 폴), 대기타자 공간(서클) 및 베이스를 설치 • 관람석이 있는 경우, 의자와 계단은 결합없이 안전하게 설치 • 경기장은 평탄하게 유지

구분		내용
	안전시설	1루, 3루, 홈플레이트 뒤 안전장치(그물망 등) 설치
가상체험 체육시설업 (골프 종목)	운동시설	3미터 이상(타석 ~ 스크린 거리), 2.8미터 이상(타석 ~ 천장 높이) 1.5미터 이상(타석 ~ 대기석 거리)
	안전시설	• 충격 흡수 재질(타석, 스크린 사이 벽면, 천장, 바닥) • 미끄럽지 않은 재질(바닥)
가상체험 체육시설업 (야구 종목)	운동시설	• 6미터 이상(타석 ~ 스크린 거리), 2.4미터 이상(타석 ~ 천장 높이), 1.5미터 이상(타석 ~ 후면 벽체 거리) • 칸막이(타석, 대기석 구분/철망, 강화유리 등 내구성)
	안전시설	• 내구성 강한 재료 • 모든 벽은 충격흡수 재질(타석실 내 스크린 제외) • 미끄럽지 않은 재질(바닥)
체육교습업	운동시설	해당 종목의 운동에 필요한 기구와 보조 장비를 갖추어야 함
	안전시설	이용자 안전을 위해 필요한 경우 운동 공간에 적절한 안전장치 필요

3. 학교체육시설

「학교체육진흥법」 제7조(학교 체육시설 설치 등)에 따르면 국가 및 지방자치단체는 학생의 체육활동에 필요한 운동장, 체육관 등 기반시설을 확충해야 한다. 또한 학교의 장은 교육부장관이 정하는 바에 따라 체육 교재, 기자재, 용품 등을 확보해야 한다. 동법 시행규칙 제2조(학교체육시설의 종류)에 따르면 다음과 같이 분류할 수 있다.

[운동종목별 시설]
골프연습장, 궁도장, 게이트볼장, 농구장, 당구장, 라켓볼장, 럭비풋볼장, 롤러스케이트장, 배구장, 배드민턴장, 볼링장, 빙상장, 사격장, 세팍타크로장, 수영장, 스쿼시장, 승마장, 썰매장, 씨름장, 아이스하키장, 야구장, 양궁장, 역도장, 에어로빅장, 요트장, 육상장, 조정장

[그 밖의 시설]
운동장, 체육관, 샤워장, 탈의실 등 부대시설

또한 동법 시행규칙 제7조(학생선수를 위한 기숙사의 운영)에 따라 학생의 체육 활동 진흥에 필요한 체육교재 및 기자재, 용품 등의 종류는 다음과 같다.

[체육 교재]
교과서, 교사용 지도서 등

[체력 측정]
초시계, 줄자, 러버콘(고무로 만든 원뿔), 반환점, 디지털 악력계, 좌전굴 측정기, 스텝박스, 팔굽혀펴기대, 시디플레이어 및 앰프 등

[육상 운동]
스타팅블록, 허들, 신호총, 높이뛰기대(가로대 포함), 높이뛰기 매트, 멀리뛰기용 구름판, 원반, 포환, 던지기 공, 줄긋기 기구, 배턴 등

[구기 종목]
축구공, 농구공, 배구공, 소프트발리볼 공, 핸드볼공 야구장갑, 야구공, 플라스틱 방망이, 베이스 세트, 포수 보호구(마스크, 프로텍터 등), 셔틀콕, 배드민턴 라켓, 배드민턴 네트, 탁구공, 탁구 라켓, 탁구 네트, 탁구대, 점수판, 공기주입용 펌프, 모둠조끼 등

[체조 운동]
리듬체조용 줄, 리듬체조용 고무공, 후프, 곤봉, 리본, 음악줄넘기용 줄, 긴 줄넘기 줄, 체조용 매트, 평균대, 뜀틀, 구름판 등

[그 밖의 운동]
줄다리기용 줄, 제기, 투호용구 세트, 굴렁쇠, 샅바, 부메랑, 플라잉디스크 등

체육시설의 안전 및 관리

1. 체육시설업의 안전기준

「체육시설의 설치·이용에 관한 법률」 제24조(안전·위생기준)에 따르면 체육시설업자는 이용자가 체육시설을 안전하고 쾌적하게 이용할 수 있도록 안전관리요원을 배치하거나 보호장구의 구비 등을 통해 안전관리에 만전을 기해야 한다. 동법 시행규칙 23조(안전·위생 기준)에 따르면 다음과 같은 공통기준을 명시하고 있다. 주요 내용을 살펴보면 체육시설 내에서 이용자가 이용질서를 유지하게 해야 한다. 특히 이용자의 안전을 해칠 우려가 있다고 판단될 때에는 해당 체육시설의 이용을 제한해야 한다는 내용이 있다.

[시행규칙 23조(안전·위생 기준)]

가. 체육시설 내에서는 이용자가 항상 이용질서를 유지하게 해야 한다.

나. 이용자의 체육활동에 제공되거나 이용자의 안전을 위한 각종 시설·설비·장비·기구 등은 안전하게 정상적으로 이용될 수 있는 상태를 유지하도록 해야 하며, 「재난 및 안전관리 기본법」 제3조(정의) 제1호에 따른 재난으로 인한 피해가 발생하지 않도록 노력해야 한다.

다. 「재난 및 안전관리 기본법」 제3조(정의) 제1호 가목에 따른 재난으로 인해 이용자의 안전을 해칠 우려가 있다고 판단될 때에는 그 체육시설의 이용을 제한해야 한다.

라. 해당 종목의 특성을 고려하여 음주 등으로 정상적인 이용이 곤란하다고 판단될 때에는 음주자 등의 이용을 제한해야 한다.

마. 체육시설의 정원을 초과하여 이용하게 해서는 안 된다.

바. 화재발생에 대비하여 소화기를 설치하고, 이용자가 쉽게 알아볼 수 있는 곳에 피난안

내도를 부착하거나 피난방법에 대하여 고지해야 한다.

사. 체육시설업자는 체육시설 내에서 사망사고가 발생한 경우에는 해당 체육시설업을 등록 또는 신고한 지방자치단체의 장에게 즉시 보고해야 한다.

아. 등록 체육시설업자는 자동심장충격기 등 심폐소생술을 할 수 있는 응급장비를 갖추어야 한다.

자. 체육시설업자는 체육시설의 안전 · 위생에 관한 매뉴얼을 작성하고, 전 직원을 대상으로 매뉴얼에 관한 교육을 반기별로 1회 이상 실시해야 한다.

차. 체육시설업자는 체육시설의 이용에 관한 안전수칙을 작성하여 이용자가 쉽게 알아볼 수 있는 장소에 게시해야 한다.

카. 체육시설에 설치된 조명타워 또는 광고판 등의 부착물은 해당 부착물의 고정하중(구조물 자체의 무게 또는 구조물에 고정되어 항상 작용하는 외부의 무게)과 풍하중(바람으로 인하여 구조물의 외면에 작용하는 하중)의 영향에 대하여 안전하도록 설치되어야 하며, 조명등의 변경 시 변경된 무게에 대한 안전성을 확인해야 한다.

또한 체육시설업의 종류별 안전기준을 살펴보면 다음 <표 7-7>과 같다.

□ <표 7-7> 체육시설업의 종류별 안전기준

구분	내용	
골프장업	코스관리요원 배치	
	18홀 이하	1명 이상
	18홀을 초과	2명 이상
스키장업	(1) 스키지도요원 및 스키구조요원을 배치	
	스키지도요원	5만제곱미터당 1명 이상
	스키구조요원	• 슬로프별로 2명 이상 • 슬로프 길이가 1.5킬로미터 이상인 슬로프는 3명 이상
	(2) 리프트 승 · 하차장 보조요원 배치	
	각 리프트의 승차장	2명 이상의 승차보조요원
	각 리프트의 하차장	1명 이상의 하차보조요원
	(3) 응급구조사 배치	

구분	내용	
	응급구조사	1명 이상 배치
	(4) 스키장 시설이용에 관한 안전수칙을 3곳 이상 장소 게시	
	(5) 이용자가 안전모를 착용하도록 지도, 이용자가 안전모의 대여를 요청할 때 대여할 수 있는 충분한 수량 구비	
요트장업 · 조정장업 및 카누장업	(1) 이용자가 항상 구명대를 착용하고 이용하게 하여야 한다.	
	(2) 수상안전요원 및 감시요원 배치	
	구조용 선박	수상안전요원 1명 이상
	감시탑	감시요원 1명 이상
	(3) 요트장업의 경우에는 특별자치도지사 · 시장 · 군수 또는 구청장이 요트장의 지형 여건 등을 고려하여 안전수칙을 정한 경우에는 이를 지켜야 한다.	
자동차 경주장업	(1) 경주참가차량이나 일반주행차량 등 트랙을 이용하는 차량에 대하여는 사전에 점검을 한 후 경주나 일반주행에 참가	
	(2) 경주참가자나 일반주행자 등 트랙이용자에 대하여는 사전에 주행능력을 평가하여 부적격자는 트랙의 이용을 제한시킴	
	(3) 경주진행 및 안전 등에 관한 규칙을 자체적으로 제정하여 경주참가자나 일반주행자 등 트랙이용자에게 사전에 교육	
	(4) 경주의 안전한 진행에 필요한 통제소요원, 감시탑요원 및 진행요원 등 각종 요원은 각각 해당 분야의 지식과 기술을 보유한 자로서 시설의 규모에 따라 적절하게 배치	
	(5) 관람자에게 사전에 안전에 관한 안내 방송을 하여야 함	
	(6) 인력배치	
	경주 기간	의사 및 간호사 또는 응급구조사 각 1명 이상
	그 외의 운영 기간	간호사 또는 응급구조사 1명 이상
	(7) 이용자가 안전모, 목보호대, 불연(不然) 의복 · 장갑 등 안전장구를 착용하도록 지도, 이용자가 이들의 대여를 요청할 때 대여할 수 있는 충분한 수량을 갖추어야 함	
승마장업	(1) 이용자가 항상 승마용 신발을 착용하고 승마를 하도록 함	
	(2) 장애물 통과에 관한 승마를 하는 자는 헬멧을 착용하도록 함	
	(3) 말이 놀라서 낙마사고가 발생하지 않도록 마장 주변에서 고성방가, 자동차 경적 등을 금지	
수영장업	(1) 수영조, 주변공간 및 부대시설 등의 규모를 고려하여 안전과 위생에 지장이 없다고 인정하는 범위에서 특별자치도지사 · 시장 · 군수 또는 구청장이 정하는 입장자의 정원을 초과하여 입장시켜서는 아니 됨	

구분	내용
	(2) 수영조에서 동시에 수영할 수 있는 인원은 도약대의 높이, 수심, 수영조의 면적 및 수상안전시설의 구비 정도 등을 고려

도약대의 전면 돌출부의 최단 부분에서 반지름 3미터 이내의 수면	5명 이상이 동시에 수영 금지

(3) 간호사 배치

개장 중인 실외 수영장	간호조무사 1명 이상을 배치

(4) 수영조의 욕수(浴水)는 1일 3회 이상 여과기를 통과
(5) 욕수의 조절, 침전물의 유무 및 사고의 유무를 확인하기 위하여 1시간 마다 수영조 안의 수영자를 밖으로 나오도록 함
(6) 수질기준

유리잔류염소	0.4mg/l ~ 1.0mg/l
수소이온농도	5.8 ~ 8.6
탁도	1.5 NTU 이하
과망간산칼륨의 소비량	12mg/l 이하
대장균군	10밀리리터들이 시험대상 욕수 5개 중 양성이 2개 이하
비소	0.05mg/l 이하
수은	0.007mg/l 이하
알루미늄	0.5mg/l 이하
결합잔류염소	최대 0.5mg/l 이하

(7) 수영조 주위의 적당한 곳에 수영장의 정원, 욕수의 순환 횟수, 잔류염소량, 수소이온농도 및 수영자의 준수사항을 게시
(8) 수영조 안에 미끄럼틀을 설치하는 경우 관리요원을 배치
(9) 수상안전요원 인력배치

감시탑	수상안전요원 2명 이상 배치

썰매장업	(1) 안전요원 배치

출발지점	1명 이상 안전요원 배치
도착지점	1명 이상 안전요원 배치

(2) 슬로프 내에 장애물이 없도록 함. 슬로프 내의 바닥면을 평탄하게 유지 · 관리
(3) 눈썰매장인 경우에는 슬로프의 가장자리(안전매트 안쪽)를 모두 폭 1미터 이상, 높이 50센티미터 이상의 눈을 쌓거나 공기매트 등 보호시설을 설치

구분	내용	
	(4) 슬로프의 바닥면이 잔디나 그 밖의 인공재료인 경우에는 바닥면의 물리적 · 화학적 특성에 따라 이용자의 안전에 필요한 조치를 하여야 함	
무도학원업 및 무도장업	(1) 동시수용인원 기준	
	무도학원업	3.3제곱미터당 동시수용인원 1명 초과 금지
	무도장업	3.3제곱미터당 동시수용인원 2명 초과 금지
	(2) 냉 · 난방시설은 보건위생상 적절한 것이어야 함	
빙상장업	이용자가 안전모, 보호장갑 등 안전장구를 착용하도록 지도, 이용자가 안전모 등의 대여를 요청할 때 대여할 수 있는 충분한 수량을 갖추어야 함	
체력 단련장업	이용자의 운동에 방해되지 않도록 운동기구 간 충분한 공간 확보	
야구장업	이용자가 안전모, 안전보호대 등 안전장비 착용하도록 지도	
가상체험 체육시설업 (골프)	이용자에게 대여하는 골프채, 골프화 등의 장비는 안전하고 위생적으로 관리해야 함	
가상체험 체육시설업 (야구)	• 이용자가 안전모 등의 안전장비 착용하도록 지도, 이용자 대여 안전모, 야구 장갑 등의 장비는 안전하고 위생적으로 관리해야 함 • 타석에는 1명만 입장하도록 지도	
체육교습업	• 이용자가 해당 운동 종목에 필요한 안전장비를 착용하도록 지도해야 함 • 이용자에게 대여하는 운동 장비는 안전하고 위생적으로 관리해야 함 • 운동시설 및 부대시설은 이용자의 사용에 불편함이 없도록 해야 함	

2. 체육시설의 관리

1) 이용자 보험

「체육시설의 설치 · 이용에 관한 법률」 제26조(보험가입)에 따르면 체육시설업자는 체육시설의 설치 · 운영과 관련되거나 그 체육시설 안에서 발생한 피해를 보상하기 위해 문화체육관광부령으로 정하는 바에 따라 보험에 가입해야 한다. 즉, 체육실업을 등록하거나 신고한 날로부터 10일 이내에 손해보험에 가입해야 한다. 물론 단체가입도 가능하다. 손해보험에 가입한 체육시설업자는 증명하는 서류를 등록체육시설업자는 시·도지사에 제출해야 하고, 신고체육시설업자는 특별자치시장, 특별자치도지사, 시장·군수 또는 구청장에게 제출해야 한다.

2) 체육지도자 배치

「국민체육진흥법」에 따라 육성된 체육지도자를 「체육시설의 설치·이용에 관한 법률」 제23조(체육지도자의 배치)에 따르면 다음 <표 7-8>과 같이 체육시설업의 종류별로 문화체육관광부령으로 정하는 일정 규모 이상의 체육시설의 체육지도자를 배치하여야 한다.

□ <표 7-8> 체육지도자 배치

체육시설업의 종류	규모	배치인원
골프장업	• 골프코스 18홀 이상 36홀 이하 • 골프코스 36홀 초과	1명 이상 2명 이상
스키장업	• 슬로프 10면 이하 • 슬로프 10면 초과	1명 이상 2명 이상
요트장업	• 요트 20척 이하 • 요트 20척 초과	1명 이상 2명 이상
조정장업	• 조정 20척 이하 • 조정 20척 초과	1명 이상 2명 이상
카누장업	• 카누 20척 이하 • 카누 20척 초과	1명 이상 2명 이상
승마장업	• 말 20마리 이하 • 말 20마리 초과	1명 이상 2명 이상
빙상장업	• 빙판면적 1,500제곱미터 이상 3,000제곱미터 이하 • 빙판면적 3,000제곱미터 초과	1명 이상 2명 이상
수영장업	• 수영조 바닥면적이 400제곱미터 이하인 실내 수영장 • 수영조 바닥면적이 400제곱미터를 초과하는 실내 수영장	1명 이상 2명 이상
골프연습장업	• 20타석 이상 50타석 이하 • 50타석 초과	1명 이상 2명 이상
체육도장업	• 운동전용면적 300제곱미터 이하 • 운동전용면적 300제곱미터 초과	1명 이상 2명 이상

체육시설업의 종류	규모	배치인원
체력단련장업	• 운동전용면적 300제곱미터 이하 • 운동전용면적 300제곱미터 초과	1명 이상 2명 이상

3) 과태료

「체육시설의 설치·이용에 관한 법률」제40조(과태료)에 따르면 시·도지사, 시장·군수 또는 구청장이 과태료를 부과·징수할 수 있다. 즉, 다음 각 호의 어느 하나에 해당하는 자에게는 100만 원 이하의 과태료를 부과한다.

(1) 시설물의 보수·보강 등 필요한 조치에 대한 이행 및 시정 명령을 준수하지 아니한 자 체육시설의 소유자와 체육시설업자

(2) 변경등록을 하지 아니하고 영업을 한 자

(3) 체육지도자를 배치하지 아니하거나 체육지도자 자격이 없는 자를 배치한 자

(4) 보험에 가입하지 아니한 자

(5) 신고를 하지 아니하고 소규모 업종의 체육시설업의 영업을 한 자

(6) 영업 폐쇄명령 또는 정지명령을 받고 소규모 업종의 체육시설업의 영업을 한 자

☐ <표 7-9> 과태료의 부과기준

위반행위	과태료 금액		
	1차 위반	2차 위반	3차 이상 위반
신고를 하지 않고 소규모 업종의 체육시설업의 영업을 한 경우	13만 원	25만 원	50만 원
변경등록을 하지 않고 영업을 한 경우	25만 원	50만 원	100만 원
체육지도자를 배치하지 않거나 체육지도자 자격이 없는 자를 배치한 경우	25만 원	50만 원	100만 원
보험에 가입하지 않은 경우	25만 원	50만 원	100만 원
영업 폐쇄명령 또는 정지명령을 받고 소규모 업종의 체육시설업의 영업을 한 경우	25만 원	50만 원	100만 원
시설물의 보수·보강 등 필요한 조치에 대한 이행 및 시정 명령을 준수하지 아니한 경우	50만 원	75만 원	100만 원

체육·스포츠
행정의 이론과 실제

CHAPTER

08

체육·스포츠 조직 경영

SECTION 01 리더십과 동기부여

1. 리더십

리더(leader)와 관리자(manager)의 차이를 제시하자면, 리더는 목표수행 의지를 드러내며 직관적이고 영감적인 의사결정을 통해 구성원들을 설득하는 자를 의미한다. 반면, 관리자는 목표수행 의지를 리더와 같이 드러내지만 공식적이고 사무적인 절차를 준수하고 조직을 통제하는 자이다(Zaleznik, 1986; Kotler, 1990).

리더십은 거래적 리더십(transactional leadership)과 변혁적 리더십(transformational leadership)으로 구분할 수 있다. 거래적 리더십은 조건적인 보상(contingent reward)을 통해 리더가 구성원들에게 방향을 정하고 강력한 동기부여를 할 수 있다. 즉, 성공에 대한 보상을 하는 것이다. 변혁적 리더십은 리더가 구성원들에게 영감을 불어넣음(inspiration)으로써 스스로 문제를 해결할 수 있도록 유도하는 것이다. 즉, 리더가 갖춘 지적 수준, 판단능력, 문제해결 방식 등을 구성원들과 적극 공유함에 따라 창의력을 높일 수 있도록 한다.

1) 특성이론

특성이론(trait theory)은 리더십 연구의 초창기 이론으로 리더의 개인 자질과 성격에 중점을 두었다. 리더가 지닌 타고난 자질에 대해 리더의 인내력, 결단력, 설득력, 통솔력 등으로 리더는 하나의 단일적 자질을 구비한다는 이론과 다양한 자질 중에서 몇 개의 자질의 결합을 통해 특성을 결정짓는다는 이론으로 구분하기도 한다.

스톡딜(R. Stogdill)은 리더의 특성으로 지성, 지배력, 자신감, 추진력, 실력이 중요하다고 했다. 스톡딜의 연구를 기반으로 바스(B. M. Bass, 1990)는 신체특성 (physical characteristics), 성격(personality), 사회적 배경(social background), 사회적 특성(social characteristics), 지능과 능력(intelligence and ability), 과업관련 특성 (task-related characteristics) 등 여섯 가지로 특성이론에 대한 리더십 차원의 연구를 개념화했다.

2) 행동이론

행동이론(behavioral theory)은 1940년대 후반부터 특성이론을 보완하기 위해 리더의 행동에 초점을 맞춘 이론이다. 이 시기에 대학연구를 중심으로 발전했다. 우선 아이오와 대학 연구에서는 청소년들의 행동을 관찰하기 위해 권위적 리더(authoritarian leader), 민주적 리더(democratic leader), 자유방임적 리더(laissez-faire leader)의 유형을 중심으로 진행했다. 연구결과는 그룹 구성원들이 선호하는 민주적 리더는 생산성이 가장 높게 나타났다.

오하이오주립대학 연구에서는 구조주도(initiation structure)와 배려(consideration)로 대표되는 두 가지 요인의 이론을 개발됐다. 구조주도의 리더는 구성원들의 역할을 명확히 해준다. 구조주도가 높은 리더는 일 중심의 성향을 중시하면서 성과에 따라 평가하는 특성을 지닌다. 또한 배려 리더는 구성원들의 복지와 공헌 등에 관심을 갖는다. 배려가 높은 리더는 구성원들의 의견을 존중하고 대화와 참여에 적극 지원하는 특성이 있다.

미시간대학 연구에는 리더의 행동(leader behavior), 집단과정(group process), 집단성과(group performance) 간의 관계에 초점을 두었다. 이를 통해 직무중심적 리더(job-centered of production-centered leader)와 구성원 중심적 리더 (employee-centered leader) 유형을 제시했다. 전자는 생산과업에 관심이 높고, 후자는 구성원들의 관계를 중요시한다.

맥그리거(McGregor, D. M., 1966)는 'X·Y이론'을 통해 조직 내에서 적합한 리더십을 발휘하기 위해선 동기부여의 중요성을 제시했다. X 이론은 구성원이 일을 싫어하기 때문에 강제성을 통해 일을 수행하게 해야 한다는 개념인 반면, Y 이론은 구성원이 일을 좋아하기 때문에 상사로부터의 통제를 받지 않게 해야 목표를 달성할 수 있다는 개념이다. 동기부여 이론에서도 설명될 수 있는 이론으로서 경직성을 강조한 X 이론보다 유연함을 강조한 Y 이론을 통해 인간의 능력 향상에 주력할 수 있음을 보여주었다.

여기서 잠깐

화이트(White)와 리피트(Lippitt)의 리더십 유형(1958)

① **권위형 리더십**: 의사결정 시 구성원 참여 배제, 총생산성이 가장 높음
② **민주형 리더십**: 의사결정 시 구성원의 적극적인 참여, 구성원들 간의 협력과 집단통합에 가장 이상적임
③ **방임형 리더십**: 리더는 명목상으로만 존재, 모든 정책을 집단과 개인에 맡김

블레이크(Blake, R. R.)와 머튼(Mouton, J. S.)의 리더십 유형(관리격자이론, 1964)

① 1.1형: 방임형 = 무관심형(impoverished)
② 1.9형: 인간중심형 = 인기형(country club)
③ 9.1형: 과업중심형(task or authority-obedience)
④ 5.5형: 중간형 = 타협형(middle of the road)
⑤ 9.9형: 이상형 = 팀형(team)

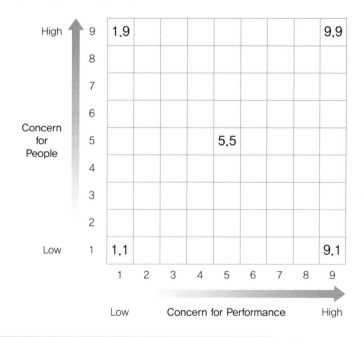

3) 상황이론

상황이론(situational theory)은 리더가 처한 상황에 초점을 맞춘 이론이다. 즉, 상황에 맞게 리더가 대처를 잘 해야 성과를 창출할 수 있다는 것이다. 피들러(F. F. Fiedler, 1967)는 '가장 싫어하는 동료에 관한 설문(least preferred co-worker, LPC)'을 통해 과업 지향적인 리더인지, 관계 지향적인 리더인지를 파악했다. 또한 리더-구성원 관계(leader-member relationship), 직위 권력(position power), 과업 구조(task structure) 등 세 가지의 상황변수를 구분해서 리더유형을 파악했다. 리더-구성원 관계를 통해 리더에 대한 존경, 신뢰 등의 정도를 파악했고, 직위 권력을 통해 조직 내의 공식적인 지위가 채용, 해고, 승진 등에 미치는 정도를 분석했다. 마지막으로 과업 구조를 통해 업무분담이 절차화된 정도를 파악했다.

여기서 잠깐

허시(P. H. Hersey)와 블랜차드(K. Blanchard)의 리더십 유형(상황대응 이론, 1977)

① **설득형(높은 과업 - 높은 관계):** 리더는 지시적이고 지원적인 행동을 제공함
② **설명형(높은 과업 - 낮은 관계):** 리더는 사람들에게 과업수행을 위해 다양한 정보를 설명함
③ **참여형(낮은 과업 - 높은 관계):** 리더는 의사결정을 구성원들과 분담하고 커뮤니케이션을 강화함
④ **위임형(낮은 과업 - 낮은 관계):** 리더는 지시나 지원을 거의 하지 않음

2. 동기부여

동기부여(동기유발, motivation)는 개인의 노력과 방향을 통해 목표를 달성하기 위해서 자발적으로 최선을 다하도록 유도하는 과정이다. 동기부여는 활성화(energize), 경로(channel), 유지(maintain), 욕구(want), 동인(drives)의 절차를 반복하는 과정이다. 즉, 인간의 행동을 활성화하게 함으로써 목표를 설정하고 지향하게 된다. 또한 행동을 지속적으로 유지하게 하고, 내적 욕구에 영향을 미치게 한

다. 이를 통해 어떤 사태를 일으키거나 변화시키는데 작용하는 직접적인 원인에 영향을 미칠 수 있게 된다.

1) 내용이론

내용이론(content theory)은 대표적으로 매슬로우(A. H. Maslow, 1954)의 욕구단계이론이 있다. 그가 제시하는 다섯 가지의 계층은 생리적 욕구(physiological needs), 안전 욕구(safety or security needs), 사회적 욕구(social or belonging needs), 존경 욕구(esteem needs), 자아실현 욕구(self-actualization needs)이다. 생리적 욕구는 의, 식, 주와 성적욕구와 같은 인간의 가장 기본적인 욕구이다. 안전 욕구는 육체적이고 정서적인 안전에 대한 욕구이다. 사회적 욕구는 타인과의 교제, 친분, 소속감에 관한 욕구이다. 존경 욕구는 타인으로부터 존경, 인정, 칭찬을 받고자 하는 욕구이다. 마지막으로 자아실현 욕구는 개인의 잠재적 능력을 발휘하고 싶어 하는 등의 성장욕구, 자아계발과 실현에 관한 욕구이다. 즉, 인간은 하위 계층의 욕구가 충족되면 다음의 상위 계층의 욕구가 충족된다는 것이다.

여기서 잠깐

허츠버그(F. Herzberg)의 2요인 동기부여 이론(1968)

① **동기부여 요인(Motivator Need)**: 직무만족에 영향을 주는 만족요인임(성취감, 책임감 등과 관련이 있는 승진, 보상, 평가 등의 내재적 요인), 충족되지 않더라도 불만으로 이어지지 않음
② **위생요인(Hygiene Need)**: 직무불만족에 영향을 주는 불만요인임(급여, 인간관계, 작업환경 등의 외재적 요인), 충족되지 않으면 불만으로 이어짐

2) 과정이론

과정이론(process theory)은 애덤스(J. S. Adams, 1963)의 공정성 이론을 들 수 있다. 그는 조직 공정성(organization justice)을 통해 구성원들 간의 작업장에서의 공정함의 중요성을 제시했다. 조직 공정성은 분배 공정성(distributive justice), 절차

공정성(procedural justice), 상호작용 공정성(interactional justice)이란 세 가지 관점을 제시했다. 분배 공정성은 구성원 사이의 보상의 할당부분이 공정해야 한다는 결과의 공정성을 말한다. 절차 공정성은 결과를 결정하는데 사용되는 과정의 공정성이다. 마지막으로 상호작용 공정성은 개인이 받는 존경과 관심에 대한 정도를 뜻한다.

여기서 잠깐

브룸(V. Vroom)의 동기부여 기대이론(1964)

① 노력-성과 관계(effort-performance relationship): 노력하는 만큼의 성과에 대한 평가
② 성과-보상 관계(performance-reward relationship): 좋은 성과를 받는 만큼의 조직의 보상
③ 보상-개인목표 관계(reward-personal goal relationship): 보상받는 만큼의 매력적 정도의 인식여부

SECTION 02 인사행정과 재무행정

1. 인사행정

1) 인사행정의 개요

인사행정이란 정부조직에 필요한 인적 자원을 동원하고 관리하는 체제로서 정부과업을 실현하기 위한 인재에 대해 선발과 육성을 하기 위해 매우 중요한 영역이다. 인사행정의 발달단계로서 크게 소극적 인사행정과 적극적 인사행정으로 분류할 수 있다. 소극적 인사행정은 인사의 절차와 방법에 초점을 맞춰 실적주의 확립을 목적으로 한다. 즉, 엽관주의(spoils system)를 배격함으로써 인사행정의 과학화, 합리화를 추구하고자 했다.

적극적인 인사행정은 소극적인 인사행정의 단점을 보완하고자 발전적인 차원의 행정이라 할 수 있다. 즉, 소극적 인사행정이 실적주의로의 지나친 개념과 맞물려 인사행정의 경직성을 초래하기도 했다. 이를 극복하기 위해 인사행정의 민주화에 중점을 두었다. 예를 들어 공직사회에 유능한 인재를 유치할 수 있도록 개방형 인사제도 등과 같이 적극적인 모집활동을 했다. 또한 선발된 재직자의 능력을 끌어올리기 위해 각종 교육훈련, 합리적인 승진제도, 전직, 전보, 근무평정제도 등을 활용했다. 중앙집권적인 인사의 권한을 각 운영부처에 위임함으로써 분야별, 지역별 인재를 골고루 뽑을 수 있는 인사행정의 분권화를 시도했다. 더불어 정치이념을 같이 하는 부류에서 고위의 정책결정 담당자를 임명했다.

염관주의

① 미국의 3대 대통령 토마스 제퍼슨(재임 1801 ~ 1809) 때 시작, 7대 대통령 앤드류 잭슨(재임 1829 ~ 1837) 때 확립됨
② 발달요인: 정당정치의 발달, 행정사무의 단순성, 민주정치의 발전, 당시 대다수 국민들의 공직보다 개척적인 경제활동에 몰두하여 소수정치인들에 의해 수행됨
③ 장점: 정당정치의 발전에 기여, 정부 관료제의 민주화에 기여, 민주통제의 강화, 책임행정의 구현, 특정지역 및 특정정당에 의한 관직의 독점 배제
④ 단점: 행정의 부패 발생, 관료의 정당사병화, 예산낭비 초래, 무능력자의 임명, 행정 전문화 저해

실적주의

① 영국에서 19세기 중엽까지 정실주의에 따라 공직자 선출, 1853년 노스코트-트레벨리언 보고서(Northcote and Trevelyan Reports)에서 실적주의에 기초한 공무원 선출방식이 최초로 건의, 1870년 추밀원령(Order of Council)에 의해 1870년에 공개경쟁시험, 계급별 채용 등으로 귀족 외에도 신흥시민계급도 공무원 진출, 1883년 미국 연방공무원법으로 불리는 팬들턴 법(Pendleton Act)의 제정으로 실적주의 확립, 1939년 미국 공무원의 정치적 중립성을 강화한 해치 법(Hatch Act)이 제정되면서 실적주의 정착
② 발달요인: 염관주의 폐해의 극복, 정당정치의 부패, 행정국가의 등장, 행정능률화의 요청, 정치적 영향
③ 장점: 정치적 중립 확보, 민주주의적 평등구현, 행정능률과 전문화 향상, 신분보장, 직업공무원제도의 확립
④ 단점: 인사행정의 소극화, 인사행정의 경직성, 인사권의 지나친 집중화, 관료제에 대한 민주통제의 어려움, 관료의 특권화 초래, 인사행정의 비인간화 초래, 정치적 중립으로 인한 공무원의 국민요구에 무감각한 현상 우려

2) 공무원인사제도

(1) 공무원의 종류

「국가공무원법」제2조(공무원의 구분)에 따르면 국가공무원은 경력직 공무원과 특수경력직 공무원으로 구분한다. 경력직 공무원은 '실적과 자격에 따라 임용되고

그 신분이 보장되며 평생 동안(근무기간을 정하여 임용하는 공무원의 경우에는 그 기간 동안을 의미) 공무원으로 근무할 것이 예정되는 공무원'을 말한다. 또한 특수 경력직 공무원은 '경력직공무원 외의 공무원'을 의미한다.

[경력직 공무원]

1. 일반직공무원: 기술 · 연구 또는 행정 일반에 대한 업무를 담당하는 공무원
   ① 행정기술직 ② 우정직 ③ 연구 · 지도직 ④ 전문경력관
2. 특정직공무원: 법관, 검사, 외무공무원, 경찰공무원, 소방공무원, 교육공무원, 군인, 군무원, 헌법재판소 헌법연구관, 국가정보원의 직원, 경호공무원과 특수 분야의 업무를 담당하는 공무원으로서 다른 법률에서 특정직공무원으로 지정하는 공무원

[특수경력직공무원]

1. 정무직공무원
   가. 선거로 취임하거나 임명할 때 국회의 동의가 필요한 공무원
   나. 고도의 정책결정 업무를 담당하거나 이러한 업무를 보조하는 공무원으로서 법률이나 대통령령(대통령비서실 및 국가안보실의 조직에 관한 대통령령만 해당한다)에서 정무직으로 지정하는 공무원
2. 별정직공무원: 비서관 · 비서 등 보좌업무 등을 수행하거나 특정한 업무 수행을 위하여 법령에서 별정직으로 지정하는 공무원

위의 법조항을 근거로 구체적으로 명시한 공무원의 종류를 살펴보면 다음 <표 8-1>와 같다(인사혁신처, 2021).

☐ <표 8-1> 공무원의 종류(인사혁신처, 2021)

구분		내용
경력직 공무원	일반직	기술 · 연구 또는 행정일반에 대한 업무를 담당하는 공무원 ① 행정 · 기술직 ② 우정직 ③ 연구 · 지도직
		일방직공무원 중 특수업무 분야에 종사하는 공무원 ① 전문경력관
	특정직	담당업무가 특수하여 자격 · 신분보장 · 복무 등에서 특별법이 우선 적용되는 공무원

구분	내용
	① 법관 · 검사 ② 외무공무원 ③ 경찰공무원 ④ 소방공무원 ⑤ 교육공무원 ⑥ 군인 · 군무원 ⑦ 헌법재판소 헌법연구관 ⑧ 국가정보원의 직원 · 경호 공무원 등 특수분야의 업무를 담당하는 공무원으로서 다른 법률이 특정직 공무원으로 지정하는 공무원
특수경력직 공무원 — 정무직	선거, 국회동의에 의하여 임용되는 공무원, 고도의 정책결정 업무를 이를 보조하는 공무원으로서 법령에서 정무직으로 지정하는 공무원 ① 감사원장 · 감사위원 및 사무총장 ② 국회사무총장 · 차장 · 도서관장 · 예산정책 처장 · 입법조사처장 ③ 헌법재판소 재판관 · 사무처장 및 사무차장 ④ 중앙선거관리위원회 상임위원, 사무총장 및 차장 ⑤ 국무총리 ⑥ 국무위원 ⑦ 대통령비서실장 ⑧ 국가안보실장 ⑨ 대통령경호실장 ⑩ 국무조정실장 ⑪ 처의 처장 ⑫ 각 부의 차관, 청장(경찰청장은 특정직) ⑬ 차관급 상당 이상의 보수를 받는 비서관(대통령비서실 수석비서관, 국무총리비서실장, 대법원장비서실장, 국회의장비서실장) ⑭ 국가정보원장 및 차장 ⑮ 방송통신위원회 위원장 ⑯ 국가인권위원회 위원장
특수경력직 공무원 — 별정직	비서관 · 비서 등 보좌업무를 수행하거나 특정한 업무 수행을 위하여 법령에서 별정직으로 지정하는 공무원 ① 비서관 · 비서 ② 장관정책보좌관 ③ 국회 수석전문위원 ④ 국가정보원 기획조정실장 ⑤ 기타 법령에서 별정직으로 지정하는 공무원

위의 국가공무원 외에 동법 제2조의 2(고위공무원단)에 근거해 범정부적 차원에서 효율적으로 인사관리를 하여 정부의 경쟁력을 높이기 위한 고위공무원단을 구성할 수 있다. 고위공무원단이란 '직무의 곤란성과 책임도가 높은 직위에 임용되어 재직 중이거나 파견 · 휴직 등으로 인사 관리되고 있는 일반직공무원, 별정직공무원 및 특정직공무원의 군(群)'을 의미하는데 다음에 해당하는 경우이다.

1. 「**정부조직법**」 제2조에 따른 중앙행정기관의 실장 · 국장 및 이에 상당하는 보좌기관
2. 행정부 각급 기관(감사원은 제외)의 직위 중 제1호의 직위에 상당하는 직위
3. 「**지방자치법**」 제123조 제2항 · 제125조 제5항 및 「**지방교육자치에 관한 법률**」 제33조 제2항에 따라 국가공무원으로 보하는 지방자치단체 및 지방교육행정기관의 직위 중 제1호의 직위에 상당하는 직위
4. 그 밖에 다른 법령에서 고위공무원단에 속하는 공무원으로 임용할 수 있도록 정한 직위

고위공무원단 제도는 미국이 공무원개혁법(1978)에 의해 최초로 도입한 이후 영국, 호주, 캐나나 등 OECD 국가들이 도입했다. 우리나라는 2006년부터 시행함에 따라 성과책임을 강화하고 역량 있는 정부를 구현하기 위해 노력하고 있다.

(2) 공무원채용제도

공무원 채용은 공개경쟁채용시험과 경력경쟁채용시험으로 구분한다. 우선 공개경쟁채용시험은 「국가공무원법」 제28조(신규채용), 「공무원임용령」 제2장 제1절(공개경쟁채용), 「공무원임용시험령」 제21조(5급 공개경쟁채용시험으로 시험을 실시할 직렬)와 제25조(6급 이하 공개경쟁채용시험 등의 합격 결정)에 근거해 선발하고 있다. 공개시험의 종류는 5급 공채(일반직－행정·기술직), 7급 공채(행정·기술직), 9급 공채(행정·기술직)으로 채용절차는 아래 <그림 8－1>과 같다.

◎ 〈그림 8-1〉 공무원 공개경쟁채용시험 절차

경력경쟁채용시험은 공개경쟁채용시험에 의해 충원이 곤란한 분야에서 관련 직위의 우수 전문인력과 유경력자를 선발하는 제도이다. 「국가공무원법」 제28조(신규채용), 「공무원임용령」 제16조(경력경쟁채용 등의 요건) 내지 제22조(지방공무원의 경력경쟁채용 등), 공무원임용시험령 제26조(경력경쟁채용시험 등의 요구 절차) 내지 제30조(경력경쟁채용시험 등의 합격 결정) 등의 근거에 따라 선발된다.

(3) 기타 제도

공무원은 앞서 제시한 채용제도 외에도 다양한 인사제도를 통해 관리되고 있다. 예를 들면 승진·보직관리, 성과·보수, 연금·복지, 재해보상, 인재개발, 복무, 윤리, 노사협력, 인재정보 등으로 매우 다양한 제도가 있다. 개략적인 내용을 건별로 살펴보면 다음 <표 8-2>와 같다.

□ <표 8-2> 공무원 인사제도(인사혁신처, 2021)

구분	내용
1. 채용제도	
공개경쟁채용시험	공무원 신규채용 시 불특정 다수인을 대상으로 경쟁시험을 실시하여 공무원으로 채용하는 제도로서 균등한 기회보장과 보다 우수한 인력의 공무원 선발
경력경쟁채용시험	공개경쟁채용시험에 의하여 충원이 곤란한 분야에 대하여 채용하는 제도로서 관련 직위의 우수전문인력 및 유경력자를 선발
2. 승진·보직관리	
임용	공무원의 신분을 부여하여 근무하게 하는 모든 인사활동을 의미하며 채용, 승진, 전보, 파견, 휴직, 해임, 파면 등
승진	하위계급에 재직하고 있는 공무원을 상위계급에 임용하는 것으로 일반승진, 공개경쟁승진, 특별승진, 근속승진으로 구분
휴직	공무원이 재직 중 일정한 사유로 직무에 종사할 수 없는 경우에 일정기간 공무원 신분을 유지하면서 직무에 종사하지 않아도 되는 제도
파견	효율적인 인력관리와 자질향상을 위하여 공무원을 다른 국가기관, 공공단체, 국내외의 교육기관 또는 연구기관 등에 일정기간 동안 근무할 수 있는 제도
인사교류	다른 기관의 경험이나 우수사례를 활용하여 공무원의 역량을 개발하고, 협업기반을 조성하는 등 기관간 칸막이를 제거함으로써 국가경쟁력을 강화하기 위한 제도(2004년 도입)
시간선택제 공무원	통상적인 주 40시간 근무보다 짧게 근무하는 공무원으로, 육아와 일의 병행, 학업과 일의 병행 등으로 전일제 근무가 곤란한 인재들에게 적합한 일자리를 제공하는 제도
고위공무원단	정부의 주요 정책 결정 및 관리에 있어서 핵심적 역할을 담당하는 실·국장급 공무원을 범정부적 차원에서 체계적으로 관리하고, 적재적소에 활용하고자 하는 전략적 인사관리체계(2006. 7월 도입)

구분	내용
역량평가	고위공무원단 역량평가 제도가 성공적으로 정착되고, 중앙부처 중간관리직의 적정 역량 보유 필요성이 강조됨에 따라 역량평가 대상을 과장급으로 확대된 제도

3. 성과 · 보수제도

구분	내용
보수체계	공무원 보수체계는 5급 이상 연봉제가 적용되며, 정무직은 고정급적연봉제, 고위공무원단 소속 공무원은 직무성과급적연봉제, 1 ~ 5급 공무원은 성과급적연봉제를 적용하고 있습니다. 6급 이하 공무원은 호봉제의 적용받는 제도
봉급제도	6급 이하 공무원 공무원은 호봉제의 적용을 받으며 보수규정상 봉급표는 직종별로 11개의 봉급표가 있음. 봉급은 직무의 곤란성 및 책임의 정도와 재직기간 등에 따라 지급되며 일반직의 경우 계급별로 23 ~ 32개의 호봉을 운영하고 있는 제도
공무원봉급표	공무원 보수규정에 따른 직종별 봉급표를 제공
수당제도	보수 중 일부로 직무여건 및 생활여건에 따라 지급되는 부가급여로서 국가공무원법 제47조, 제48조 및 공무원 보수규정 제31조에 따라 국가공무원에게 지급하는 수당과 실비변상 등을 '공무원수당 등에 관한 규정'에 따라 지급
여비제도	공무원이 공무로 여행을 하는 경우 소요되는 경비를 충당하기 위해 지급하는 여비에 대한 제도
성과평가제도	평가대상 공무원을 체계적이고 정기적으로 평가하여 각종 인사관리의 기초자료로 활용하고 조직 전체의 능률을 향상시키는 데 목적을 갖춘 제도
성과보수제도	전년도 성과평가 결과에 따라 당해연도 연봉월액으로 지급하고 다음연도 기본연봉에 일부를 누적하는 방법을 적용한 제도

4. 연금 · 복지 제도

구분	내용
연금제도	공무원의 퇴직, 사망 또는 공무상 장애 발생 시 본인 및 유족에게 적정한 급여를 지급하여 노후 소득보장 및 직무충실을 유도하고자 1960년 도입한 제도
후생복지제도	공무원의 다양한 복지수요를 효과적으로 충족시키고, 공무원이 건강하고 활기차게 근무할 수 있는 여건을 조성하여 일과 삶의 균형을 지원하고 정부의 생산성을 높이고자 맞춤형 복지제도, 정부청사상담센터 운영, 동호회 활동 지원, 공무원연금공단을 통한 사업 운영 등을 지원하는 제도
공무원예술대전	공무원의 예술적 소질 개발을 지원하여 자아실현 및 사기진작으로 공직 활력을 제고하고자 공무원 예술대전(문예, 미술, 음악)을 매년 개최하는 제도

구분	내용
퇴직관리	퇴직(예정)공무원이 보람되고 의미있는 은퇴 후 삶을 설계·준비할 수 있도록 돕고 재직 중 쌓은 전문성과 경륜을 활용한 새로운 사회적 기여활동을 할 수 있도록 지원하는 제도

5. 재해보상제도

구분	내용
재해보상제도	공무원의 공무로 인한 부상·질병·장해·사망에 대해 적합한 보상을 하고, 공무상 재해를 입은 공무원의 재활 및 직무복귀를 지원하며, 재해예방을 위한 사업을 시행함으로써 공무원이 직무에 전념할 수 있는 여건을 조성하고, 공무원 및 그 유족의 복지향상에 이바지하고자 하는 제도
공상공무원 전문재활 치료	근로복지공단 산하 병원과 연계하여 의료재활과 직무복귀를 지원하는 제도
공무원 마음건강센터	상담(개인·집단), 진단 및 심리검사, 단체 프로그램을 운영하는 제도

6. 인재개발제도

구분	내용
교육훈련	상시학습제도 직급별 교육훈련 현황 및 기본교육 훈련 현황과 공무원 교육훈련 체계와 교육내용 실시체계에 대해 안내하는 제도
국내교육	행정환경의 변화와 수요의 복잡화·다양화에 따라 공직사회에 새로운 지식과 기술도입 훈련과제 대한 심층연구를 통하여 공무원의 직무수행능력 향상 및 행정의 선진화에 기여하고 세계화 지식정보화 사회에 능동적으로 대처할 수 있는 외국어 능력을 향상할 수 있도록 다양한 국내훈련을 실시하는 제도
국외교육	국정과제의 효과적인 추진, 정보화 전문화 사회에 대처할 수 있는 능동적 대응능력 제고 및 행정발전을 위한 선진지식·정보 및 제도의 체계적 연구 등의 목적을 위하여 국외 장·단기 교육훈련을 실시하는 제도

7. 복무제도

구분	내용
휴가제도	행정기관의 장이 일정한 사유가 있는 공무원의 신청 등에 의하여 일정 기간 출근의 의무를 면제하여 주는 것으로서 연가·병가·공가·특별휴가를 총칭하는 제도
유연근무제도	소속 행정기관의 장에게 통상의 근무시간·근무일을 변경하는 근무 또는 온라인 원격근무 등 유연근무를 신청할 수 있는 제도
공휴일제도	관공서의 공휴일에 관한 규정(대통령령) 제2조에서 정한 공휴일로서 일요일, 국경일, 기념일, 명절 등의 휴일 제도
영리업무금지 및 겸직허가제도	영리업무의 개념과 복무규정에 따른 금지요건, 겸직허가 대상과 겸직허가 기준 및 절차에 관한 제도

구분	내용
국내출장	상사의 명에 의하여 정규 근무지 이외의 장소에서 공무를 수행하는 제도
공무국외출장	각종 시찰·견학·참관·자료수집 등을 주된 목적으로 수행하는 제도
징계제도	공무원의 의무 위반에 대하여 공무원관계의 질서 유지를 위해 국가가 그 사용자로서의 지위에서 과하는 행정상 제재를 하는 제도
적극행정 징계면제 제도	공무원이 공공의 이익을 위하여 성실하고 적극적으로 업무를 처리한 결과에 대하여 고의나 중과실이 없는 이상 징계를 면제해주는 제도

8. 윤리제도

구분	내용
공직자 재산등록·공개·심사제도	재산등록(신고) 및 공개란 재산등록의무자가 본인 및 직계존비속의 재산을 등록하여 공개함으로써 부정한 재산증식을 사전에 예방하고 재산형성의 투명성을 확보하기 위한 제도
고지거부제도	등록의무자의 부양을 받지 아니하는 직계존비속이 공직자윤리위원회의 허가를 받아 자기 재산의 고지를 거부하고 재산등록을 하지 아니할 수 있는 제도
주식백지신탁심사 제도	고위공직자가 직무와 관련된 주식을 보유한 경우, 공무수행 과정에서 공·사적 이해 충돌 가능성을 있음에 따라 이를 사전에 방지하기 위하여 당해 주식을 매각 또는 백지신탁(Blind Trust)토록 하는 것으로 2006년부터 시행된 제도
선물신고제도	공직자가 직무와 관련하여 직·간접을 불문하고 사례·증여 또는 향응을 수수할 수 없으나, 외교 및 국제 관례상 외국(외국인)으로부터 받는 선물은 거절하기 어려우므로 직무와 관련하여 선물을 받은 경우 이를 신고토록 하여 공직자의 윤리를 확립하고자 도입된 제도
퇴직공직자 취업제한제도	공직자가 재직 중에는 퇴직 후 취업을 목적으로 특정 업체에 특혜를 주는 등의 부정한 유착관계 형성을 사전에 차단하고, 퇴직하고 재취업한 후에는 퇴직전에 근무하였던 기관에 부당한 영향력을 행사하는 것을 방지하기 위하여 도입한 제도
퇴직공직자 행위제한제도	연고주의와 정서적 유대관계를 중요시하는 우리나라의 문화적 풍토로 인해 발생하는 불공정한 전관예우 문제, 퇴직공직자 로비스트화 등 공직자와 취업제한기관 간 부패행위의 사전적 예방에 초점을 두고 공무수행의 공정성을 확보하고자 도입한 제도
공직유관단체 제도	정부 지자체의 재정지원, 정부 지자체 업무 수행 등으로 공공성을 지닌 기관 단체를 공직유관단체로 지정, 공직자윤리법을 적용함으로써 부정한 재산증식 방지 및 공무집행의 공정성 확보에 대한 제도

9. 노사협력

구분	내용
노사상생	국민에게 헌신하는 공직자상 확립, 노사 간 소통 강화 및 파트너십 구축,

구분	내용
협력사업	노사관계의 전문성 강화 등을 위해 노사가 함께 추진하는 사업
공무원 노조와 단체교섭	노동조합의 대표자와 권한을 가진 정부교섭대표가 노동조합에 관한 사항, 조합원의 보수·복지, 그 밖의 근무조건에 관하여 교섭하는 제도

10. 인재정보

국가인재 데이터베이스	대한민국 정부의 주요직위 인선 시 객관적인 자료를 토대로 적합한 인재를 발굴·임용하기 위하여 공직후보자에 대한 정보를 수집하고 관리하는 국가인물정보시스템
국가인재 DB 국민추천제	참신한 인재발굴을 목적으로 국민이 직접 참여하여 공직후보자를 추천하는 국민참여형 선진인사시스템
정부헤드헌팅	공직 개방성 및 정부 경쟁력 제고를 위해 주요 직위에서 필요로 하는 최고 수준 민간 전문가를 직접 발굴·추천하는 활동

여기서 잠깐

인사행정의 요인

① **임용**: 임용(채용)은 정부조직 외부로부터 인력을 선발하여 적합한 지위에 배치하는 것임
② **능력**: 공직적응을 높여 능력을 발전시키기 위한 교육훈련, 근무성적평가, 승진, 전직, 전보, 파견 등에 관련한 것임
③ **사기**: 조직목표를 달성하기 위해 경제적 요인(보수, 연금 등)과 사회·심리적 요인(인간관계, 참여감 등)을 통해 사기양양에 관한 것임

정부 인사행정의 특징

① **비시장성**: 정부활동의 독점성으로 인해 인사행정의 평가가 경제적 기준이 안 됨
② **법정주의**: 정부 인사행정의 원리와 절차는 법률에 의해 규정됨
③ **정치성**: 정부 및 공공부문의 인사행정은 정치권력의 영향을 받음

3) 체육·스포츠 인사관리

(1) 체육행정공무원

정부의 체육행정을 담당하고 있는 문화체육관광부 체육국의 공무원은 국가

고시를 통해 임용된 행정공무원으로 체육전문가는 아니다. 학교체육을 담당하는 교육부의 공무원도 마찬가지이다. 또한 각 시·도의 체육행정담당자도 역시 국가나 지방고시를 통해 임용된 공무원이 담당하고 있다.

서울올림픽기념국민체육진흥공단과 부설 통합(1999년)으로 운영되고 있는 한국스포츠정책과학원이 있다. 1980년 태릉선수촌에서 스포츠과학연구소로 시작해 이듬해 재단법인 한국체육과학연구원이 설립됐다. 이 기관에서 1996년 10월에 한국체육과학연구원에 체육행정공무원 전문교육과정이 지정되어 체육행정담당 공무원을 대상으로 교육을 실시하였다.

대표적으로 체육행정실무자 및 시설관리자 전문교육(문화체육관광부) 과정이다. 이는 체육행정실무자의 전문성 제고 및 업무수행 능력을 배양하고, 체육환경의 변화와 체육행정 수요의 증대에 효과적으로 대처하기 위해 구성됐다. 이를 위해 국민체육진흥공단 부설 체육과학연구원(현 한국스포츠정책과학원)에서 위탁 실시함에 따라 다양한 프로그램을 만들었다. 강사는 문화체육관광부 과장급, 체육과학연구원의 연구원 및 대학교수 등으로 구성했고, 교육은 특강, 전문분야 강의, 시설견학 및 분임활동 등으로 전문교육의 효과를 제고하기 위한 방향으로 진행했다. 상반기(행정 실무자 과정)와 하반기(시설 관리자 과정)로 구분해 행정실무자과정은 문화체육관광부, 시·도(시·군·구 포함) 5급 이하 일반직 공무원을 대상으로 했고, 시설관리자과정은 시·도(시·군·구 포함) 시설관리자, 시설관리업체 관계자 등을 대상으로 교육했다.

또한 2003년 지방공무원의 선택전문교육의 훈련기관으로 지정돼 운영되기도 했다. 스포츠 강국에서 스포츠 산업 강국으로 향하는 우리나라에 지속적으로 체육행정전문가를 양성하는 프로그램이 필요할 것이다. 외부의 민간 전문가 유입에 대해 폐쇄적인 우리나라 관료사회의 특정영역의 비전문성이 날로 팽배해 가고 있다. 특히 순환보직 환경과 일반적 행정업무에만 특화될 수밖에 없는 환경을 극복하기 위해서라도 지속적인 교육 프로그램이 활성화되어야 한다.

(2) 학교체육지도자

「학교체육진흥법」 제1조(목적)에 따르면 "학생의 체육활동 강화 및 학교운동부 육성 등 학교체육 활성화에 필요한 사항을 정함으로써 학생들이 건강하고 균형 잡힌 신체와 정신을 가질 수 있도록 하는 데 기여함을 목적"으로 명시돼 있다.

동법 제2조(정의)에 따르면 관련한 용어가 정리돼 있다.

1. "학교체육"이란 학교에서 학생을 대상으로 이루어지는 체육활동을 말한다.
2. "학교"란 「유아교육법」제2조 제2호에 따른 유치원 및 「초ㆍ중등교육법」제2조에 따른 학교를 말한다.
3. "학교운동부"란 학생선수로 구성된 학교 내 운동부를 말한다.
4. "학생선수"란 학교운동부에 소속되어 운동하는 학생이나 「국민체육진흥법」제33조와 제34조에 따른 체육단체에 등록되어 선수로 활동하는 학생을 말한다.
5. "학교스포츠클럽"이란 체육활동에 취미를 가진 같은 학교의 학생으로 구성되어 학교가 운영하는 스포츠클럽을 말한다.
6. "학교운동부지도자"란 학교에 소속되어 학교운동부를 지도ㆍ감독하는 사람을 말한다.
7. "스포츠강사"란 「초ㆍ중등교육법」제2조 제2호에 따른 초등학교에서 정규 체육수업 보조 및 학교스포츠클럽을 지도하는 체육전문강사를 말한다.
8. "학교체육진흥원"이란 학교체육 진흥을 위한 연구, 정책개발, 연수 등을 실시하는 조직을 말한다.

국가 및 지방자치단체(교육감을 포함)는 학교체육 진흥에 필요한 시책을 마련하고 학생의 자발적인 체육활동을 권장ㆍ보호 및 육성해야 한다. 또한 학교체육 진흥에 관한 기본 시책을 5년 마다 수립하고 시행하는 내용을 의무화하고 있다.

동법 제6조(학교체육 진흥의 조치 등)에 따르면 학교의 장은 학생의 체력증진과 체육활동 활성화를 위해 다음의 내용을 수행해야 한다.

1. 체육교육과정 운영 충실 및 체육수업의 질 제고
2. 제8조에 따른 학생건강체력평가 및 제9조에 따라 비만 판정을 받은 학생에 대한 대책
3. 제10조에 따른 학교스포츠클럽 및 제11조에 따른 학교운동부 운영
4. 학생선수의 학습권 보장 및 인권보호
5. 여학생 체육활동 활성화
6. 유아 및 장애학생의 체육활동 활성화
7. 학교체육행사의 정기적 개최
8. 학교 간 경기대회 등 체육 교류활동 활성화

9. 교원의 체육 관련 직무연수 강화 및 장려
10. 그 밖에 학교체육 활성화를 위하여 필요한 사항

(3) 스포츠지도사

「국민체육진흥법」은 제1조(정의)에 따르면 "국민체육을 진흥하여 국민의 체력을 증진하고, 체육활동으로 연대감을 높이며, 공정한 스포츠 정신으로 체육인 인권을 보호하고, 국민의 행복과 자긍심을 높여 건강한 공동체의 실현에 이바지함을 목적"으로 한다.

동법 제2조(정의)에 따르면 스포츠지도사에 관련한 용어가 정리돼 있다.

1. "체육"이란 운동경기·야외 운동 등 신체 활동을 통하여 건전한 신체와 정신을 기르고 여가를 선용하는 것을 말한다.
2. "전문체육"이란 선수들이 행하는 운동경기 활동을 말한다.
3. "생활체육"이란 건강과 체력 증진을 위하여 행하는 자발적이고 일상적인 체육 활동을 말한다.
4. "체육지도자"란 학교·직장·지역사회 또는 체육단체 등에서 체육을 지도할 수 있도록 이 법에 따라 다음 각 목의 어느 하나에 해당하는 자격을 취득한 사람을 말한다.
   가. 스포츠지도사
   나. 건강운동관리사
   다. 장애인스포츠지도사
   라. 유소년스포츠지도사
   마. 노인스포츠지도사

2015년에 「국민체육진흥법」이 일부 개정이 되면서 체육지도자 자격제도가 개편됐다. 기본적인 자격취득 절차는 필기, 실기 및 구술, 연수 제도로 변경됐다. 자세한 내용은 체육지도자 검정을 주관하는 서울올림픽기념국민체육진흥공단의 해당 홈페이지(www.insports.or.kr)를 통해 공식적으로 공지하고 있다.

① 전문스포츠지도사

「국민체육진흥법」 제11조(체육지도자의 양성)와 제12조(체육지도자의 자격취소), 동법 시행령 제8조(체육지도자의 양성과 자질향상), 11조의 3(연수계획), 동법 시행규칙 제4조(자격검정의 공고 등), 제23조(체육지도자의 자격취소) 등을 근거로 시행되고 있다. 전문스포츠지도사는 등급에 따라 경기경력, 입상여부와 같은 실적 등을 토대로 시험절차의 간소화 혜택을 살펴봐야 한다.

■ <표 8-3> 전문스포츠지도사 제도

구분		내용
필기시험	1급	(필수) 운동상해, 체육측정평가론, 트레이닝론, 스포츠영양학
	2급	(7과목 중 5과목 선택) 스포츠심리학, 운동생리학, 스포츠사회학, 운동역학, 스포츠교육학, 스포츠윤리, 한국체육사
실기와 구술시험	1급	(55개 종목) 검도, 골프, 공수도, 궁도, 근대5종, 농구, 당구, 댄스스포츠, 럭비, 레슬링, 루지, 바이애슬론, 배구, 배드민턴, 보디빌딩, 복싱, 볼링, 봅슬레이스켈레톤, 빙상, 사격, 사이클, 산악, 세팍타크로, 소프트볼, 수상스키, 수영, 수중, 스쿼시, 스키, 승마, 씨름, 아이스하키, 야구, 양궁, 에어로빅, 역도, 요트, 우슈, 유도, 육상, 인라인롤러, 정구, 조정, 체조, 축구, 카누, 컬링, 탁구, 태권도, 택견, 테니스, 트라이애슬론, 펜싱, 하키, 핸드볼
	2급	
연수	1급	(기관) 국민체육진흥공단
	2급	(기관) 중앙대, 한국체대, 국기원(태권도 단일종목), 동아대, 충남대, 조선대

② 건강운동관리사

'건강운동관리사'란 개인의 체력적 특성에 적합한 운동형태, 강도, 빈도 및 시간 등 운동수행 방법에 대하여 지도·관리하는 사람이다. 응시자격은 「고등교육법」 제2조(학교의 종류)에 따른 학교에서 체육 분야에 관한 학문을 전공하고 졸업한 사람(졸업예정자 포함)이거나 법령에 따라 이와 같은 수준의 학력이 있다고 인정되는 사람(체육 분야 전문학사, 학사, 석·박사) 등이 해당된다.

□ <표 8-4> 건강운동관리사 제도

구분	내용
필기시험	(필수) 기능해부학(운동역학 포함), 운동생리학, 스포츠심리학, 건강 · 체력 평가, 운동처방론, 병태생리학, 운동상해, 운동부하검사
실기와 구술시험	심폐소생술(CPR)/응급처치, 건강/체력측정평가, 운동트레이닝방법, 운동 손상 평가 및 재활
연수	(기관) 연세대, 부경대, 순천향대, 조선대

③ 생활스포츠지도사

응시자격은 만 18세 이상인 사람으로 2급 생활스포츠지도사를 취득할 수 있다. 1급 생활스포츠지도사는 2급을 취득한 후 3년 이상 해당 자격 종목의 지도 경력을 갖추어야 응시자격이 주어진다. 기타 조건은 해당 사이트에서 구체적으로 제시돼 있다.

□ <표 8-5> 생활스포츠지도사 제도

구분		내용
필기시험	1급	(필수) 운동상해, 체육측정평가론, 트레이닝론, 건강교육론
	2급	(7과목 중 5과목 선택) 스포츠심리학, 운동생리학, 스포츠사회학, 운동역학, 스포츠교육학, 스포츠윤리, 한국체육사
실기와 구술시험	1급	(57개 종목) 검도, 게이트볼, 골프, 궁도, 농구, 당구, 댄스스포츠, 등산, 라켓볼, 럭비, 레슬링, 레크리에이션, 리듬체조, 배구, 배드민턴, 보디빌딩, 복싱, 볼링, 빙상, 사격, 세팍타크로, 수상스키, 수영, 스쿼시, 스키,
	2급	스킨스쿠버, 승마, 씨름, 아이스하키, 야구, 양궁, 에어로빅, 오리엔티어링, 요트, 우슈, 윈드서핑, 유도, 육상, 인라인스케이트, 자전거 정구, 조정, 족구, 철인3종경기, 축구, 카누, 탁구, 태권도, 테니스, 파크골프, 패러글라이딩, 펜싱, 풋살, 하키, 합기도, 핸드볼, 행글라이딩
연수	1급	(기관) 국민체육진흥공단, 원광대
	2급	(기관) 경기대, 경희대, 용인대, 인천대, 중앙대, 한양대, 경남대, 경상대, 계명대, 부경대, 안동대, 건국대, 충남대, 충북대, 호서대, 군산대, 전남대, 전북대, 강릉원주대, 제주대

④ 장애인스포츠지도사

'장애인스포츠지도사'란 장애유형에 따른 운동방법 등에 대한 지식을 갖추고 해당 자격종목에 대하여 장애인을 대상으로 전문체육이나 생활체육을 지도하는 사람을 말한다. 응시자격은 만 18세 이상인 사람으로 2급 장애인스포츠지도사를 취득할 수 있다. 1급 장애인스포츠지도사는 2급을 취득한 후 3년 이상 해당 자격 종목의 지도경력을 갖추어야 응시자격이 주어진다. 기타 조건은 해당 사이트에서 구체적으로 제시돼 있다.

□ <표 8-6> 장애인스포츠지도사 제도

구분		내용
필기시험	1급	(필수) 장애인스포츠론, 운동상해, 체육측정평가론, 트레이닝론
	2급	(필수) 특수체육론 (7개 과목 중 4개 선택) 스포츠심리학, 운동생리학, 스포츠사회학, 운동역학, 스포츠교육학, 스포츠윤리, 한국체육사
실기와 구술시험	1급	(34개 종목) 골볼, 공수도, 농구, 댄스스포츠, 럭비, 레슬링, 론볼, 배구, 배드민턴, 보치아, 볼링, 사격, 사이클, 수영, 스노우보드, 승마, 아이스하키, 알파인스키·바이애슬론·크로스컨트리, 양궁, 역도, 오리엔티어링, 요트, 유도, 육상, 조정, 축구, 카누, 컬링, 탁구, 태권도, 테니스, 트라이애슬론, 펜싱, 핸드볼
	2급	
연수	1급	(기관) 국민체육진흥공단
	2급	(기관) 용인대, 한국체육대, 대구대, 백석대, 원광대

⑤ 유소년스포츠지도사

'유소년스포츠지도사'란 유소년(만3세부터 중학교 취학 전까지를 말함)의 행동양식, 신체발달 등에 대한 지식을 갖추고, 해당 자격종목에 대하여 유소년을 대상으로 체육을 지도하는 사람을 말한다. 응시자격은 만 18세 이상인 사람으로 유소년스포츠지도사를 취득할 수 있다. 기타 조건은 해당 사이트에서 구체적으로 제시돼 있다.

☐ <표 8-7> 유소년스포츠지도사 제도

구분	내용
필기시험	(필수) 유아체육론 (7개 과목 중 4개 선택) 스포츠심리학, 운동생리학, 스포츠사회학, 운동역학, 스포츠교육학, 스포츠윤리, 한국체육사
실기와 구술시험	(60개 종목) 검도, 게이트볼, 골프, 궁도, 농구, 당구, 댄스스포츠, 등산, 라켓볼, 럭비, 레슬링, 레크리에이션, 리듬체조, 배구, 배드민턴, 보디빌딩, 복싱, 볼링, 빙상, 사격, 세팍타크로, 수상스키, 수영, 스쿼시, 스키, 스킨스쿠버, 승마, 씨름, 아이스하키, 야구, 양궁, 에어로빅, 오리엔티어링, 요트, 우슈, 윈드서핑, 유도, 육상, 인라인스케이트, 자전거, 정구, 조정, 족구, 줄넘기, 철인3종경기, 축구, 카누, 탁구, 태권도, 테니스, 파크골프, 패러글라이딩, 펜싱, 풋살, 플라잉디스크, 피구, 하키, 합기도, 핸드볼, 행글라이딩
연수	(기관) 중앙대, 경남대, 호서대, 광주대, 가톨릭관동대

⑥ 노인스포츠지도사

'노인스포츠지도사'란 노인의 신체적·정신적 변화 등에 대한 지식을 갖추고 해당 자격종목에 대하여 노인을 대상으로 생활체육을 지도하는 사람을 말한다. 응시자격은 만 18세 이상인 사람으로 노인스포츠지도사를 취득할 수 있다. 기타 조건은 해당 사이트에서 구체적으로 제시돼 있다.

☐ <표 8-8> 노인스포츠지도사 제도

구분	내용
필기시험	(필수) 노인체육론 (7개 과목 중 4개 선택) 스포츠심리학, 운동생리학, 스포츠사회학, 운동역학, 스포츠교육학, 스포츠윤리, 한국체육사
실기와 구술시험	(58개 종목) 검도, 게이트볼, 골프, 궁도, 그라운드골프, 농구, 당구, 댄스스포츠, 등산, 라켓볼, 럭비, 레슬링, 레크리에이션, 리듬체조, 배구, 배드민턴, 보디빌딩, 복싱, 볼링, 빙상, 사격, 세팍타크로, 수상스키, 수영, 스쿼시, 스키, 스킨스쿠버, 승마, 씨름, 아이스하키, 야구, 양궁, 에어로빅, 오리엔티어링, 요트, 우슈, 윈드서핑, 유도, 육상, 인라인스케이트, 자전거, 정구, 조정, 족구, 철인3종경기, 축구, 카누, 탁구, 태권도, 테니스, 파크골프, 패러글라이딩, 펜싱, 풋살, 하키, 합기도, 핸드볼, 행글라이딩
연수	연세대, 이화여대, 신라대, 대전대, 목포대, 호남대, 가톨릭관동대

(4) 스포츠경영관리사

한국산업인력공단 국가자격 종목별 상세정보(www.q-net.or.kr)에 따르면 2005년부터 도입된 '스포츠경영관리사(Sport Business Manager)'은 "스포츠에 대한 관심과 참여의 증대에 따른 스포츠 시장의 다양화와 스포츠산업의 다변화는 다양한 직업 유형과 함께 고용기회를 제공하고 있다. 국내도 이미 아마추어 및 프로 스포츠의 발전으로 인해 스포츠경영 전문가의 필요성이 요구되고 있다. 스포츠경영관리는 특히 젊은 층에서 새로운 직업으로 인식되고 있기 때문에 스포츠경영관리 분야의 전문적인 교육이 요구된다. 따라서 스포츠경영 분야에서의 적응과 올바른 직무활동을 위하여 보다 체계적이고 다양한 학문의 교류와 전문가 양성의 필요성이 증대"됨에 따라 매년 2 ~ 3회 씩 실시되고 있다.

이는 "스포츠이벤트의 기획 및 운영, 스포츠스폰서 및 광고주 유치, 프로 및 아마추어 스포츠 구단 스포츠마케팅 기획 및 운영, 스포츠콘텐츠의 확보 및 상품화, 스포츠선수대리인 사업 의 시행, 스포츠시설 회원 모집, 관리 등 회원서비스, 스포츠시설 설치 및 경영 컨설팅, 공공 및 민간체육시설 관리 운영" 등의 전문가 양성을 목표로 하고 있다.

□ <표 8-9> 스포츠경영관리사 제도

구분	내용
필기시험	(필수) 스포츠산업론, 스포츠경영론, 스포츠마케팅론, 스포츠시설론
실기시험	(필수) 스포츠마케팅 및 스포츠시설경영 실무

2. 사무관리

1) 사무관리의 개요

사무관리란 행정관리에 필요한 정보를 합리적으로 생산하기 위한 관리 활동으로 사무를 읽고 쓰고 계산하는 작업적 측면과, 행정목표에 달성하기 위해 정보수집, 가공, 저장 및 활용하는 기능적 측면이 있다. 사무관리의 목표는 날이 갈수록 복잡해지는 사무처리를 효율적으로 하기 위함이다. 이를 위해 사무관리 기법과 절차를 간소화시키는 사무개선을 위한 노력을 하게 된다. 사무개선의 목표는 용이성, 정확성, 신속성, 경제성을 추구하기 위해서이다. 용이성이란 사무처리의 방법을 기존의 방식보다 쉽게 하는 것이다. 정확성은 처리방법에서 계산사무의 기계화 및 전산화를 통해 오류를 줄이는 것이다. 신속성은 문서운행경로의 단축과 불필요한 중복과정을 줄임으로써 사무를 보다 신속히 처리할 수 있다. 경제성은 인력의 적정화, 소모품의 재점검 등을 통해 소요경비를 절약하는 것이다.

2) 공문서

행정기관의 사무관리에 관한 사항을 규정함으로써 사무의 간소화·표준화·과학화 및 정보화를 기하여 행정의 능률향상을 목적으로 한 「사무관리규정」 제7조(공문서의 종류)에 따라 공문서는 다음과 같이 나눈다(법제처, n. d.).

---

1) 법규문서는 헌법·법률·대통령령·총리령·부령·조례 및 규칙등에 관한 문서를 말한다.
2) 지시문서는 훈령·지시·예규 및 일일명령 등 행정기관이 그 하급기관 또는 소속공무원에 대하여 일정한 사항을 지시하는 문서를 말한다.
3) 공고문서는 고시·공고 등 행정기관이 일정한 사항을 일반에게 알리기 위한 문서를 말한다.
4) 비치문서는 비치대장·비치카드 등 행정기관이 일정한 사항을 기록하여 행정기관 내부에 비치하면서 업무에 활용하는 문서를 말한다.
5) 민원문서는 민원인이 행정기관에 대하여 허가·인가·기타 처분 등 특정한 행위를 요구하는 문서 및 그에 대한 처리문서를 말한다.
6) 일반문서는 제1호 내지 제5호에 속하지 아니하는 모든 문서를 말한다.

---

3) 문서작성

「사무관리규정 시행규칙」에서 위임된 사항과 그 시행에 관하여 필요한 사항을 규정함을 목적으로 하고 있다. 제2조(정의)에 따라 살펴보면 다음과 같다.

1) "기관번호"라 함은 행정사무의 표준화를 위하여 행정안전부장관이 정한 행정전산망 공통 행정코드중 기관별 코드번호를 말한다.
2) "누년 일련번호"라 함은 연도구분과 관계없이 누년 연속되는 일련번호를 말한다.
3) "연도별 일련번호"라 함은 연도별로 구분하여 매년 새로 시작되는 일련번호로서 연도 시가 없는 번호를 말한다.
4) "연도표시 일련번호"라 함은 연도표시와 연도별 일련번호를 붙임표(-)로 이은 번호를 말한다.
5) "결재권자"라 함은 행정기관의 장, 사무관리규정 제16조 제2항의 규정에 의하여 행정 기관의 장으로 부터 결재권을 위임받은 자 및 사무관리규정 제16조 제3항의 규정에 의하여 대결하는 자를 말한다.

공문서 작성방법은 공문서의 종류에 따라 「사무관리규정 시행규칙」 제3조(문 서작성의 원칙)에 다음과 같이 작성하도록 명시돼 있다. 법규문서에서 '누년 일련 번호'란 연도구분과 관계없이 누년 연속되는 일련번호로서 예를 들어 '법률 제 1234호'와 같이 표기한다. 지시문서의 훈령은 누년 일련번호를 사용하는데, 예 를 들어 '훈령 제1호'로 표기하고, 연도별 일련번호를 사용하는 지시는 예를 들 어 '지시 제2021-3호'와 같이 표기한다. 공고문서의 고시 또한 '고시 제2021-5 호'와 같이 연도를 앞에 붙인다.

민원문서와 일반문서는 시행문 형식으로 생산등록번호 혹은 접수등록번호를 사용한다. 예를 들어 '문화체육관광부-123'과 같이 표기한다.

1. 법규문서는 조문형식에 의하여 작성하고, 누년 일련번호를 사용한다.
2. 지시문서는 다음 구분에 의하여 작성한다.
   가. 훈령: 상급기관이 하급기관에 대하여 장기간에 걸쳐 그 권한의 행사를 일반적으로 지시하기 위하여 발하는 명령으로서 조문형식 또는 별지 제1호의2서식의 시행문 형식에 의하여 작성하고, 누년 일련번호를 사용한다.
   나. 지시: 상급기관이 직권 또는 하급기관의 문의에 의하여 하급기관에 개별적·구체 적으로 발하는 명령으로서 시행문형식에 의하여 작성하고, 연도표시 일련번호를 사용한다.

다. 예규: 행정사무의 통일을 기하기 위하여 반복적행정사무의 처리기준을 제시하는 법규문서외의 문서로서 조문형식 또는 시행문형식에 의하여 작성하고, 누년 일련 번호를 사용한다.

　　라. 일일명령: 당직·출장·시간외근무·휴가 등 일일업무에 관한 명령으로서 시행문 형식 또는 별지 제2호서식의 회보형식 등에 의하여 작성하고, 연도별 일련번호를 사용한다.

3. 공고문서는 다음 구분에 의하여 작성한다.

　　가. 고시: 법령이 정하는 바에 따라 일정한 사항을 일반에게 알리기 위한 문서로서 연 도표시 일련번호를 사용한다.

　　나. 공고: 일정한 사항을 일반에게 알리는 문서로서 연도표시 일련번호를 사용한다.

4. 비치문서는 비치하여 사용하는 대장류 및 카드류의 문서로서 적합한 형태의 서식으로 정하여 작성한다.

5. 민원문서 및 일반문서는 시행문형식등에 의하여 작성한다. 다만, 회보 및 보고서는 다 음 구분에 의하여 작성한다.

　　가. 회보: 행정기관의 장이 소속공무원 또는 하급기관에 업무연락·통보 등 일정한 사 항을 알리기 위한 경우에 사용하는 문서로서 회보형식에 의하여 작성하고 연도별 일련번호를 사용한다.

　　나. 보고서: 특정한 사안에 관한 현황 또는 연구·검토결과등을 보고하거나 건의하는 때에 사용하는 문서로서 특별한 사유가 있는 경우를 제외하고는 별지 제1호의2서 식의 기안문형식에 의하여 작성한다.

행 정 기 관 명

수신자
(경유)
제 목

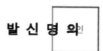

발 신 명 의

기안자 직위(직급) 서명　　　검토자 직위(직급)서명　　　결재권자 직위 (직급)서명

협조자

시행　　　처리과-일련번호(시행일자)　　　접수　　　처리과명-일련번호(접수일자)

우　　　주소　　　　　　　　　　　/ 홈페이지 주소

전화( )　　　팩스( )　　　　　　/ 공무원의 공식 전자우편주소　　/ 공개구분

◎ 〈그림 8-2〉 기안서식

출처: 사무규정시행규칙

<그림 8-2>의 기안서식의 처리요령에 대한 자세한 내용은 다음과 같다.

[처리요령]

(이 난은 서식에 포함하지 아니함)

1. 행정기관명: 그 문서를 기안한 부서가 속한 행정기관명을 기재한다.

2. 수신자 (　　): 수신자명 또는 수신자기호를 먼저 쓰고, 이어서 괄호 안에는 처리할 자(보조기관 또는 보좌기관을 말한다)의 직위를 쓰되, 처리할 자의 직위가 분명하지 아니한 경우에는 ○○업무담당과장 등으로 쓰며, 수신자가 많아 본문의 내용을 기재할 난이 줄어들어 본문의 내용을 첫 장에서 파악하기 곤란한 경우는 두문의 수신자란에 "수신자 참조"라고 쓰고, 결문의 발신명의 밑의 왼쪽 기본선에 맞추어 수신자란을 설치하여 수신자명 또는 수신자기호를 표시한다.

3. (경유): 경유문서인 경우에 (경유)란에 "이 문서는 경유기관의 장은 ○○○ (또는 제1차 경유기관의 장은 ○○○, 제2차 경유기관의 장은 ○○○)이고, 최종 수신기관의 장은 ○○○입니다."라고 표시하고, 경유기관의 장은 제목란에 "경유문서의 이송"이라고 표시하여 순차적으로 이송하여야 한다.

4. 제목: 그 문서의 내용을 쉽게 알 수 있도록 간단하고, 명확하게 기재한다.

5. 발신명의: 합의제 행정기관 또는 행정기관의 장의 명의를 기재하고, 보조기관 또는 보좌기관 상호간에 발신하는 문서는 그 보조기관 또는 보좌기관의 명의를 기재한다.

6. 기안자·검토자·협조자·결재권자의 직위/직급: 직위가 있는 경우에는 직위를 온전하게 쓰고, 직위가 없는 경우에는 직급을 온전하게 쓴다. 다만, 기관장과 부기관장의 직위는 간략하게 쓴다.

7. 시행 처리과명-일련번호(시행일자) 접수 처리과명-일련번호(접수일자): 처리과명(처리과가 없는 행정기관은 10자 이내의 행정기관명의 약칭)을 기재하고, 일련번호는 연도별 일련번호를 기재하며, 시행일자와 접수일자란에는 연월일을 각각 온점(.)을 찍어 숫자로 기재한다. 다만, 민원문서인 경우로서 필요한 경우에는 시행일자와 접수일자란에 시·분까지 기재한다.

8. 우 주소: 우편번호를 기재한 다음, 행정기관이 위치한 도로명 및 건물번호 다음에 괄호하여 주소를 기재하고, 사무실이 위치한 층수와 호수를 괄호안에 기재한다.
   예 우110-034 서울특별시 종로구 효자로 39(창성동 117) (2층 208호)

9. 홈페이지 주소: 행정기관의 홈페이지 주소를 기재한다.
   예 www.mopas.go.kr

10. 전화(　) 전송(　): 전화번호와 모사전송번호를 각각 기재하되, (　)안에는 지역번호를 기재한다. 기관 내부문서의 경우는 구내 전화번호를 기재한다.

11. 공무원의 공식 전자우편주소: 행정기관에서 공무원에게 부여한 전자우편 주소를 기재한다.

12. 공개구분 : 공개, 부분공개, 비공개로 구분하여 표시한다. 부분공개 또는 비공개인 경우에는 「공공기록물 관리에 관한 법률 시행규칙」 제18조에 따라 "부분공개( )" 또는 "비공개( )"로 표시하고, 「공공기관의 정보공개에 관한 법률」 제9조 제1항 각 호의 번호 중 해당 번호를 괄호 안에 표시한다.

13. 관인생략 등 표시: 발신명의의 오른쪽에 관인생략 또는 서명생략을 표시한다.

※ 기안자·검토자 및 결재권자(직위/직급) 서명: "기안자·검토자 및 결재권자"의 용어는 표시하지 아니하고, 기안자·검토자 및 결재권자의 직위/직급을 쓰고 서명한다.

※ 협조자(직위/직급) 서명: "협조자"의 용어를 표시한 다음, 이어서 직위/직급을 쓰고 서명한다.

※ 전결 및 서명표시 위치: 사무관리규정 제16조 제2항 및 동규정 시행규칙 제19조 제1항의 규정에 의하여 결재권이 위임된 사항을 전결하는 경우에는 행정기관의 장의 결재란을 설치하지 아니하고 전결하는 자의 서명란에 "전결"표시를 한 후 서명한다.

※ 전결·대결 및 서명표시 위치: 사무관리규정 제16조 제3항 및 동규정 시행규칙 제19조 제2항의 규정에 의하여 위임전결사항을 대결하는 경우에는 행정기관의 장의 결재란을 설치하지 아니하고 전결하는 자의 서명란에 "전결"표시를 한 후 대결하는 자의 서명란에 "대결"표시를 하고 서명하며, 위임전결 사항이 아닌 사항을 대결한 경우에는 행정기관의 장의 결재란을 설치하지 아니하고 대결하는 자의 서명란에 "대결"표시를 하고 서명한다.

※ 발의자(★)·보고자(◉)의 표시는 직위 또는 직급 앞 또는 위에 한다.

※ "수신자"는 "받는 자"로 사용할 수 있다.

문서를 작성할 때 항목구분을 통해 내용을 분류하고 명확하게 전달한다. 「사무관리규정 시행규칙」 제10조(항목의 구분)에 따라 작성한다. 물론 문서의 종류와 특성상 보다 다양한 기호를 넣어 강조하기도 한다.

제10조(항목의 구분) 문서의 내용을 2이상의 항목으로 구분할 필요가 있는 때에는 다음 구분에 의하여 표시하여야 한다. 다만, 필요한 경우에는 부분적으로 □, ○, -, · 등과 같은 특수한 기호로 표시할 수 있다.

1. 첫째항목의 구분은 1., 2., 3., 4.……로 나누어 표시한다.

2. 둘째항목의 구분은 가., 나., 다., 라.……로 나누어 표시한다.

3. 셋째항목의 구분은 1), 2), 3), 4)……로 나누어 표시한다.

4. 넷째항목의 구분은 가), 나), 다), 라),……로 나누어 표시한다.

5. 다섯째항목의 구분은 (1), (2), (3), (4)……로 나누어 표시한다.

6. 여섯째항목의 구분은 (가), (나), (다), (라)……로 나누어 표시한다.

7. 일곱째 항목의 구분은 ①,②,③,④……로 나누어 표시한다.

8. 여덟째 항목의 구분은 ㉮,㉯,㉰,㉱……로 나누어 표시한다.

9. 제2호·제4호·제6호 및 제8호의 경우에 하., 하), (하), ㉶이상 더 계속되는 때에는 거., 거), (거), 〈거〉, 너., 너), (너), 〈너〉……로 이어 표시한다.

3. 재무행정

재무행정이란 행정부가 사회로부터 재원을 동원하고 배분하는 활동으로 예산의 편성, 심의, 집행, 회계기록, 회계검사 등을 비롯해 법률·제도적인 접근과 행정관리론적 입장에 이르기까지 다양한 분야를 포함하고 있다. 공공부문의 재정활동은 정부활동과 공공기관 활동으로 구분하고, 국가재정은 예산과 기금으로 분류된다.

1) 예산

(1) 예산의 개요

예산은 국가를 운영해 나가는 데 필요한 경비를 배정하는 것이다. 19세기 말 독일의 경제학자인 아돌프 와그너(A. Wagner)는 예산에 대해 '숫자적인 개관'이라 정의하였는데 예산규모가 크지 않던 당시에는 통제기능 정도만을 필요로 했기 때문이다. 1920년대 말 미국의 아서 벅크(A. E. Buck)는 '한 국가의 재정정책을 수립·채택하고 집행하는 과정'이라고 보다 구체적으로 예산에 대해 정의를 내렸다. 이는 예산의 효율적인 관리를 위해 명확한 계획을 수립해야 한다는 근대적인 예산의 개념을 인식한 것이다. 현대적인 의미의 예산에 대해선 1966년에 알렌 쉬크(A. Schick)가 '계획된 목표들을 성취할 수 있도록 자금지출을 체계적으로 연관시키는 일련의 과정'이라고 예산을 정의하면서 비롯됐다. 이는 곧 일정 기간의 국가의 수입과 지출의 예정액 또는 계획안으로 정의되는 오늘날의 예산을 바라보는 시각과 동일한 것이다.

여기서 잠깐

예산의 기능

① **정치적 기능**: 의회가 행정부를 통제하는 수단과 정치적 단체들 간의 이견을 조정하는 기능
② **법적 기능**: 세출예산에 관계되는 기능으로 지출의 구속성을 의미
③ **관리적 기능**: 지방자치단체의 각 부서의 사업계획과 집행에 대해 예산기관을 통한 관리
④ **경제적 기능**: 예산이 경제정책의 도구로서의 경제안정기능, 경제성장 기능, 소득 재분배 기능

예산의 원칙

① **예산공개 원칙**: 행정부가 제출한 예산안이 심의·의결 및 결산 등의 재정상태를 공개(publicity)
② **예산명료 원칙**: 예산은 모든 국민이 이해할 수 있도록 편성(clarity)
③ **예산사전의결의 원칙**: 예산집행의 회계연도의 개시 이전에 의회에 의해 심의·의결(prior authorization)
④ **예산엄밀의 원칙**: 예산과 결산은 일치해야 하는 원칙(accuracy)
⑤ **예산한정성의 원칙**: 세출예산의 각 항목에 대해 서로 명확한 한계(periodicity)
⑥ **예산단일성의 원칙**: 예산은 구조면에서 가능한 한 단일하게 편성(unity)

(2) 국내법에 따른 예산

「국가재정법」에 따르면 "이 법은 국가의 예산·기금·결산·성과관리 및 국가채무 등 재정에 관한 사항을 정함으로써 효율적이고 성과 지향적이며 투명한 재정운용과 건전재정의 기틀을 확립하고 재정운용의 공공성을 증진하는 것을 목적으로 한다(제1조 목적)."

이 법에 따르면 국가의 회계연도를 매년 1월 1일에 시작하여 12월 31일에 종료하는 것으로 명시돼 있다. 또한 각 회계연도의 경비는 그 연도의 세입 또는 수입으로 충당해야 하는 회계연도 독립의 원칙(제2조)이 있다. 또한 국가의 회계를 일반회계와 특별회계로 구분하고 있다.

동법 16조(예산의 원칙)에 따르면 정부는 예산을 편성하거나 집행할 때 재정건전성을 확보하고 국민부담의 최소화를 위해 최선을 다해야 한다.

제16조(예산의 원칙) 정부는 예산을 편성하거나 집행할 때 다음 각 호의 원칙을 준수하여야 한다.

1. 정부는 재정건전성의 확보를 위하여 최선을 다하여야 한다.
2. 정부는 국민부담의 최소화를 위하여 최선을 다하여야 한다.
3. 정부는 재정을 운용할 때 재정지출 및 조세지출의 성과를 제고하여야 한다.
4. 정부는 예산과정의 투명성과 예산과정에의 국민참여를 제고하기 위하여 노력하여야 한다.
5. 정부는 예산이 여성과 남성에게 미치는 효과를 평가하고, 그 결과를 정부의 예산편성에 반영하기 위하여 노력하여야 한다.
6. 정부는 예산이 온실가스 감축에 미치는 효과를 평가하고, 그 결과를 정부의 예산편성에 반영하기 위하여 노력하여야 한다.

---

2) 기금

(1) 기금의 개요

기금이란 국가가 특정한 목적을 위하여 특정한 자금을 운용할 필요가 있을 때에 마련할 수 있는 재원을 의미한다. 기금은 예산과 마찬가지로 법률에 따라 설치할 수 있는 재원인데, 세입세출예산에 근거하지 않고 예산 외로 운용하는 자금이다. 예산과 기금의 비교는 다음 <표 8-10>와 같다.

□ <표 8-10> 예산과 기금의 비교

구분	차이점	
	예산	기금
급부의 성격	조세수입을 재원으로 무상적 급부가 원칙	일반회계로부터 전입금이나 정부출연금 의존, 유상적 급부
확정절차	국회의결	기획재정부장관과 협의·조정, 국회의결
예산통일의 원칙	통일성의 원칙적용	적용되지 않음
수지체계	세입·세출의 수지에 의존	조성과 운용 체계를 바탕
집행절차	합법성에 입각하여 엄격히 통제	합목적성 차원에서 자율성 보장
계획변경	30% 변경 시 국회의결	추경예산편성

출처: 조계표(2020). 행정학 입문(제2판). 박영사, p.455.

(2) 국내법에 따른 기금

「국가재정법」에 따르면 기금관리주체는 그 기금의 설치목적과 공익에 맞게 기금을 관리하고 운영해야 한다(제62조 기금관리·운용의 원칙). 동법 제63조(기금자산운용의 원칙)에 따르면 기금관리주체는 안정성, 수익성 및 공공성을 고려하여 기금자산을 투명하고 효율적으로 운영해야 한다.

제66조(기금운용계획안의 수립)

① 기금관리주체는 매년 1월 31일까지 해당 회계연도부터 5회계연도 이상의 기간 동안의 신규사업 및 기획재정부장관이 정하는 주요 계속사업에 대한 중기사업계획서를 기획재정부장관에게 제출하여야 한다.

② 기획재정부장관은 자문회의의 자문과 국무회의의 심의를 거쳐 대통령의 승인을 얻은 다음 연도의 기금운용계획안 작성지침을 매년 3월 31일까지 기금관리주체에게 통보하여야 한다.

③ 기획재정부장관은 국가재정운용계획과 기금운용계획 수립을 연계하기 위하여 기금운용계획안 작성지침에 기금별 지출한도를 포함하여 통보할 수 있다.

④ 기획재정부장관은 기금관리주체에게 통보한 기금운용계획안 작성지침을 국회 예산결산특별위원회에 보고하여야 한다.

---

⑤ 기금관리주체는 기금운용계획안 작성지침에 따라 다음 연도의 기금운용계획안을 작성하여 매년 5월 31일까지 기획재정부장관에게 제출하여야 한다.

⑥ 기획재정부장관은 기금운용계획안에 대하여 기금관리주체와 협의·조정하여 기금운용계획안을 마련한 후 국무회의의 심의를 거쳐 대통령의 승인을 얻어야 한다.

⑦ 기획재정부장관은 기금운용계획안을 조정하는 경우 과도한 여유재원이 운용되고 있는 기금(구조적인 요인을 지닌 연금성 기금은 제외한다)에 대하여는 예산상의 지원을 중단하거나 해당 기금수입의 원천이 되는 부담금 등의 감소를 위한 조치를 취할 것을 기금관리주체에게 요구할 수 있다. 이 경우 기금관리주체가 중앙관서의 장이 아닌 경우에는 그 소관 중앙관서의 장을 거쳐야 한다.

⑧ 기금관리주체 중 중앙관서의 장이 아닌 기금관리주체는 각각 같은 항에 규정된 제출·협의 등을 하는 경우 소관 중앙관서의 장을 거쳐야 한다.

3) 체육·스포츠 기금관리

「공공자금관리기금법」에 따르면 "이 법은 기금 등의 여유자금을 통합 관리하여 재정융자 등 공공목적에 활용하고, 국채의 발행 및 상환 등을 효율적으로 관리하기 위하여 공공자금관리기금을 설치하며, 그 운용 및 관리에 필요한 사항을 정함을 목적으로 한다(제1조 목적)." 동법 제10조(공공자금관리기금운용위원회의 설치)에 따르면 관리기금의 운용 및 관리에 관한 사항을 심의·의결하기 위하여 위원회를 둘 수 있다. 체육·스포츠 분야의 위원으로 문화체육관광부장관이 참여하고 있다.

제10조(공공자금관리기금운용위원회의 설치)
① 관리기금의 운용 및 관리에 관한 다음 각 호의 사항을 심의·의결하기 위하여 공공자금관리기금운용위원회를 둔다.
  1. 관리기금의 운용 및 관리에 관한 주요 정책
  2. 관리기금 운용계획의 수립 및 변경
  3. 관리기금 결산보고서
  4. 예수금이나 예탁금의 이자율과 기간의 결정 또는 변경

5. 융자금의 이자율과 기간의 결정 또는 변경

6. 그 밖에 위원회의 위원장이 필요하다고 인정하여 회의에 부치는 사항

　② 위원회의 위원은 위원장을 포함한 15명 이내의 위원으로 구성한다.

　③ 위원장은 기획재정부장관이 되고, 위원은 다음 각 호의 사람이 된다(2021년 기준).

　　1. 교육부장관 2. 과학기술정보통신부장관 3. 행정안전부장관 4. 문화체육관광
부장관 5. 농림축산식품부장관 6. 산업통상자원부장관 7. 보건복지부장관 8.
고용노동부장관 9. 국토교통부장관 10. 해양수산부장관 11. 한국은행 총재
12. 그 밖에 대통령령으로 정하는 중앙행정기관의 장 및 위원장이 위촉하는 사람

「국민체육진흥법」 제19조(기금의 설치 등)에 따르면 국민체육진흥기금을 설치할 수 있다.

제22조(기금의 사용 등)

① 국민체육진흥계정은 다음 각 호의 사업이나 지원 등을 위하여 사용하고, 사행산업중
독예방치유계정은 「사행산업통합감독위원회법」정하는 바에 따라 사용한다.

1. 국민체육 진흥을 위한 연구 · 개발 및 그 보급 사업

2. 국민체육시설 확충을 위한 지원 사업

3. 선수와 체육지도자 양성을 위한 사업

4. 선수 · 체육지도자 및 체육인의 복지 향상을 위한 사업

5. 광고나 그 밖에 국민체육진흥계정 조성을 위한 사업

6. 장려금 및 생활 보조금의 지원

7. 자금의 융자

8. 제24회 서울올림픽대회와 제8회 서울장애인올림픽대회를 기념하기 위한 사업

9. 대한체육회, 지방체육회, 대한장애인체육회, 지방장애인체육회, 한국도핑방지위원
회, 생활체육 관련 체육단체와 체육 과학 연구기관, 스포츠윤리센터 및 체육인재육
성 관련 단체의 운영 · 지원

10. 저소득층의 체육 활동 지원

10의2. 「스포츠산업 진흥법」에 따른 스포츠산업 진흥을 위한 지원 사업

10의3. 체육계의 성폭력 등 폭력 예방 및 신고자 · 피해자 지원

11. 그 밖에 체육 진흥을 위한 사업으로서 대통령령으로 정하는 사업

② 국민체육진흥계정에 출연되어 조성된 재원 중 대통령령으로 정하는 배분 비율에 해당하는 금액에 대해서는 다음 각 호의 목적에 사용할 수 있다. 이 경우 그 시기 및 방법에 대해서는 대통령령으로 정한다.

1. 대통령령으로 정하는 지방자치단체의 공공체육시설의 개수·보수 지원. 이 경우 개수·보수에 사용되는 총 재원 중 국민체육진흥계정의 지원 비율은 대통령령으로 정한다.

2. 체육진흥투표권 발행 대상 운동경기를 주최하는 단체의 지원, 체육진흥투표권 비발행 대상 종목의 육성과 스포츠 공정성 제고를 위한 사업의 지원. 이 경우 지원 대상사업은 문화체육관광부령으로 정한다.

3. 다음 각 목에 해당하는 체육·문화예술 사업의 지원

　　가. 학교 체육 활성화를 위한 사업

　　나. 학교 및 직장 운동경기부 활성화를 위한 사업

　　다. 심판 양성 및 지원을 위한 사업

　　라. 체육·문화예술 분야 전문인력 양성 사업

　　마. 문화예술 취약분야 육성을 위한 사업

　　바. 그 밖에 체육·문화예술 진흥을 위하여 특별히 지원이 필요한 사업

④ 계정관리기관은 국민체육 진흥, 청소년 육성, 스포츠산업 진흥 또는 기금 조성을 위하여 국민체육진흥계정의 일부나 계정관리기관의 시설·물품, 그 밖의 재산의 일부를 다음의 기금이나 사업 등에 출연하거나 출자할 수 있다. 다만, 제5호의 경우 문화체육관광부장관이 스포츠산업에 대한 투자분을 인정한 경우에만 출자할 수 있다.

1. 「청소년기본법」에 따른 청소년육성기금

2. 경기단체의 기본 재산

3. 경륜·경정 사업과 종합 유선 방송 사업

4. 체육시설의 설치·관리·운영

5. 「스포츠산업 진흥법」따른 조합 또는 회사

PART

03

체육과 스포츠
행정 프로그램

체육·스포츠
행정의 이론과 실제

CHAPTER

09

국내·외 대회 프로그램

국제경기 프로그램

국제경기 프로그램을 관장하는 체육기구는 전 세계가 참가하는 종합대회를 관장하는 기구와 대륙별 종합대회를 관장하는 기구, 그리고 종목별 세계대회 및 대륙별 대회 등을 관장하는 기구로 구분된다. 국제올림픽위원회(IOC, International Olympic Committee), 국제대학스포츠연맹(FISU, Fédération internationale du sport universitaire)과 아시아올림픽평의회(OCA, Olympic Council of Asia) 등은 종합대회를 관장하는 국제적·대륙별·지역별 기구이며, 종목별 국제연맹(ISF, International Sports Federations)과 아시아경기연맹(ASF, Asia Sports Federations)이 해당 종목의 세계대회와 아시아대회를 관장하고 있다. 국제체육기구 가운데 대표적 기관인 국제올림픽위원회(IOC)는 각국의 국가올림픽위원회(NOC, National Olympic Committee)를 회원으로 하계올림픽과 동계올림픽을 주관 조정·감독하는 세계 최고권위의 체육단체이다.

우리나라가 참가하는 국제종합경기대회는 4년마다 5개 대륙이 함께 참가하는 동·하계 올림픽과 2년마다 개최되는 동·하계 유니버시아드 대회가 있으며 대륙별 대회로서 동·하계아시아경기대회, 지역대회로서 4년마다 개최되는 동아시아대회가 있다. 또한 올림픽대회와 같은 해에 열리는 장애인올림픽대회가 있다.

「국제경기대회지원법」을 통해 국내에서 개최되는 국제경기대회에 대한 지원 근거를 마련하여 대회의 성공적 개최를 지원하고 있다. 동법 제2조(정의)에 따르면 국제경기대회를 다음과 같이 제시하고 있다.

1. 국제올림픽위원회, 국제장애인올림픽위원회가 주관하는 올림픽대회
2. 아시아올림픽평의회, 아시아장애인올림픽위원회가 주관하는 아시아경기대회
3. 국제대학스포츠연맹이 주관하는 유니버시아드대회
4. 국제축구연맹이 주관하는 월드컵축구대회
5. 국제육상경기연맹이 주관하는 세계육상선수권대회
6. 국제수영연맹이 주관하는 세계수영선수권대회
7. 그 밖에 중앙정부의 지원이 필요한 대회로서 대통령령으로 정하는 대회

1. 국제대회의 국내개최 절차

　위에 언급한 「국제경기대회지원법」을 토대로 국제대회를 국내에서의 개최는 문화체육관광부훈령에 따라 마련된 「문화체육관광부 국제행사의 유치·개최에 관한 규정」(문화체육관광부훈령 제397호)에 근거하고 있다. 이 훈령(문화체육관광부, 2019.11.12.)에 따라 국제행사의 적용범위를 살펴보면, 문화체육관광부 또는 광역자치단체(광역자치단체와 기초자치단체가 공동으로 주관하는 국제행사 포함)가 문화체육관광부 소관분야 국제행사를 개최하기 위하여 10억 원 이상의 국고지원을 요청하는 경우에 적용된다.

　법적인 토대와 정책 방향 등에 따라 지속적인 개정을 통해 제시하고 있다. 그 내용을 살펴보면 다음과 같다. 이 훈령 제3조(정의)에 따르면 국제행사, 국제대회 등의 개념을 제시하고 있다.

1. '문화체육관광부 소관분야 국제행사'라 함은 5개국 이상의 국가에서 외국인이 참여하고 외국인 참여비율이 5% 이상(총참여자 200만명 이상은 3% 이상)인 국제문화행사·국제관광행사·국제체육대회를 말한다.
2. '국제문화행사'라 함은 제3조 제1호의 국제행사 중 문화예술·문화콘텐츠·미디어·종교 분야의 국제회의·박람회·전시회·각종행사 등을 말한다.
3. '국제관광행사'라 함은 제3조 제1호의 국제행사 중 관광분야의 국제회의·박람회·전

시회 · 각종행사 등을 말한다.

4. '국제체육대회'라 함은 제3조 제1호의 국제행사 중 다음 각 호에 해당하는 대회, 회의 등을 말한다.

　가. 올림픽대회, 아시아경기대회, 유니버시아드대회, 장애인올림픽대회 등 국제올림픽위원회(IOC), 아시아올림픽평의회(OCA) 및 기타 공인된 국제스포츠기구에서 주최 · 주관하는 국제 종합경기대회

　나. 월드컵 축구대회, 종목별 세계선수권대회 등 국제경기연맹(ISF)에서 주최 · 주관하는 종목별 국제경기대회

　다. 국제올림픽위원회(IOC) 총회, 아시아올림픽평의회(OCA) 총회 등 국제올림픽위원회, 아시아올림픽평의회 및 기타 공인된 국제스포츠 기구에서 주최 · 주관하는 국제체육 관련 회의

　라. 기타 문화체육관광부 장관이 중앙정부의 보증이 필요하거나 특별히 중앙정부 차원의 지원이 필요하다고 인정하는 국제경기대회

1) 국제행사심사위원회 설치 · 운영

　문화체육관광부 훈령 제4조(심사위원회의 설치)에 따르면 위에 언급한 적용 범위인 10억 원 이상의 국고지원을 요청하는 국제행사 개최계획의 사전심의 · 조정 등 국제행사의 타당성 심의를 해야 한다. 심사위원회는 국제행사개최계획서 심의, 국제행사의 개최 · 유치에 대한 타당성 유무 심의 · 의결, 국제행사개최를 위한 투자계획의 주요사항에 대한 변경 등의 역할을 담당한다. 또한 국제행사주관기관이 「기획재정부 국제행사의 유치 · 개최 등에 관한 규정」(기획재정부 훈령 제377호, 2018.4.18.) 제11조2(국제행사 일몰제의 적용 등)에 따라 일몰제가 적용되는 행사에 대하여 일몰 연장이 필요하다고 인정하는 경우에는 일몰제 적용연도의 전전년도 12월 말까지 일몰연장신청서를 문화체육관광부장관에서 제출하여야 한다.

　문화체육관광부의 동훈령 제11조(국제행사계획서, 일몰연장신청서 등의 내용)에 따르면 다음과 같은 내용이 포함돼야 한다.

[국제행사계획서]
1. 국제행사의 개최 목적 및 취지
2. 국제행사의 개최일시, 장소, 내·외빈 초청범위, 예상 참가인원, 행사 소요인력 및 대
   책 등 개요
3. 해당 국제행사개최에 소요되는 재원 및 재원조달 대책
4. 국제행사에 소요되는 주요시설 내역 및 기존시설물의 활용계획
5. 예상 기대효과 및 국제행사 개최 후 잔존시설물의 이용계획
6. 국제행사를 유치하고자 하는 경우 유치여건 및 유치계획
7. 기타 해당 국제행사 개최와 관련된 사항

[국제행사 일몰연장신청서]
1. 국제행사 개최 목적 및 그 목적의 달성정도에 대한 평가
2. 국제행사의 지속 지원 필요성에 대한 사항
3. 국제행사 개최에 따른 수지분석 및 손익금의 처리 결과
4. 국제행사 개최에 공여된 각종 시설물의 이용 현황
5. 국제행사 기간 중 동원된 인력의 조치 현황
6. 기타 해당 국제행사 일몰연장평가 심사기준에 관한 현황

2) 사전 타당성 조사결과 및 유치의향서 제출

문화체육관광부의 동훈령 제10조(국제행사개최계획서, 일몰연장신청서 등의 제
출)에 따르면 국고지원이 필요한 국제행사를 개최하려는 국제행사주관기관 또는
국제행사의 유치를 신청하는 기관은 문화체육관광부장관에게 최초로 국고지원
이 필요한 연도의 전전년도 12월말까지 해당 국제행사개최계획서를 제출하여야
하며, 국제행사 중 국제경기대회의 경우 한국스포츠정책과학원, 한국 문화관광연
구원, 한국개발연구원, 한국조세재정연구원, 한국행정연구원, 산업연구원 중 어
느 한 기관에서 실시한 사전 타당성조사결과를 함께 제출하여야 한다. 예를 들어
지방자치단체에서 그 지역에 국제 스포츠 행사를 유치하고자 한다면, 한국스포
츠정책과학원 등에 해당 절차를 밟아야 한다.

또한 국제행사주관기관 또는 유치신청기관은 유치의향서 등을 국제기구에 제
출하기 전에 해당 국제행사개최계획서를 문화체육관광부장관에게 제출하여야

한다. 더불어 국제행사를 개최하기 위하여 사전에 대한체육회·대한장애인체육회 등 관련기관의 승인이 필요한 경우에 유치 신청기관은 국제행사개최계획서 제출 시에 관련 기관이 승인한 자료를 첨부하여야 한다.

동훈령 제12조(타당성 조사 실시)에 따르면 국제행사의 개최에 소요되는 총사업비가 50억 원 이상인 경우에는 해당 유치신청기관은 「기획재정부의 국제행사의 유치·개최 등에 관한 규정」(기획재정부 훈령 제377호) 제14조(타당성 조사, 전문위원회 검토의 대상 등)에 따른 타당성조사를 받아야 한다. 이 경우 유치신청기관은 국제행사개최계획서를 문화체육관광부장관에게 제출할 때 타당성조사 신청서를 함께 제출하여야 한다.

3) 사후평가 보고

문화체육관광부의 동훈령 제15조(국제행사에 대한 사후평가 보고)에 따르면 국고를 지원받은 국제행사주관기관은 해당 국제행사에 대한 사후평가결과를 행사 종료 후 3월 이내에 문화체육관광부장관에게 제출하여야 한다. 다만, 총사업비가 100억 원 이상의 경우에는 6월 이내에 제출할 수 있도록 명시돼 있다. 또한 총사업비가 500억 원 이상이고, 국가의 재정지원 규모가 300억 원 이상인 대규모 국제행사의 주관기관 및 문화체육관광부장관은 사후평가 결과를 통보받은 날로부터 10년 이상 인터넷 홈페이지에 게재하여야 한다. 사후평가결과에는 다음과 같은 내용이 포함돼야 한다.

---

1. 국제행사의 개최목적 및 해당 목적의 달성정도에 대한 평가
2. 국제행사에 따른 수지분석 및 손익금의 처리방안
3. 국제행사개최에 공여된 각종 시설물의 향후 이용계획
4. 국제행사기간 중 동원된 인력의 조치계획
5. 기타 국제행사의 개최결과에 대한 사항

지자체/체육단체	국제대회 개최계획서 타당성조사보고서 제출	문화체육관광부
문화체육관광부	국제대회심사위원회 : 유치승인심사	
문화체육관광부	심사결과보고서 제출	기획재정부
기획재정부	국제행사개최계획서, 타장성조사보고서, 타당성검토서, 국제행사 승인심사	
기획재정부	국제행사 심사위원회 심의 조정	
지자체/정부	유치위원회 구성 활동	국고, 지방비, 후원금
	유치 성공/유치 실패	

◎ 〈그림 9-1〉 국제경기대회 유치승인 절차

출처: 문화체육관광부, 2013c

2. 국제경기대회 프로그램

1) 하계올림픽

하계 올림픽은 국제올림픽위원회(IOC, International Olympic Committee)가 4년
마다 주관하는 대형 국제스포츠 이벤트이다. 근대 올림픽의 시작은 1896년 아테
네에서 14개 국가 245명의 선수가 참가하면서 시작됐다. 당시 200명 이상의 선
수가 그리스 출신이었다.

초창기의 올림픽은 매우 험난한 과정을 거쳤다. 1904년 미국의 세인트루이스
경기는 유럽의 다수 선수들이 대서양을 건너 가야했기에 호응을 이끌어내는 데

어려움을 겪었다. 급기야 1916년 제6회 대회인 베를린 올림픽은 제1차 세계대전으로 취소됐다.

1920년의 제7회 벨기에 앤트워프 대회는 전쟁으로 폐허가 된 도시의 재건을 기치로 세워 잠재적인 상승기의 시작을 알렸다. 1932년의 제10회 LA 대회는 세계경제 불황으로 예산보다 참가율이 저조할 수밖에 없었다. 3천 명을 육박했던 규모가 1,331명으로 절반 이하로 떨어진 것이다 1936년 베를린 올림픽에서는 히틀러의 정치적 수단이 노골화됐던 대회로서 3년 후 독일의 폴란드 침공으로 제2차 세계대전이 발발하기도 했다. 이에 1940년 일본 대회와 1944년 헬싱키 대회가 취소됐다.

이후 30년 간 지속적인 성장을 하였다. 하지만 1968년 제19회 멕시코시티에서 개최된 올림픽에서 현지 대학생들이 올림픽 반대에 항의하다가 250여 명의 사상자가 발생했다. 또한 미국 흑인 육상선수인 토미 스미스(Tommie Smith)와 존 카를로스(John Carlos)는 맨발로 검은 장갑을 끼고 시상대에 올라 인종차별에 대한 무언의 메시지를 남겼다. 1972년 제20회 뮌헨 대회에선 팔레스타인 조직이 선수촌을 급습해 이스라엘 선수 등이 사망하는 참사가 일어났다. 이러한 배경과 맞물려 뉴질랜드 선수와 대만선수의 참가 보이콧(몬트리올 1976), 미국 등 서방세계 불참(모스크바 1980), 구소련 등 동구권 국가 불참(LA 1984) 등으로 이어졌다. 1988년 서울대회에서 동·서방 국가가 대거 참여하고 북한을 비롯해 몇몇 국가가 여전히 불참을 함으로써 마지막 보이콧의 위협기를 보냈다.

1992년 바르셀로나 올림픽부터는 본격적인 상업주의 올림픽으로 발전하고, 세계화 시기를 맞이하여 오늘에 이르고 있다. 2020년 개최예정이던 도쿄 올림픽은 후쿠시마 방사능 위협에 따른 보이콧 움직임이 다시 일어나기도 했다. 또한 2019년 하반기부터 발현한 COVID-19 팬데믹으로 1년 간 미뤄진 초유의 사태를 낳았다.

하계올림픽 종목은 매 대회 때마다 종류와 숫자가 조정을 받는다. IOC 총회에서 전통적 종목, 흥행을 담보하는 종목, 시대적 수요를 반영하는 종목, 도핑적발 비율, 주최국의 선택 등 다양한 요건을 논의하고 결정된다.

□ <표 9-1> 기간별 하계올림픽 개최도시

시기	특징	연도와 개최도시(국가)
1896 ~ 1912	험난한 초기	1896 아테네(그리스), 1900 파리(프랑스), 1904 세인트루이스(미국), 1908 런던(영국), 1912 스톡홀름(스웨덴), 1916 베를린(독일)*
1920 ~ 1936	잠재적 상승기	1920 앤트워프(벨기에), 1924 파리(프랑스), 1928 암스테르담(네덜란드), 1932 로스앤젤레스(미국), 1936 베를린(독일), 1940 도쿄(일본)*
1944 ~ 1968	영광의 30년	1944 헬싱키(핀란드)*, 1948 런던(영국), 1952 헬싱키(핀란드), 1956 멜버른(호주), 1960 로마(이탈리아), 1964 도쿄(일본), 1968 멕시코시티(멕시코)
1972 ~ 1988	보이콧 위협기	1972 뮌헨(독일), 1976 몬트리올(캐나다), 1980 모스크바(소련), 1984 로스앤젤레스(미국), 1988 서울(한국)
1992 ~ 2020	세계화 시기	1992 바르셀로나(스페인), 1996 애틀랜타(미국), 2000 시드니(호주), 2004 아테네(그리스), 2008 베이징(중국), 2012 런던(영국), 2016 리우데자네이루(브라질), 2020 도쿄(일본)**

* 전쟁으로 인해 개최되지 않은 올림픽
** 전쟁이 아닌 다른 요인(COVID-19)으로 인해 1년 연기된 올림픽(출처 외에 추가된 내용)
※ 출처: 쟝 루 샤플레, 임도빈(2017). 성공적인 올림픽 개최를 위한 체육 거버넌스. 대한미디어, p.23.

□ <표 9-2> 올림픽과 광고/TV 방송의 변천사

올림픽 개최지	연도	내용
파리	1924	최초로 광고 허용
암스테르담	1928	코카콜라가 공식 스폰서로 참여 시작
베를린	1936	최초로 TV 야외 실험방송
로마	1960	최초 TV방송중계권 판매
도쿄	1964	인공위성을 통한 TV 중계방송
멕시코	1968	• IOC 방송위원회 설치 • 컬러 콘텐츠 제작
뮌헨	1972	국제 TV방송 시스템 도입
몬트리올	1976	대회 엠블럼 제작 사용

올림픽 개최지	연도	내용
LA	1984	102개 기업 참여, 156개국 중계
서울	1988	142개 기업 참여, TOP 프로그램 시작
바르셀로나	1992	193개국 중계, 주관방송사 중계시간 2,700시간
애틀랜타	1996	214개국 중계, 주관방송사 중계시간 3,000시간
시드니	2000	• 220개국 중계, 주관방송사 중계시간 3,400시간 • IOC는 2001년부터 올림픽 방송을 주관하는 OBS(Olympic Broadcasting Service) 설립, 즉 OBS의 주관으로 중계영상 제작
아테네	2004	일부 국가에 최초로 인터넷 중계
북경	2008	TV방송과 인터넷 및 모바일 분리 중계
런던	2012	중계시간 5,600시간
리우	2016	가상현실(VR), 360도 카메라 시스템 도입

여기서 잠깐

하계올림픽 종목

골프, 근대5종, 기계체조, 농구, 농구(3×3), 다이빙, 럭비 세븐, 레슬링, 리듬체조, 마라톤 수영, 배구, 배드민턴, 복싱, 비치발리볼, 사격, 사이클(BMX 레이싱), 사이클(BMX 프리스타일), 사이클(도로), 사이클(크로스 컨트리), 사이클(트랙), 서핑, 수구, 수영, 스케이트보딩, 스포츠 클라이밍, 승마, 싱크로나이즈드 스위밍, 야구/소프트볼, 양궁, 역도, 요트, 유도, 육상, 조정, 축구, 카누/카약(슬라럼), 카누/카약 스프린트, 카라테, 탁구, 태권도, 테니스, 트라이애슬론, 트램펄린, 펜싱, 하키, 핸드볼

2) 동계올림픽

동계올림픽은 1924년 프랑스의 샤모니에서 첫 번째 대회를 개최했다. 1940년 대회와 1948년 대회는 제2차 세계대전으로 취소됐다가 1948년에 하계올림픽과 함께 다시 개최하는 해를 맞이했다. 우리나라가 한국(KOREA)이란 국호를 달고 첫 출전한 대회가 1948년 2월의 스위스 생모리츠 동계올림픽이다.

□ <표 9-3> 기간별 동계올림픽 개최도시

시기	특징	연도와 개최도시(국가)
1924 ~ 1936	하계올림픽에 연계된 대회	1924 샤모니(프랑스), 1928 생모리츠(스위스), 1932 레이크 플레시드(미국), 1936 가르미슈파르텐키르헨(독일), 1940 삿포로(일본)*
1948 ~ 1960	전후 시기	1944 코르티나(이탈리아)*, 1948 생모리츠(스위스), 1952 오슬로(노르웨이), 1956 코르티나(이탈리아), 1960 스쿼밸리(미국)
1964 ~ 1992	도시 개최기	1964 인스브르크(오스트리아), 1968 그레노블(프랑스), 1972 삿포로(일본), 1980 레이크 플레시드(미국), 1984 사라예보(유고슬라비아), 1988 캘거리(캐나다), 1992 알베르빌(프랑스)
1994 ~ 2022	자율적인 대회	1994 릴레함메르(노르웨이), 1998 나가노(일본), 2002 솔트레이크시티(미국), 2006 토리노(이탈리아), 2010 밴쿠버(캐나다), 2014 소치(러시아), 2018 평창(한국), 2022 베이징(중국)

* 전쟁으로 인해 개최되지 않은 올림픽
출처: 쟝 루 샤플레, 임도빈(2017). 성공적인 올림픽 개최를 위한 체육 거버넌스. 대한미디어, p.26.

여기서 잠깐

동계올림픽 종목

노르딕 복합, 루지, 바이애슬론, 봅슬레이, 쇼트트랙 스케이팅, 스노보드, 스켈레톤, 스키 점프, 스피드스케이팅, 아이스하키, 알파인스키, 컬링, 크로스컨트리 스키, 프리스타일 스키, 피겨 스케이팅

3) 패럴림픽 대회(하계 · 동계)

패럴림픽(Paralympics)은 척수손상, 절단 및 기타장애, 뇌성마비, 시각장애, 지적장애인이 참가하는 대회로서 모든 장애인 대상으로 올림픽 대회와 함께 치러지는 장애인 올림픽을 말한다. 'Paraplegia(척수장애; 휠체어 등 하반신 마비)'의 접두어 'Para'와 'Olympics'의 어미 'lympics'의 합성어로서 2차 세계대전에 참전한 상이군인(휠체어)을 위한 대회로서 시작됐다.

□ <표 9-4> 장애인 하 · 동계올림픽 개최도시

구분	연도와 개최도시(국가)
패럴림픽 하계올림픽	1960 로마(이탈리아), 1964 도쿄(일본), 1968 텔아비브(이스라엘), 1972 하이델베르그(독일), 1976 토론토(캐나다), 1980 안헴(네덜란드), 1987 스토크맨드빌 & 뉴욕(영국과 미국), 1988 서울(한국), 1992 바르셀로나(스페인), 1996 애틀랜타(미국), 2000 시드니(호주), 2004 아테네(그리스), 2008 베이징(중국), 2012 런던(영국), 2016 리우데자네이루(브라질), 2020 도쿄(일본)
패럴림픽 동계올림픽	1976 오른휠츠비크(스웨덴), 1980 게일로(노르웨이), 1984 인스부르크(오스트리아), 1988 인스부르크(오스트리아), 1992 티니/알베르빌(프랑스), 1994 릴레함메르(노르웨이), 1998 나가노(일본), 2002 솔트레이크(미국), 2006 토리노(이탈리아), 2010 밴쿠버(캐나다), 2014 소치(러시아), 2018 평창(한국)

여기서 참깐

3대 장애인스포츠 대회

① 데플림픽(Deaflympic)
  • 청각장애인 참가
  • International Slient Games(1924) → Deaflympic(2001)
② 패럴림픽(Paralympic)
  • 척수손상, 절단 및 기타장애, 뇌성마비, 시각장애, 지적장애인 참가
  • 1960년 시작(로마), 1988년 공식대회 명칭 사용
③ 스페셜올림픽(Special Olympics)
  • 지적장애인 참가
  • 1968년 시작(미국 시카고)

4) 유스올림픽대회(하계 · 동계)

유스올림픽대회(Youth Olympic Games)은 엘리트 스포츠 대회로서 청소년 올림픽을 말한다. 즉, 4년 마다 15세에서 18세의 젊은 선수들이 전 세계 200개국 이상에서 참가하는 대회이다. 최초의 유스 하계올림픽은 2010년 싱가포르에서 개최됐고, 유스 동계올림픽은 2012년 스위스의 인스브루크에서 개최됐다.

□ <표 9-5> 유스 하ㆍ동계올림픽 개최도시

구분	연도와 개최도시(국가)
유스 하계올림픽	2010 싱가포르(싱가포르), 2014 난징(중국), 2018 부에노스아이레스(아르헨티나), 2026 다카르(세네갈, 2022년 예정이었으나 연기)
동계 동계올림픽	2012 인스브루크(오스트리아), 2016 릴레함메르(노르웨이), 2020 로잔(스위스), 2024 강원도(대한민국)

여기서 잠깐

유스올림픽 종목(하계)

골프, 근대5종, 기계체조, 농구, 농구(3×3), 다이빙, 럭비 세븐, 레슬링, 롤러 스피드 스케이팅, 리듬체조, 마라톤 수영, 배드민턴, 복싱, 브레이킹, 비치핸드볼, 비치발리볼, 사격, 사이클(BMX 레이싱), 사이클(BMX 프리스타일), 사이클(도로), 사이클(크로스컨트리), 수영, 스키 등반, 스포츠 클라이밍, 승마, 아크로바틱 체조, 양궁, 역도, 요트, 유도, 육상, 조정, 카라테, 탁구, 태권도, 테니스, 트라이애슬론, 트램펄린, 펜싱, 하키

유스올림픽 종목(동계)

쇼트트랙, 스피드스케이팅, 아이스하키, 컬링, 피겨 스케이팅, 노르딕 복합, 바이애슬론, 스노보드, 스키점프, 알파인스키, 크로스컨트리 스키, 프리스타일 스키, 루지, 봅슬레이, 스켈레톤

5) 아시아경기대회(하계ㆍ동계)

아시아경기대회는 1982년에 설립된 아시아올림픽평의회(OCA, Olympic Council of Asia)가 국제올림픽위원회(IOC, International Olympic Committee)의 감독 하에 주관하고 있다. 4년마다 열리는 아시아의 국가들을 종합 스포츠 대회로서 1948년 런던 하계올림픽 기간 중에서 한국, 필리핀, 미얀마, 인도, 중국, 스리랑카 등 6개국이 모여 결정했다.

□ <표 9-6> 아시아경기대회 개최도시

구분	연도와 개최도시(국가)
아시아 하계경기대회	1951 뉴델리(인도), 1954 마닐라(필리핀), 1958 도쿄(일본), 1962 자카르타(인도네시아), 1966 방콕(태국), 1970 방콕(태국), 1974 테헤란(이란), 1978 방콕(태국), 1982 뉴델리(인도), 1986 서울(한국), 1990 베이징(중국), 1994 히로시마(일본), 1998 방콕(태국), 2002 부산(한국), 2006 카타르(도하), 2010 광저우(중국), 2014 인천(한국), 2018 자카르타/팔렘방(인도네시아), 2022 항저우(중국)
아시아 동계경기대회	1986 삿포로(일본), 1990 삿포로(일본), 1996 하얼빈(중국), 1999 강원(한국), 2003 아오모리(일본), 2007 창춘(중국), 2011 아스타나/알마티(카자흐스탄), 2017 삿포로(일본)

6) 유니버시아드대회(하계 · 동계)

유니버시아드대회는 국제대학스포츠연맹(FISU, Fédération internationale du sport universitaire)이 2년마다 주최하는 전 세계 대학생스포츠대회이다. 1923년 프랑스 파리에서 열린 대회로부터 시작됐으며, 1959년 이탈리아 토리노 대회 때부터 '유니버시아드(universiade)'란 명칭을 사용했다.

□ <표 9-7> 유니버시아드대회 개최도시

구분	연도와 개최도시(국가)
하계 유니버시아드	1959 토리노(이탈리아), 1961 소비아(불가리아), 1963 포르투알레그리(브라질), 1965 부다페스트(헝가리), 1967 도쿄(일본), 1970 토리노(이탈리아), 1973 모스크바(소련), 1975 로마(이탈리아), 1977 소피아(불가리아), 1979 멕시코시티(멕시코), 1981 부쿠레슈티(루마니아), 1983 애드먼턴(캐나다), 1985 고베(일본), 1987 자그레브(유고슬라비아), 1989 뒤스부르크(서독), 1991 셰필드(영국), 1993 버펄로(미국), 1995 후쿠오카(일본), 1997 시칠리아(이탈리아), 1999 팔마데마요르카(스페인), 2001 베이징(중국), 2003 대구(한국), 2005 이즈미르(터키), 2007 방콕(태국), 2009 베오그라드(세르비아), 2011 선전(중국), 2013 카잔(러시아), 2015 광주(한국), 2017 타이베이(대만), 2019 나폴리(이탈리아), 2021 청두(중국), 2023 예카테린부르크(러시아)

구분	연도와 개최도시(국가)
동계 유니버시아드	1960 샤모니(프랑스), 1962 빌라르쉬르올롱(스위스), 1964 슈핀들레루프믈린(체코슬로바키아), 1966 세스트리에레(이탈리아), 1968 인스브루크(오스트리아), 1970 로바니에미(핀란드), 1972 레이크플래시드(미국), 1975 리비뇨(이탈리아), 1978 슈핀들레루프믈린(체코슬로바키아), 1981 하카(스페인), 1983 소피아(불가리아), 1985 벨루노(이탈리아), 1987 슈트르프스케플레소(체코슬로바키아), 1989 소피아(불가리아), 1991 삿포로(일본), 1993 자코파네(폴란드), 1995 하카(스페인), 1997 무주/전주(한국), 1999 포프라트(슬로바키아), 2001 자코파네(폴란드), 2003 타르비시오(이탈리아), 2005 인스브루크(오스트리아), 2007 토리노(이탈리아), 2009 하얼빈(중국), 2011 에르주룸(터키), 2013 트렌토(이탈리아), 2015 그라나다(스페인)/슈트르프스케플레소(슬로바키아), 2017 알마티(카자흐스탄), 2019 크라스노야르스크(러시아), 2021 루체른(스위스), 2023 레이크플래시드(미국)

전국대회 프로그램

1. 종합체육대회

　대한체육회(2020.4.10.) 정관 제5조(사업) 2에 따르면 '전국체육대회, 전국소년체육대회, 전국생활대축전 등 각종 전국종합체육대회를 매년 개최'해야 한다. 전국체육대회는 1920년에 제1회(전조선야구대회)를 치렀고, 오늘날 매년 10월에 7일 동안 개최되고 있다. 전국동계체육대회도 1902년에 첫 대회를 개최하고 매년 2월에 4일 동안 열리고 있다. 또한 전국소년체육대회는 1972년에 첫 대회를 개최하고 매년 5월 중에 4일, 전국생활체육대축전은 2001년에 첫 대회를 개최하고 매년 4월 중에 4일 이내의 기간 동안 열리고 있다. 물론 올림픽 대회, 아시아경기대회 등 국제종합경기대회가 국내에서 개최될 경우 종합체육대회의 개최시기를 조정할 수 있게 명시하고 있다.

　대한체육회의 「전국종합체육대회규정」 제2조(정의)에 따르면 각 대회의 정의를 다음과 같이 제시하고 있다.

---

1. '종합체육대회'라 함은 체육회가 주최하는 전국체육대회, 전국동계체육대회, 전국소년체육대회, 전국생활체육대축전을 말한다.
2. '전국체육대회'라 함은 체육회에 가입된 하계종목 단체 중 일부 종목의 고등부, 대학부, 일반부를 대상으로 일정 장소에 기간을 정하여 동시에 경기를 진행하는 대회를 말하며, 약칭은 '전국체전'으로 한다.
3. '전국동계체육대회'라 함은 체육회에 가입된 동계종목 단체 중 일부 종목의 초등부, 중학부, 고등부, 대학부, 일반부를 대상으로 일정 장소에 기간을 정하여 동시에 경기

를 진행하는 대회를 말하며, 약칭은 '동계체전'으로 한다.

4. '전국소년체육대회'라 함은 체육회에 가입된 하계종목 단체 중 일부 종목의 초등부, 중학부를 대상으로 전국체육대회를 개최한 지역에서 그 다음 해에 일정 기간을 정하여 동시에 경기를 진행하는 대회를 말하며, 약칭은 '소년체전'으로 한다.

5. '전국생활체육대축전'이라 함은 체육회에 가입된 일부 종목의 동호인부를 대상으로 전국소년체육대회를 개최한 지역에서 그 다음 해에 일정 기간을 정하여 동시에 경기를 진행하는 대회를 말하며, 약칭은 '전국대축전'으로 한다.

2. 개최지 선정 및 경기종목

대한체육회의 동규정 제18조(전국체육대회 등의 유치신청)에 따르면 '전국체육대회 등을 유치하고자 하는 시·도지회는 다음 각 호의 서류를 구비하여 개최지의 광역자치단체장의 보증서와 함께 전국체육대회 등의 개최 5년 전에 체육회에 신청하여야 한다. 또한 전국체육대회 등의 개최를 희망하는 시·도지회는 전국체육대회 개최 이후 7년이 경과되어야만 유치신청을 할 수 있다. 유치신청에는 다음과 같은 내용을 포함'한다.

1. 각 경기장의 시설 현황 및 관람자 수용계획
2. 경기장 시설계획과 공인을 필요로 하는 경기장은 회원종목단체의 경기장시설 설계에 대한 의견서
3. 직접 사용되는 소요예산의 조달방법(연차별 예산 확보 및 집행 계획 포함)
4. 선수단의 숙박 및 수송과 관련한 계획
5. 기타 대회 유치와 관련된 사항

동규정 제19조(전국체육대회 등의 개최지 결정)에 따르면 '전국체육대회 개최 연도로부터 5년 전까지 결정하여야 하며, 유치를 신청한 시·도지회의 유치신청 서류를 기준으로 위원회의 예비심사를 거쳐 이사회가 최종결정'한다.

동규정 제29조(전국체육대회, 전국동계체육대회, 전국소년체육대회의 경기종목)를 통해 각 대회의 경기종목을 확인할 수 있다. 경기종목은 정식종목과 시범종목으로 구분한다. 각 대회의 정식종목을 살펴보면 다음과 같다.

[정식종목]
1. **전국체육대회(45)**: 육상, 수영, 축구, 야구소프트볼, 테니스, 소프트테니스, 농구, 배구, 탁구, 핸드볼, 럭비, 자전거, 복싱, 레슬링, 역도, 씨름, 유도, 검도, 궁도, 양궁, 사격, 승마, 체조, 에어로빅, 하키, 펜싱, 배드민턴, 태권도, 조정, 볼링, 롤러, 요트, 근대 5종, 카누, 골프, 우슈, 핀수영, 세팍타크로, 철인 3종, 스쿼시, 당구, 산악, 댄스스포츠, 바둑, 수상스키웨이크보드
2. **전국동계체육대회(5)**: 빙상, 아이스하키, 스키, 바이애슬론, 컬링
3. **전국소년체육대회(36)**: 육상, 수영, 축구, 야구소프트볼, 테니스, 소프트테니스, 농구, 배구, 탁구, 핸드볼, 럭비, 자전거, 복싱, 레슬링, 역도, 씨름, 유도, 검도, 양궁, 사격, 체조, 에어로빅, 하키, 펜싱, 배드민턴, 태권도, 근대 3종, 롤러, 카누, 조정, 볼링, 요트, 철인 3종, 골프, 바둑, 승마

동법 제30조(전국생활체육대축전의 경기종목)에 따르면 전국생활체육대축전은 10개 이상의 시·도지회가 결성된 종목으로 생활체육 활성화에 특별히 필요하다고 인정되는 종목은 정식종목으로 정할 수 있다.

다음 <표 9-8>에 보는 바와 같이 우리나라가 100여 년 동안 명맥을 이어오고 있는 유일한 대회가 전국체육대회이다. 체육과 스포츠의 열망과 의지를 통해 일제강점기와 전쟁으로 인해 몇 차례 개최되지 않았던 시기를 제외하면 매년 생명력을 유지하고 있는 것이다. 스포츠 마케팅을 도입해 체육·스포츠인들만이 주축이 되는 '그들만의 잔치'가 아닌 전 국민이 즐길 수 있는 '코리아스포츠(K–Sports)' 이벤트로 발전시켜야 한다.

◻ <표 9-8> 전국체육대회 개최현황

회차	대회기간	개최지	종목	인원
100	2019.10.04 ~ 2019.10.10	서울특별시	47	20,102

회차	대회기간	개최지	종목	인원
99	2018.10.12 ~ 2018.10.18	전라북도	47	19,668
98	2017.10.20 ~ 2017.10.26	충청북도	46	19,650
97	2016.10.07 ~ 2016.10.13	충청남도	47	19,542
96	2015.10.16 ~ 2015.10.22	강원도	47	19,438
95	2014.10.28 ~ 2014.11.03	제주특별자치도	47	19,758
94	2013.10.18 ~ 2013.10.24	인천광역시	46	19,523
93	2012.10.11 ~ 2012.10.17	대구광역시	45	19,036
92	2011.10.06 ~ 2011.10.12	경기도	45	18,840
91	2010.10.06 ~ 2010.10.12	경상남도	44	18,501
90	2009.10.20 ~ 2009.10.26	대전광역시	44	19,255
89	2008.10.10 ~ 2008.10.16	전라남도	42	19,050
88	2007.10.08 ~ 2007.10.14	광주광역시	41	18,674
87	2006.10.17 ~ 2006.10.23	경상북도	41	18,314
86	2005.10.14 ~ 2005.10.20	울산광역시	41	18,396
85	2004.10.08 ~ 2004.10.14	충청북도	41	17,999
84	2003.10.10 ~ 2003.10.16	전라북도	40	22,330
83	2002.11.09 ~ 2002.11.15	제주도	40	22,176
82	2001.10.10 ~ 2001.10.16	충청남도	40	21,990
81	2000.10.12 ~ 2000.10.18	부산광역시	40	21,887
80	1999.10.11 ~ 1999.10.17	인천광역시	39	21,414
79	1998.09.25 ~ 1998.10.01	제주도	39	21,482
78	1997.10.08 ~ 1997.10.14	경상남도	39	21,671
77	1996.10.07 ~ 1996.10.13	강원도	39	20,556
76	1995.10.02 ~ 1995.10.08	경상북도	38	20,490
75	1994.10.27 ~ 1994.11.02	대전직할시	38	22,075
74	1993.10.11 ~ 1993.10.17	광주직할시	37	22,447
73	1992.10.10 ~ 1992.10.16	대구	36	22,210
72	1991.10.07 ~ 1991.10.13	전라북도	35	22,068
71	1990.10.15 ~ 1990.10.21	충청북도	35	21,293

회차	대회기간	개최지	종목	인원
70	1989.09.26 ~ 1989.10.01	경기도	34	20,447
69	1988.05.09 ~ 1988.05.22	전국 일원	미추산	미추산
68	1987.10.13 ~ 1987.10.18	광주직할시	34	21,684
67	1986.06.20 ~ 1986.06.25	서울, 경기, 부산	34	20,297
66	1985.10.10 ~ 1985.10.15	강원도	33	19,636
65	1984.10.11 ~ 1984.10.16	대구	33	18,412
64	1983.10.06 ~ 1983.10.11	인천	31	17,543
63	1982.10.14 ~ 1982.10.19	경상남도	27	16,464
62	1981.10.10 ~ 1981.10.15	서울특별시	27	15,519
61	1980.10.08 ~ 1980.10.13	전라북도	27	13,047
60	1979.10.12 ~ 1979.10.17	충청남도	27	12,785
59	1978.10.12 ~ 1978.10.17	경기(인천)	27	12,371
58	1977.10.10 ~ 1977.10.15	전라남도(광주)	27	12,146
57	1976.10.12 ~ 1976.10.17	부산	27	11,915
56	1975.10.07 ~ 1975.10.12	경상북도(대구)	27	11,906
55	1974.10.08 ~ 1974.10.13	서울	27	13,122
54	1973.10.12 ~ 1973.10.17	부산	27	12,875
53	1972.10.06 ~ 1972.10.11	서울특별시	27	13,008
52	1971.10.08 ~ 1971.10.13	서울특별시	27	16,507
51	1970.10.06 ~ 1970.10.11	서울특별시	28	16,332
50	1969.10.28 ~ 1969.11.02	서울특별시	26	15,238
49	1968.09.12 ~ 1968.09.17	서울특별시	26	13,387
48	1967.10.05 ~ 1967.10.10	서울특별시	26	12,246
47	1966.10.10 ~ 1966.10.15	서울특별시	26	13,774
46	1965.10.05 ~ 1965.10.10	전라남도(광주)	26	13,152
45	1964.09.03 ~ 1964.09.08	경기도	26	13,601
44	1963.10.04 ~ 1963.10.09	전라북도(전주)	26	13,931
43	1962.10.24 ~ 1962.10.29	경상북도(대구)	25	9,768
42	1961.10.11 ~ 1961.10.15	서울특별시	24	6,678

회차	대회기간	개최지	종목	인원
41	1960.10.10 ~ 1960.10.16	충청남도(대전)	25	7,557
40	1959.10.03 ~ 1959.10.09	서울특별시	24	7,530
39	1958.10.03 ~ 1958.10.09	서울특별시	24	7,210
38	1957.10.18 ~ 1957.10.24	경상남도(부산)	24	5,579
37	1956.10.03 ~ 1956.10.09	서울특별시	23	5,950
36	1955.10.15 ~ 1955.10.22	서울특별시	23	6,773
35	1954.10.19 ~ 1954.10.25	서울특별시	21	6,152
34	1953.10.17 ~ 1953.10.22	서울특별시	20	4,980
33	1952.10.18 ~ 1952.10.24	서울특별시	19	3,300
32	1951.10.27 ~ 1951.10.31	전라남도(광주)	15	2,254
31	미개최(전쟁)	–	–	–
30	1949.10.15 ~ 1949.10.23	서울특별시	20	4,000
29	1948.10.20 ~ 1948.10.26	서울특별시	21	미추산
28	1947.10.13 ~ 1947.10.19	서울특별시	19	3,000
27	1946.10.16 ~ 1946.10.20	서울특별시	15	5,000
26	1945.10.27 ~ 1945.10.30	서울특별시	10	미추산
25	미개최(일제강압)	–	–	–
24	미개최(일제강압)	–	–	–
23	1939.10.10 ~ 1939.10.20	서울특별시	미추산	2,000
18	1937.09.08 ~ 1937.10	경성운동장	미추산	미추산
17	1936.09.06 ~ 1936.10	경성운동장	미추산	미추산
16	1935.10.22 ~ 1935.10.26	경성운동장	미추산	미추산
15	1934.11.02 ~ 1934.11.05	경성운동장	미추산	미추산
14	1933 ~ 1933	종목별대회	미추산	미추산
13	1932 ~ 1932	종목별대회	미추산	미추산
12	1931 ~ 1931	종목별대회	미추산	미추산
11	1930 ~ 1930	종목별대회	미추산	미추산
10	1929 ~ 1929	종목별대회	미추산	미추산
9	1928 ~ 1928	종목별대회	미추산	미추산

회차	대회기간	개최지	종목	인원
8	1927 ~ 1927	종목별대회	미추산	미추산
7	1926 ~ 1926	종목별대회	미추산	미추산
6	1925 ~ 1925	종목별대회	미추산	미추산
5	1924 ~ 1924	종목별대회	미추산	미추산
4	1923 ~ 1923	종목별대회	미추산	미추산
3	1922 ~ 1922	종목별대회	미추산	미추산
2	1921 ~ 1921	종목별대회	미추산	미추산
1	1920 ~ 1920	종목별대회	미추산	미추산

※ 출처: 대한체육회 홈페이지

□ <표 9-9> 소년체육대회 개최현황

회차	대회기간	개최지	종목	인원
48	2019.05.25 ~ 2019.05.28	전라북도	36	12,340
47	2018.05.26 ~ 2018.05.29	충청북도	36	12,233
46	2017.05.27 ~ 2017.05.30	충청남도	35	12,194
45	2016.05.28 ~ 2016.05.31	강원도	36	12,377
44	2015.05.30 ~ 2015.06.02	제주특별자치도	35	12,419
43	2014.05.24 ~ 2014.05.27	인천광역시	33	12,113
42	2013.05.25 ~ 2013.05.28	대구광역시	33	12,208
41	2012.05.26 ~ 2012.05.29	경기도	33	11,778
40	2011.05.28 ~ 2011.05.31	경상남도	33	12,085
39	2010.08.11 ~ 2010.08.14	대전광역시	33	12,140
38	2009.05.30 ~ 2009.06.02	전라남도	33	12,108
37	2008.05.31 ~ 2008.06.03	광주광역시	32	11,948
36	2007.05.26 ~ 2007.05.29	경상북도	31	11,861
35	2006.06.17 ~ 2006.06.20	울산광역시	30	11,868
34	2005.05.27 ~ 2005.05.31	충청북도	30	11,811
33	2004.05.29 ~ 2004.06.01	전라북도	30	16,358
32	2003.05.31 ~ 2003.06.03	제주도	30	16,113
31	2002.05.11 ~ 2002.05.14	충청남도	30	15,970

회차	대회기간	개최지	종목	인원
30	2001.06.02 ~ 2001.06.05	부산광역시	30	15,669
29	2000.05.27 ~ 2000.05.30	인천	29	14,677
28	1999.05.29 ~ 1999.06.01	제주도	29	13,715
27	1998.05.23 ~ 1998.05.26	경상남도	29	15,497
26	1997.05.24 ~ 1997.05.27	강원도	29	13,382
25	1996.05.25 ~ 1996.05.28	경상북도	26	12,891
24	1995.05.27 ~ 1995.05.30	대전	26	12,868
23	1994.05.28 ~ 1994.05.31	광주	26	13,090
22	1993.05.28 ~ 1993.05.31	서울, 경기	26	13,397
21	1992.06.13 ~ 1992.06.16	대구, 광주 외	26	12,855
20	미개최	–	–	–
19	미개최	–	–	–
18	미개최	–	–	–
17	1988.05.09 ~ 1988.05.22	전국 일원	26	14,570
16	1987.05.21 ~ 1987.05.25	부산, 경남, 포항, 대구	26	12,928
15	1986.05.05 ~ 1986.05.09	제주도외 전국분산	26	11,837
14	1985.05.22 ~ 1985.05.26	경상북도	26	11,556
13	1984.05.25 ~ 1984.05.29	제주도	26	10,455
12	1983.05.21 ~ 1983.05.25	전라북도	26	10,378
11	1982.05.19 ~ 1982.05.23	충청남도, 대전시	24	9,041
10	1981.05.29 ~ 1981.06.01	전라남도	21	7,189
9	1980.06.10 ~ 1980.06.13	강원도	20	6,878
8	1979.05.30 ~ 1979.06.02	충청북도	20	6,300
7	1978.05.27 ~ 1978.05.30	경상북도, 대구시	21	미추산
6	1977.06.01 ~ 1977.06.04	서울특별시	21	6,627
5	1976.06.03 ~ 1976.06.06	서울특별시	21	6,422
4	1975.05.31 ~ 1975.06.03	부산직할시	22	7,583
3	1974.06.04 ~ 1974.06.07	서울	22	7,669

회차	대회기간	개최지	종목	인원
2	1973.06.01 ~ 1973.06.04	대전	20	7,240
1	1972.06.16 ~ 1972.06.19	서울	19	6,652

※ 출처: 대한체육회 홈페이지

3. 조직위원회 구성

　동규정 제22조(설치)에 따르면 '개최지는 전국체육대회 조직위원회와 전국소년체육대회 조직위원회, 전국생활체육대축전 조직위원회를 설치하여야 한다. 단, 전국소년체육대회 조직위원회는 전국체육대회 조직위원회를, 전국생활체육대축전 조직위원회는 전국소년체육대회 조직위원회를 승계'할 수 있다.

　또한 동규정 제27조(개최지역 운영위원회)는 '조직위원회는 경기가 진행되는 시·군·구 개최지역에 대회를 준비하기 위하여 개최지역 관계자로 개최지역 운영위원회'를 구성할 수 있다. 운영위원장은 개최지의 기초자치단체장이, 부위원장은 개최지의 기초자치단체의 부단체장, 경찰서장, 체육회 회장 및 기타 인사로 구성할 수 있다. 또한 운영위원은 개최지 체육회 이사, 감사, 개최지 종목단체의 장 및 기타인사가 위원이 될 수 있다.

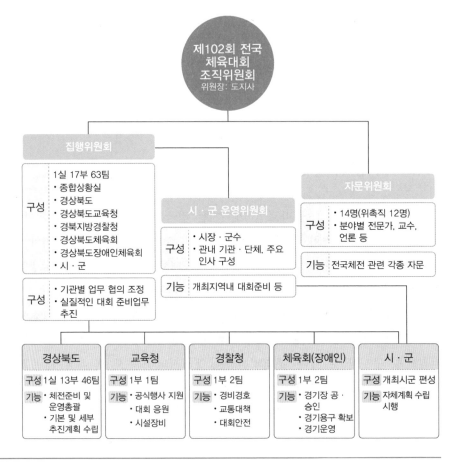

◎ 〈그림 9-2〉 102회 전국체육대회(2021) 조직위원회

출처: 홈페이지

SECTION 03 생활체육 프로그램

1. 생활체육 정책

우리나라 체육정책은 제3공화국에 들어서야 '사회체육진흥 5개년 계획'을 통해 체계성을 갖추었다. 1962년 「국민체육진흥법」이 제정되면서 본격화됐다. 제5공화국에는 '새마을체육'을 통해 체육을 통한 건전한 시민육성을 하고자 했다. 제6공화국 때는 사회체육이란 용어에서 현재까지 사용되는 생활체육으로 바꾸었다. 국민생활체육협의회를 출범시키면서 생활체육 정책이 구체화되는 토대가 됐다.

문민정부는 '제1차 국민체육진흥 5개년 계획'을 통해 생활체육의 범국민적인 확산을 목적으로 하고 있다. 이를 위해 생활체육지도자를 양성했다. 국민의 정부는 '제2차 국민체육진흥 5개년 계획'을 통해 지역공동체 주민활동의 장으로서 체육시설을 확충하고, 기존에 참여하지 않는 인구의 생활체육 프로그램을 참여 확대를 했다. 참여정부는 '참여정부 국민체육진흥 5개년 계획'을 통해 주민친화형 생활체육 공간을 확충하고, 나아가 레저스포츠 발전 방안을 마련하면서 생활체육 지도자를 양성하고자 했다.

이명박 정부는 '문화비전 2008~2012'를 통해 거주지역 주변에 체육시설을 이용할 수 있게 했다. 지역 스포츠클럽 정착을 통해 국민체력 향상을 추진했다. 박근혜 정부는 '스포츠비전 2018'과 '국민생활체육진흥종합계획'을 통해 종합형 스포츠클럽과 국민체력인증제를 확대했다.

문재인 정부는 '국민생활체육진흥기본계획'과 '2030 스포츠비전'을 통해 생애주기별 맞춤형 스포츠를 지원하는 정책을 폈다. 스포츠 격차를 해소하기 위해 공공스포츠클럽을 육성하고, 소외 없는 스포츠 환경을 마련하기 위해 체육지도자 양성을 추진했다.

□ <표 9-10> 우리나라 정부별 생활체육 정책

구분	내용
제3 · 4공화국 (문교부 문화국 체육과)	• '사회체육진흥 5개년 계획'을 통해 생활체육 정책을 실시 • '체력은 국력'이란 모토로 1962년에 국민체육진흥법을 제정 • 지역사회 체육과 직장체육을 중심으로 전개
제5공화국 (체육부)	• '새마을운동(새마을 체육)'을 통해 정책을 실시 • '체육을 통한 건전한 시민육성'이란 모토를 사용 • 1985년 한국사회체육진흥회 설립을 통해 사회체육 정책의 방향 수립
제6공화국 (체육 청소년부)	• '국민생활체육진흥종합계획(호돌이 계획)'을 통해 시설, 프로그램, 지도자를 육성하기 위한 정책을 실시 • 사회체육이란 개념을 '생활체육'으로 변경 • 1991년 1월 '국민생활체육협의회'를 신설을 통해 다양한 생활체육 프로그램을 개발 및 보급 • 직장체육 프로그램을 개발, 생활체육지도자 양성제도 개선
문민정부 (문화체육부)	• '제1차 국민체육진흥 5개년 계획'을 통해 생활체육의 범국민적 확산을 위한 정책 실시 • 국민의 체육활동에 대한 참여의식 함양, 체육활동의 공간 확충, 생활체육 지도자 양성 • 국민체육활동을 체계적으로 육성하고 지원하기 위한 정책을 전개함에 따라 국민에게 건전여가를 누릴 기회가 확대됐다.
국민의 정부 (문화관광부)	• '제2차 국민체육진흥 5개년 계획'을 통해 생활체육 참여환경을 구축하여 지역공동체 중심의 체육활동 여건개선 • 지역공동체 주민활동의 장으로서 체육 시설 확충, 기존에 참여하지 않는 인구의 생활체육 프로그램 참여 확대 • 생활체육 지도인력 육성 및 활용 정책 전개 • 국민체력관리의 과학적인 지원을 위한 환경 마련, 민간 주도적인 생활체육 확산
참여정부 (문화관광부)	• '참여정부 국민체육진흥 5개년 계획'을 통해 생활체육 활성화를 통한 국민 삶의 질 향상 • 주민친화형 생활체육 공간 확충, 스포츠클럽의 체계적인 육성 지원 • 체육활동 참여확대를 위한 다양한 프로그램 운영, 과학적인 국민체력관리시스템 구축 • 레저스포츠 발전 방안 마련, 생활체육의 지도인력을 양성, 생활체육에 대한 인식을 높이는 계기 마련
이명박 정부 (문화체육관광부)	• '문화비전 2008-2012' 계획을 통해 문밖을 나가면 주변에 체육시설을 이용할 수 있는 15분 프로젝트 추진

구분	내용
	• '국민생활체육회'(기존 국민생활체육협의회)의 다양한 생활체육 프로그램으로 체육활동의 참여여건 개선 • 지역 스포츠클럽을 정착시키고 활성화하게 함으로써 체육 인력의 활용도를 높이고 국민체력 향상 추진
박근혜 정부 (문화체육관광부)	• '스포츠비전 2018'과 '국민생활체육진흥종합계획'을 통해 종합형 스포츠클럽과 국민체력인증제 확대 • 생활체육콜센터와 체육시설지도를 구축, 저소득층 대상의 행복 나눔 스포츠교실 확대 • 주1회 이상 생활체육 참여율을 높이기 위해 유소년기(학교인증제), 청소년기(학교스포츠클럽), 성인기(국민체력 100), 은퇴기(찾아가는 체력관리)로서 계층별로 세분화해 정책 추진
문재인 정부 (문화체육관광부)	• '국민생활체육진흥기본계획'과 '2030 스포츠비전'을 통해 생애주기별 맞춤형 스포츠 지원 강화 • 스포츠 격차 해소를 위한 환경 조성, '공공스포츠클럽'을 육성하고 지원체계를 구축하여 수요자 중심의 체육시설 및 프로그램 확충 • 우수한 체육지도자 양성, 소외 없이 모두가 함께하는 스포츠 환경 마련 • 남과 북이 함께 만드는 평화 스포츠 시대를 열고자 했고, 민주적 거버넌스를 앞세워 풀뿌리 스포츠라는 개념 도입

2. 생활체육 제도

생활체육 제도는 관련법을 바탕으로 프로그램을 시행하게 된다. 생활체육 프로그램의 계획단계, 조직화 단계, 실행단계, 평가단계로 구분하여 살펴볼 수 있다.

1) 생활체육 프로그램의 계획단계

프로그램의 계획단계에서는 프로그램의 목적과 목표를 명확하게 설정해야한다. 이를 위해 생활체육 참여자에 따라 유형별로 개인적인 수요를 조사 분석할 수 있다. 이 과정은 생활체육활동의 핵심이기 때문에 요구조사, 목표설정 및 프로그램 계획의 점검을 고려해야 한다.

첫째, 요구분석이란 참여자의 요구를 분석함으로써 수요를 파악하고 구체화하는 것이다. 우선 참여자의 인구통계학적 특성(연령, 성별, 소득수준, 교육정도, 직업, 인종, 종교, 거주지역 등)을 파악할 수 있다. 이를 통해 참여자의 기본적인 정보를 수집하게 된다. 또한 참여자의 습관, 태도, 성격, 관심사항 등과 관련한 다방면의 자료를 수집할 수 있다. 참여자의 여가시간, 여가행동 등 생활체육 영역에서 수행하는 실제적 자료를 수집하는 것이다.

이렇게 수집된 자료에 대해 연구와 분석을 해야 한다. 생활체육 프로그램을 기획하는 사람들은 수집된 자료를 해석함으로써 객관성을 최대로 유지할 수 있는 환경을 마련하게 된다. 또한 산출된 자료를 인식하고 처리하는 과정을 통해 수집된 정보를 다시 검토하고 원래의 계획대로 시행하게 하는 해석으로 이어질 수 있다.

둘째, 목표설정이란 중단기적인 목표를 갖고 행정가, 프로그램 기획 전문가, 생활체육 지도자 등의 의견을 반영하여 목표를 개발하는 것이다. 이를 위해서는 수행목표 수립을 통해 프로그램 개발을 위한 방향을 결정하게 된다. 또한 프로그램 기획 전문가는 참여자의 행동을 지속적으로 파악해야 하기 때문에 목표를 수행하기 위한 요인을 정확히 이해해야 한다. 예를 들면 참여자의 특수한 행동, 그 행동에 미치는 환경 및 조건, 참여자가 프로그램 참여를 통해 얻고자 하는 성취 수준 등이 있다. 마지막으로 프로그램 수행 목표를 세분화하여 행동변화에 따른 수행계획을 차질 없이 수립할 수 있는 여건을 만들 수 있다. 예를 들면 생활체육에 참여하는 대상자로 하여금 인식적 운동영역(지식습득, 이해력 등), 감정적 운동영역(느낌, 가치, 감정 등), 정신적 운동영역(신체적 능력, 신경근육 기술 등) 등을 통해 수행 목표에 도움을 줄 수 있다.

셋째, 프로그램 계획점검은 생활체육 프로그램을 계획할 때 마지막으로 점검해야 할 사항을 정리하는 것이다. 사전점검과 사후정리 문제, 프로그램 운영 시의 안전문제, 사용 장비와 시설물 사용의 문제, 소요예산의 집행과 정산 문제, 평가 준비 등에 이른다.

□ <표 9-11> 생활체육 프로그램의 계획단계

구분	내용
요구분석	• 정보수집: 참여자의 인구통계학적 특성을 비롯해 습관, 성격, 태도 및 관심에 관련된 정보를 수집함 • 연구 및 분석: 전문적 지식을 토대로 수집된 자료를 해석함 • 인식 및 처리: 수집된 정보를 재검토하고 계획대로 시행할 수 있도록 정보의 해석을 포함함
목표설정	• 수행목표 수립: 프로그램 개발을 위한 분위기와 방향 결정 • 수행목표 사용: 프로그램의 목표를 수행하기 위한 요인의 이해 • 수행목표 학습영역: 프로그램 수행목표의 세분화
프로그램 계획 점검	• 사전점검, 사후정리, 안전문제, 장소와 장비, 소요예산, 평가 준비 등 • 기타 총체적으로 정리할 여러 방면의 문제 점검

여기서 잠깐

생활체육 프로그램 내용기준

① **효과성**: 기대되는 활동성과가 있어야 생활체육 프로그램으로서 평가를 받음
② **효율성**: 주어진 활동여건에서 최소의 노력으로 최대의 효과를 얻을 수 있게 설정해야 함
③ **적시성**: 참여자의 능력이나 경험에 적절한 시기와 내용이 맞아떨어져야 함
④ **긴급성**: 사회적 상황이나 지역적 과제로 판단하여 우선순위에서 시행돼야 함
⑤ **중요성**: 참여자의 요구와 상관없이 누구나 다 보편적으로 수용할 수 있는 가치가 있어야 함
⑥ **요구성**: 참여자의 요구내용을 최대한 반영해야 함

스포츠 이벤트의 특성

① **현장성**: 현장에서 직접 이루어지는 특성이 있음
② **진실성**: 이벤트 개최의 목적과 취지를 공유할 수 있는 특성이 있음
③ **체험성**: 체험이 이루어지는 공간으로 창출될 수 있는 특성이 있음
④ **감성적 특성**: 감성을 자극하여 감동을 유도할 수 있는 특성이 있음
⑤ **통합성**: 지역, 사회, 문화, 정치 등 모든 영역을 통합할 수 있는 특성이 있음
⑥ **상호교류성**: 쌍방향 커뮤니케이션의 수단으로 활용될 수 있는 특성이 있음
⑦ **대중성**: 특정 소수가 아닌 대중 지향성 행사로서의 특성이 있음

2) 생활체육 프로그램의 조직화 단계

생활체육 프로그램의 조직화 단계에서는 실제 시행하게 될 프로그램을 조직하고 구성하는 것이 중요하다. 이를 위해 프로그램 기획 전문가가 구성한 생활체육 프로그램이 운영되는 세부적인 매뉴얼을 정리할 수 있다. 예를 들면 5W1H(왜, 무엇을, 누가, 언제, 어디서, 어떻게)를 대입해 살펴볼 수 있다. 즉 프로그램의 취지, 프로그램의 선택, 참가대상, 참가기간 및 시간, 실시장소 및 위치, 시설 및 장비, 비용, 홍보, 사후정리 등에 이르기까지 단계별, 분야별로 조직화를 이루어야 한다. 특히 어떻게(HOW) 부분에서 세부적인 매뉴얼이 도출돼야 한다.

이를 위해선 크게 기획부서, 실행부서, 지원부서로 구분해서 운영할 수 있다. 물론 영역별로 보다 세분화된 조직화 과정이 요구되기도 한다.

□ <표 9-12> 생활체육 프로그램의 조직화 단계

구분	내용
담당부서	• 기획부서: 프로그램을 전반적으로 기획하고 전략을 수립함 • 실행부서: 프로그램을 영역별로 수행함 • 지원부서: 프로그램의 차질 없는 수행을 위해 지원함
프로그램 매뉴얼	• WHY: 프로그램을 왜 해야 하는지 설정(프로그램 계획 시 미리 정함) • WHAT: 무엇을 하고자 하는지 설정 • WHO: 누가 할 것이고, 누구를 대상으로 할 것인지 설정 • WHEN: 언제부터 언제까지 할 것인지 설정 • WHERE: 어디서, 어떤 장비를 갖추고 할 것인지 설정 • HOW: 어떻게 할 것인지를 설정(부서별, 개인별 담당업무를 일시별로 구체적으로 도출)

여기서 잠깐

생활체육 프로그램 내용의 형태

① **경쟁적 활동(competitive activity):** 흥미를 유발시키기 위해 경쟁적 요소를 가미함(리그, 토너먼트, 콘테스트 등)

② **드롭인(drop-in):** 참여자가 고정된 시간에 묶이지 않도록 이용 가능한 시간위주로 활동할 수 있도록 탄력적인 운영을 함

③ **교실(class):** 드롭인 방식에 비해 스포츠 교실이란 한정된 공간에서 형식을 갖춘 프

로그램을 운영함

④ **클럽(club)**: 공동의 목적을 위해 구성된 집단으로 조직의 경영기능인 계획, 조직화, 리더십, 통제의 기능이 가능하도록 운영을 함

⑤ **이벤트(event)**: 축제, 행사 등과 같이 흥미를 유발하는 수단으로 운영을 함

생활체육 프로그램 조직화의 원리

① **계열성의 원칙**: 기간에 관계없이 전후 프로그램 간을 밀접하게 연관 지을 수 있는 프로그램

② **통합성의 원칙**: 프로그램이 참여자의 경험 속에서 의미를 가질 수 있게 통합적 개발 및 운영

③ **계속성의 원칙**: 동일한 수준의 프로그램에 대해 반복적인 학습이 가능한 프로그램

3) 생활체육 프로그램의 실행단계

생활체육 프로그램의 계획과 조직화 단계가 마무리되면 실행단계로 접어든다. 프로그램의 계획과 조직화 단계에서는 기획 전문가의 역할이 중요하지만, 실제로 전개할 때는 현장에서 실무를 담당할 생활체육 지도자와 감독자의 역할이 크다. 지도자는 일선에서 직접 참여자와 대면하게 된다. 지도 역할 외에도 서비스 담당자, 보조원, 인명구조원 등에 이르기까지 다양한 영역에서 활동하는 구성원 모두를 포함한다. 참여자의 만족도와 직접적으로 연관된 고객 접점 서비스 영역이므로 사전에 서비스 교육을 철저하게 수행하게 해야 한다.

감독자는 기획부서와 일선 실무자(지도자 등)와의 가교역할을 하는 중간 관리자이다. 즉, 지도자 등을 통제하고 적절한 시점에 지시를 내리며 업무를 원활하게 수행하게 하는 역할을 한다. 필요 시 지원을 할 수도 있고 긴급한 상황이 발생했을 시 우선적으로 조치를 취할 수 있는 역량을 갖추어야 한다.

프로그램을 전개하기 위한 단계로서 우선 참여자에 대한 사전 이해를 바탕으로 목표를 다시 명확하게 제시해야 한다. 또한 프로그램이 일정별로 수행하면서 선행과제와 후속과제와의 관련성을 사전에 파악하면서 대처해야 한다. 이를 위해선 활용하는 시설과 장비의 사용법, 지도방법 등을 참여자의 규모에 따라 설명해야 한다.

□ <표 9-13> 생활체육 프로그램의 실행단계

구분	내용
지도자와 감독자	• 지도자: 일선 실무자로서 고객과의 접점 서비스를 수행함 • 감독자: 기획부서와 지도자와의 중간 역할을 수행함
프로그램 전개	• 목표제시: 참여자에 대한 사전이해를 토대로 목표를 다시 제시함 • 활동과제 분석: 선행과제와 후속과제와의 연관성 분석, 대처함 • 지도방법 설명: 시설, 장비, 지도법 등 설명

여기서 잠깐

생활체육 프로그램 전개의 원리

① 지역사회에서 이미 성공을 거두었던 활동부터 우선 전개함(친숙도, 흥행성 등 담보)
② 흥미와 재미가 결부될 수 있도록 함
③ 참여자의 요구분석 시 특별한 흥행적 요소가 있으면 새로운 활동영역으로 프로그램을 접목함
④ 참여자에게 성공적으로 완수하도록 경험을 갖게 함
⑤ 생활체육 프로그램 전개의 주체는 참여자로서 외적보상보다 성취감과 같은 내적보상을 강조함
⑥ 개인차를 항상 고려해서 학습성취도 중심의 개별 학습을 실시하게 함
⑦ 다양한 교육매체와 시청각 도구를 활용하여 학습동기를 촉진시킴

4) 생활체육 프로그램의 평가단계

생활체육 프로그램의 평가를 통해 지속돼야 할 명분을 찾을 수 있다. 즉, 프로그램이 계획대로 제대로 수행됐는지를 확인하고, 참여자와 지역사회에 어떤 영향을 미쳤는지를 살펴보게 된다. 더 나아가 국가의 발전에 공헌했는지를 파악하여 향후 계획을 수립할 때 정책을 강화할지 여부를 분석할 토대를 마련할 수 있다.

프로그램 평가의 대상은 프로그램 참여자가 목표에 얼마나 도달하였는지를 평가하는 개인 평가 있다. 생활체육 프로그램을 기획할 당시의 목표를 얼마나 수행하였는지를 평가하는 프로그램 평가가 있다. 또한 생활체육을 추진하는 기관과

단체가 계획에 따라 역할을 충분히 수행했는지를 평가하는 기관 및 단체 평가도 있다. 덧붙여 생활체육 프로그램을 통해서 지역사회에서 지역주민의 충분한 호응과 행·재정적 지원에 대해 평가하는 지역사회 평가가 있다.

이와 같이 다양한 대상을 평가하기 위한 프로그램 평가의 기준은 유용성, 실행가능성, 적합성, 정확성 등을 들 수 있다.

☐ <표 9-14> 생활체육 프로그램의 평가기준

구분	내용
유용성 (utility)	평가가 주어진 대상 집단의 실질적인 정보 요구에 부응하는가?
실행가능성 (feasibility)	평가가 현실성과 경제성을 고려하고 있는가?
적합성 (propriety)	평가가 법적, 윤리적으로 문제가 없는가?
정확성 (accuracy)	평가가 평가 대상의 특징에 대해 충분한 정보를 발견하고 제시하는가?

체육·스포츠
행정의 이론과 실제

CHAPTER

10

학교체육 프로그램

SECTION
01

학교체육 교육과정

「초·중등교육법」 제23조(교육과정 등)에 따라 학교는 교육과정을 운영해야 하고, 교육부장관은 교육과정의 기준과 내용에 관한 기본적 사항을 정하며, 교육감은 장관이 정한 교육과정의 범위에서 지역의 실정에 맞게 기준과 내용을 정할 수 있다. 2015년 개정된 「초·중등학교 교육과정」(2018-162호)을 살펴보면 구체적인 내용을 살펴볼 수 있다.

1. 초등학교 교육과정

1) 교과과정과 창의적 체험활동

초등학교 교육과정은 교과과정과 창의적 체험활동으로 구분돼 있다. 2009년 개정 이후, 2015년 개정의 가장 큰 특징 중에 하나가 안전의식에 대한 함양이다. 이는 2014년 세월호 사건 발생 등에 따라 안전 기초소양의 중요성을 교육과정에 반영한 것이다.

□ <표 10-1> 초등학교 교과 시간배정 기준

구분		1 ~ 2학년	3 ~ 4학년	5 ~ 6학년
교과 (군)	국어	국어 448	408	408
	사회/도덕		272	272
	수학	수학 256	272	272
	과학/실과	바른 생활 128	204	340
	체육		204	204
	예술(음악/미술)	슬기로운 생활 192	272	272
	영어	즐거운 생활 384	136	204
소계		1,408	1,768	1,972
창의적 체험활동		336 / 안전한 생활 (64)	204	204
학년군별 총 수업 시간 수		1,744	1,972	2,176

- 이 표에서 1시간 수업은 40분을 원칙으로 하되, 기후 및 계절, 학생의 발달 정도, 학습 내용의 성격, 학교 실정 등을 고려하여 탄력적으로 편성·운영할 수 있다.
- 학년군 및 교과(군)별 시간 배당은 연간 34주를 기준으로 한 2년간의 기준 수업 시수를 나타낸 것이다.
- 학년군별 총 수업 시간 수는 최소 수업 시수를 나타낸 것이다.
- 실과의 수업 시간은 5 ~ 6학년 과학/실과의 수업 시수에만 포함된 것이다.

※ 출처: 교육부(2018.7.). 초·중등학교 교육과정(2018-162호). 내부자료.

2) 체육과 교육과정

(1) 내용체계 및 성취 기능

체육과는 "신체활동을 통해 체력 및 운동 능력을 비롯한 건강하고 활기찬 삶에 필요한 능력을 기르고 사회 속에서 바람직한 인성을 발휘함으로써 자신의 삶을 개척하고 체육 문화를 창조적으로 계승·발전시킬 수 있는 자질을 함양하는 교과"를 의미한다(교육부, 2018.7.).

체육 교과 역량을 네 가지로 분류해 제시하고 있다. 첫째, 건강관리 능력이다. 신체 건강과 체력 증진, 여가 선용 등의 건강한 생활 습관 형성을 도모하고, 건전한 사회와 안전한 환경을 구성, 유지할 수 있는 합리적 사고와 태도를 배양할 수 있는 능력을 뜻한다. 둘째, 신체수련 능력이다. 이는 자신의 신체적 수준을 이해하고 받아들이면서도 지속적이고 적극적인 신체 수련 노력을 통해 새로운 목표를 달성할 수 있는 능력이다. 셋째, 경기 수행 능력이다. 게임, 스포츠 등 유희적 본능을 바탕으로 하는 경쟁 상황에서 적합한 전략과 기능을 발휘하여 개인혹은 공동의 목표 달성을 위해 상호 작용할 수 있는 능력을 의미한다. 마지막으로 신체 표현 능력으로 신체와 움직임을 매개로 하여 생각과 느낌을 표현하고 수용하는 능력을 말한다.

초등학교에서는 체육과 역량을 기르기 위한 '신체활동의 기본 및 기초 교육'을 담당한다. 체육과 교육과정의 내용체계의 영역은 크게 다섯 가지로 분류하고 있다. 건강, 도전, 경쟁, 표현, 안전 활동이다. 안전 활동은 기존의 여가 활동에서 변경된 부분이다. 구체적인 내용 체계를 살펴보면 다음과 같다(교육부, 2018.7.).

□ <표 10-2> 체육과 교육과정 내용체계(초등학교)

영역	핵심 개념	일반화된 지식	내용 요소				기능
			초등학교				
			3 ~ 4학년군		5 ~ 6학년군		
건강	건강 관리 체력 증진 여가 선용 자기 관리	• 건강은 신체에 대한 이해를 바탕으로 건강한 생활 습관과 건전한 태도를 지속적이고 체계적으로 관리함으로써 유지된다. • 체력은 건강의 기초이며, 자신에게 적절한 신체활동을 지속적으로 실천함으로써 유지, 증진된다. • 건강한 여가 활동은 긍정적인 자아 이미지를 형성하고 만족도 높은 삶을 설계하는 데 기여한다.	• 건강한 생활 습관 • 운동과 체력 • 자기 인식	• 건강한 여가 생활 • 체력 운동 방법 • 실천 의지	• 건강한 성장 발달 • 건강 체력의 증진 • 자기 수용	• 운동과 여가 생활 • 운동 체력의 증진 • 근면성	• 평가하기 • 계획하기 • 관리하기 • 실천하기
도전	도전 의미 목표 설정	• 인간은 신체활동을 매개로 자신이나 타인의 기량 및 기록, 환경적 제약을 극복하기 위해 도전한다.	• 속도 도전의 의미	• 동작 도전의 의미	• 거리 도전의 의미	• 표적/투기 도전의 의미	• 시도하기 • 분석하기 • 수련하기 • 극복하기

영역	핵심 개념	일반화된 지식	내용 요소 초등학교 3~4학년군		내용 요소 초등학교 5~6학년군		기능
도전	신체·정신 수련 도전 정신	• 도전의 목표는 다양한 도전 상황에 대한 수행과 반성 과정을 통해 성취된다. • 도전 정신은 지속적인 수련과 반성을 통해 길러진다.	• 속도 도전 활동의 기본 기능 • 속도 도전 활동의 방법 • 끈기	• 동작 도전 활동의 기본 기능 • 동작 도전 활동의 방법 • 자신감	• 거리 도전 활동의 기본 기능 • 거리 도전 활동의 방법 • 적극성	• 표적/투기 도전 활동의 기본 기능 • 표적/투기 도전 활동의 방법 • 겸손	
경쟁	경쟁 의미 상황 판단 경쟁·협동 수행 대인 관계	• 인간은 다양한 유형의 게임 및 스포츠에 참여하여 경쟁 상황과 경쟁 구조를 경험한다. • 경쟁의 목표는 게임과 스포츠 상황에서 숙달된 기능과 상황에 적합한 전략의 활용을 통해 성취된다. • 대인 관계 능력은 공정한 경쟁과 협력적 상호 작용을 통해 발달된다.	• 경쟁 활동의 의미 • 경쟁 활동의 기초 기능 • 경쟁 활동의 방법과 기본 전략 • 규칙 준수	• 영역형 경쟁의 의미 • 영역형 게임의 기본 기능 • 영역형 게임의 방법과 기본 전략 • 협동심	• 필드형 경쟁의 의미 • 필드형 게임의 기본 기능 • 필드형 게임의 방법과 기본 전략 • 책임감	• 네트형 경쟁의 의미 • 네트형 게임의 기본 기능 • 네트형 게임의 방법과 기본 전략 • 배려	• 분석하기 • 협력하기 • 의사소통하기 • 경기 수행하기
표현	표현 의미 표현 양식 표현 창작 감상·비평	• 인간은 신체 표현으로 느낌이나 생각을 나타내며, 감성적으로 소통한다. • 신체 표현은 움직임 요소에 바탕을 둔 모방이나 창작을 통해 이루어진다. • 심미적 안목은 상상력, 심미성, 공감을 바탕으로 하는 신체 표현의 창작과 감상으로 발달된다.	• 움직임 표현의 의미 • 움직임 표현의 기본 동작 • 움직임 표현의 구성 방법 • 신체 인식	• 리듬 표현의 의미 • 리듬 표현의 기본 동작 • 리듬 표현의 구성 방법 • 민감성	• 민속 표현의 의미 • 민속 표현의 기본 동작 • 민속 표현의 구성 방법 • 개방성	• 주제 표현의 의미 • 주제 표현의 기본 동작 • 주제 표현의 구성 방법 • 독창성	• 탐구하기 • 신체 표현하기 • 감상하기 • 의사소통하기
안전	신체 안전 안전 의식	• 인간은 위험과 사고가 없는 편안하고 온전한 삶을 살아가기 위해 안전을 추구한다. • 안전은 일상생활과 신체활동의 위험 및 사고를 예방하고 적절히 대처함으로써 확	• 신체활동과 안전 • 수상 활동 안전	• 운동장비와 안전 • 게임 활동 안전	• 응급 처치 • 빙상·설상 활동 안전	• 운동시설과 안전 • 야외 활동 안전	• 상황 파악하기 • 의사 결정하기

영역	핵심 개념	일반화된 지식	내용 요소				기능
			초등학교				
			3 ~ 4학년군		5 ~ 6학년군		
		보된다. • 안전 관리 능력은 안전 의식을 함양하고 위급 상황에 대처하는 연습을 통해 길러진다.	• 위험 인지	• 조심성	• 침착성	• 상황 판단력	• 대처하기 • 습관화 하기

※ 출처: 교육부(2018.7.). 초 · 중등학교 교육과정(2018-162호). 내부자료.

(2) 성취기능 및 프로그램

① 3 ~ 4학년 초등학생 신체활동 프로그램

교육부(2018.7.)의 초·중등학교 3 ~ 4학년의 교육과정에서 체육과 교육과정이 영역별로 성취기능을 살펴보면 다음 <표 10−3>과 같다.

□ <표 10-3> 체육과 교육과정 성취기능(초등학교 3 ~ 4학년)

구분	내용
건강	[건강과 체력] • 건강한 생활 습관(몸의 바른 자세, 개인 위생, 비만 예방)을 알고 생활 속에서 규칙적으로 실천한다. • 다양한 운동 수행을 통해 체력의 향상과 건강한 생활을 경험한다. • 신체활동을 통해 다른 사람과 구별되는 자신의 신체적 · 정신적 특징 등을 인식한다. [여가와 운동방법] • 여가 활동 경험을 바탕으로 여가 활동의 의미와 건강과의 관계를 탐색한다. • 체격 및 체력의 특성을 이해하고 자신에게 맞는 체력 운동 계획을 세워 올바른 방법으로 수행한다. • 건강을 유지 · 증진하기 위한 체력 운동 및 여가 생활을 실천한다.
도전	[속도 도전] • 속도를 향상시켜 자신의 기록을 단축하려는 속도 도전의 개념과 특성을 탐색한다. • 속도 도전과 관련된 여러 유형의 활동에 참여해 자신의 기록을 향상할 수 있는 기본자세와 동작을 찾아 도전 상황에 적용한다. • 자신의 속도 도전 결과를 시기별로 측정하여 그 과정의 장단점을 분석하고 기록을 향상할 수 있는 방법을 지속적으로 수행하고 평가한다.

구분	내용
	• 수련을 통해 힘든 상황에서도 포기하지 않고 목표 달성을 위해 정진하며 속도에 도전한다.
	[동작 도전]
	• 자신이 수행할 수 있는 최상의 자세와 동작을 수행하는 동작 도전의 개념과 특성을 탐색한다.
	• 동작 도전과 관련된 여러 유형의 활동에 참여해 수행의 성공에 도움이 되는 기본자세와 동작을 찾아 도전 상황에 적용한다.
	• 자신의 동작 도전 결과를 시기별로 측정하여 그 과정의 장단점을 분석하고 성공률을 높일 수 있는 방법을 지속적으로 수행하고 평가한다.
	• 수련을 통해 동작 수행이 어렵거나 두려운 상황을 극복하며 동작에 도전한다.
경쟁	[경쟁의 기초]
	• 단순한 규칙으로 이루어진 게임을 종합적으로 체험함으로써 공통의 목표 달성을 위해 정해진 규칙을 지키며 상대와 실력을 겨루는 경쟁의 의미를 탐색한다.
	• 단순한 규칙으로 이루어진 게임을 수행하며 경쟁에 필요한 기본 기능을 탐색한다.
	• 게임 방법에 대한 이해를 바탕으로 게임을 유리하게 전개할 수 있는 전략을 탐색한다.
	• 경쟁의 과정에서 규칙의 필요성을 알고 합의된 규칙을 준수하며 게임을 수행한다.
	[영역형 경쟁]
	• 영역형 게임을 다양하게 체험함으로써 상대 영역으로 이동하여 정해진 지점으로 공을 보내 득점하는 영역형 경쟁의 개념과 특성을 탐색한다.
	• 영역형 게임의 기본 기능을 탐색하고 게임 상황에 맞게 적용한다.
	• 영역형 게임 방법에 대한 이해를 바탕으로 게임을 유리하게 전개할 수 있는 전략을 탐색하고 적용한다.
	• 공동의 목표 달성을 위해 협동의 필요성을 알고 팀원과 협력하며 게임을 수행한다.
표현	[움직임 표현]
	• 움직임 언어(이동 움직임, 비이동 움직임, 조작 움직임)와 표현 요소(신체, 공간, 노력, 관계)를 탐색한다.
	• 느낌이나 생각을 창의적인 움직임으로 표현하는 데 적합한 기본 동작을 다양한 표현 상황에 적용한다.
	• 개인 또는 모둠별로 움직임 언어나 표현 요소를 활용하여 구성한 작품을 발표하고 이를 감상한다.
	• 움직임 표현 활동을 수행하며 움직임 표현에 따른 자신의 신체 움직임과 신체의 변화 등을 인식한다.

구분	내용
	[리듬 표현] • 신체활동(체조, 줄넘기 등)에 나타나는 리듬의 유형과 요소를 탐색한다. • 음악(동요, 민요 등)에 맞추어 신체 또는 여러 가지 도구(공, 줄, 후프 등)를 활용한 다양한 동작을 표현 상황에 적용한다. • 개인 또는 모둠별로 리듬에 따른 다양한 동작을 구성하여 작품을 만들어 발표하고 이를 감상한다. • 리듬 표현 활동을 수행하며 리듬의 특징과 변화를 빠르게 수용하고 이를 신체 움직임에 반영하여 표현한다.
안전	[신체활동과 수상 활동 안전] • 신체활동에서 자주 발생하는 안전사고의 종류와 원인을 탐색한다. • 수상활동에서 발생하는 안전사고의 사례를 조사하고 예방 및 대처 방법을 익혀 위험 상황에 대처한다. • 신체활동 시 발생할 수 있는 위험 상황을 인지하며 안전하게 신체활동을 수행한다. [운동 장비와 게임 활동 안전] • 운동 장비 사용 시 발생할 수 있는 안전사고의 종류와 원인을 탐색한다. • 게임 활동에서 발생하는 안전사고의 사례를 조사하고 예방 및 대처 방법을 익혀 위험 상황에 대처한다. • 신체활동 시 행동에 주의를 기울이며 안전하게 활동한다.

위에서 제시한 성취 기능을 토대로 초등학교 3 ~ 4학년의 신체활동의 예를 살펴보면 다음과 같다.

☐ <표 10-4> 초등학교 3 ~ 4학년 신체활동

영역		신체활동 예시
건강	건강과 체력	일상생활에서 실천할 수 있는 체력 운동(맨손체조, 줄넘기 등), 기본 생활 습관 형성 활동(몸의 바른 자세, 손 씻기, 양치질, 올바른 식습관 등)
	여가와 운동 방법	일상생활에서 실천할 수 있는 여가 활동(걷기, 자전거타기, 플라잉 디스크, 제기차기, 투호, 사방치기 등), 기초체력 측정 및 증진 활동(스트레칭, 팔굽혀펴기, 왕복달리기, 전력달리기 등)
도전	속도 도전	단거리달리기, 이어달리기, 오래달리기 및 걷기, 장애물달리기, 자유형, 평영, 배영 등

영역		신체활동 예시
	동작 도전	매트운동, 뜀틀운동, 평균대운동, 태권도 품새 등
경쟁	경쟁의 기초	태그형 게임, 기초적인 수준의 영역형/필드형/네트형 게임 등
	영역형 경쟁	축구형 게임, 농구형 게임, 핸드볼형 게임, 럭비형 게임, 하키형 게임 등
표현	움직임 표현	움직임 언어(이동 움직임, 비이동 움직임, 조작 움직임)를 활용한 표현 활동, 표현 요소(신체, 노력, 공간, 관계 등)를 활용한 표현 활동 등
	리듬 표현	공 체조, 리본 체조, 후프 체조, 음악 줄넘기, 율동 등
안전	신체활동과 수상 활동 안전	신체활동과 관련된 안전사고의 종류와 원인 조사 활동, 수상 안전 사고 예방 및 대처활동 등
	운동 장비와 게임 활동 안전	운동 장비와 관련된 안전사고의 종류와 원인 조사 활동, 게임 안전 사고 예방 및 대처활동 등

※ 출처: 교육부(2018.7.). 초·중등학교 교육과정(2018-162호). 내부자료.

② 5～6학년 초등학생 신체활동 프로그램

교육부(2018.7.)의 초·중등학교 5～6학년의 교육과정에서 체육과 교육과정이 영역별로 성취기능을 살펴보면 다음 <표 10-5>과 같다.

□ <표 10-5> 체육과 교육과정 성취기능(초등학교 5～6학년)

구분	내용
건강	[성장과 건강 체력] • 성장에 따른 신체적 변화를 수용하고 건강한 성장과 발달을 저해하는 생활 양식(흡연, 음주, 약물 오남용 등)의 위험성을 인식한다. • 건강을 유지하기 위한 체력 운동을 선택하고 자신의 수준에 맞게 운동 계획을 세워 실천한다. • 신체활동 참여를 통해 부족했던 체력의 향상을 체험함으로써 타인과 다른 자신의 신체적 기량과 특성을 긍정적으로 수용한다. [여가와 운동 체력] • 건강한 생활을 위한 신체적 여가 활동 계획을 수립하여 실천한다. • 운동 능력을 향상시키기 위한 체력 운동을 선택하고 자신의 수준에 맞는 운동 계획을 세워 실천한다. • 건강 증진을 위해 계획에 따라 운동 및 여가 활동에 열정을 갖고 꾸준히 참여한다.

구분	내용
도전	[거리 도전] • 자신의 기록을 향상시키려는 거리 도전의 개념과 특성을 탐색한다. • 거리 도전과 관련된 여러 유형의 활동에 참여해 자신의 기록을 향상할 수 있는 기본자세와 동작을 이해하고 도전 상황에 적용한다. • 거리 도전의 결과를 시기별로 측정하여 도전 과정의 장단점을 분석하고 기록을 향상할 수 있는 방법을 지속적으로 수행하고 평가한다. • 상황과 환경에 관계없이 해낼 수 있는 자신감을 갖고 적극적으로 거리 기록 향상에 도전한다. [표적/투기 도전] • 새로운 기록을 수립하거나 상대방의 신체적 기량에 앞서기 위해 수행하는 표적/투기 도전의 개념과 특성을 탐색한다. • 표적/투기 도전과 관련된 여러 유형의 활동에 참여해 자신의 성공 수행을 높일 수 있는 기본자세와 동작을 이해하고 도전 상황에 적용한다. • 표적/투기 도전의 결과를 지속적으로 측정 및 점검하여 그 과정의 장단점을 분석하고 보다 좋은 결과를 얻을 수 있는 방법을 지속적으로 수행하고 평가한다. • 표적/투기 도전의 참여 과정과 결과를 반성하고 어떠한 상황에서도 상대방을 존중하고 게임에 최선을 다하는 겸손한 자세로 도전한다.
경쟁	[필드형 경쟁] • 필드형 게임을 체험함으로써 동일한 공간에서 공격과 수비를 번갈아 하며 상대의 빈 공간으로 공을 보내고 정해진 구역을 돌아 점수를 얻는 필드형 경쟁의 개념과 특성을 탐색한다. • 필드형 게임의 기본 기능을 탐색하고 게임 상황에 적용한다. • 필드형 게임 방법에 대한 이해를 바탕으로 게임을 유리하게 전개할 수 있는 전략을 탐색하고 적용한다. • 필드형 경쟁 활동에 참여하면서 책임의 중요성을 인식하고 이를 바탕으로 맡은 바 역할에 최선을 다하며 게임을 수행한다. [네트형 경쟁] • 네트형 게임을 종합적으로 체험함으로써 네트 너머에 있는 상대의 빈 공간에 공을 보내 받아 넘기지 못하게 하여 득점하는 네트형 경쟁의 개념과 특성을 탐색한다. • 네트형 게임을 기본 기능을 탐색하고 게임 상황에 맞게 적용한다. • 네트형 게임 방법에 대한 이해를 바탕으로 게임을 유리하게 전개할 수 있는 전략을 탐색하고 적용한다. • 네트형 경쟁 활동에 참여하면서 다른 사람들의 입장을 이해하고 공감하며 게임을 수행한다.
표현	[민속 표현]

구분	내용
	• 세계 여러 나라의 전통적인 민속 표현의 종류와 특징을 탐색한다.
	• 세계 여러 나라 민속 표현의 고유한 특징을 효과적으로 표현하는 데 적합한 기본 동작을 적용한다.
	• 민속 표현 활동에 포함된 다양한 표현 방법(기본 움직임, 대형, 리듬 등)을 바탕으로 작품을 구성하여 발표하고 이를 감상한다.
	• 세계 여러 민족의 문화적 특성을 이해하고 존중하는 개방적인 마음으로 참여한다.
	[주제 표현]
	• 주제 표현을 구성하는 표현 요소(신체 인식, 공간 인식, 노력, 관계 등)와 창작 과정(발상, 계획, 구성, 수행 등)의 특징을 탐색한다.
	• 정해진 주제나 소재의 특징적인 면을 살려 신체활동으로 표현하는 데 적합한 기본 동작을 다양한 상황에 적용한다.
	• 주제 표현 활동을 하는 데 필요한 다양한 표현 방법을 바탕으로 개인 또는 모둠별로 작품을 창의적으로 구성하여 발표하고 이를 감상한다.
	• 주제와 관련된 다양한 표현 방식을 이해하고 자신의 느낌과 생각에 따라 창의적인 방법으로 표현한다.
안전	[응급 처치와 빙상·설상 안전] • 운동 시 발생할 수 있는 응급 상황(출혈, 염좌, 골절 등)의 종류와 특징을 조사하고 상황에 따른 대처법을 탐색한다. • 빙상·설상에서 발생하는 안전사고의 사례를 조사하고 예방 및 대처 방법을 익혀 위험 상황에 대처한다. • 일상생활이나 운동 중 발생할 수 있는 위험 상황에서 약속된 절차를 떠올리며 침착하게 행동한다. [운동 시설과 야외 활동 안전] • 운동 시설 이용 시 발생할 수 있는 안전사고의 종류와 원인을 탐색한다. • 야외 활동에서 발생하는 안전사고의 사례를 조사하고 예방 및 대처 방법을 익혀 위험 상황에 대처한다. • 신체 부상이 우려되는 위험한 상황이나 재난 발생 시 피해 상황을 신속하게 판단하여 안전하게 대처한다.

위에서 제시한 성취 기능을 토대로 초등학교 5 ~ 6학년의 신체활동의 예를 살펴보면 다음과 같다.

□ <표 10-6> 초등학교 5 ~ 6학년 신체활동

영역		신체활동 예시
건강	성장과 건강 체력	생활 건강 관련 활동(신체의 성장, 성폭력의 예방과 대처, 음주 및 흡연의 실태와 예방 등), 건강 체력 증진 활동(근력, 근지구력, 심폐지구력, 유연성 운동 등)
	여가와 운동 체력	자연 및 운동 시설에서 즐길 수 있는 여가 활동(스키, 캠핑, 등산, 래프팅, 스케이팅, 롤러 등), 운동 체력 증진 활동(순발력, 민첩성, 평형성, 협응성 운동 등)
도전	거리 도전	멀리뛰기, 높이뛰기, 멀리 던지기 등
	표적/투기 도전	볼링 게임, 골프 게임, 다트 게임, 컬링 게임 등 / 태권도, 씨름 등
경쟁	필드형 경쟁	발야구형 게임, 주먹야구형 게임, 티볼형 게임 등
	네트형 경쟁	배구형 게임, 배드민턴형 게임, 족구형 게임, 탁구형 게임, 테니스형 게임 등
표현	민속 표현	• 우리나라의 민속 무용(강강술래, 탈춤 등) • 외국의 민속 무용(티니클링, 구스타프 스콜, 마임 등)
	주제 표현	창작무용, 창작체조, 실용 무용 등
안전	응급 처치와 빙상 · 설상 안전	응급 처치 활동(출혈, 염좌, 골절 등의 발생 시 대처 방법 관련 활동, 심폐소생술 등), 빙상 · 설상 안전사고 예방 및 대처 활동 등
	운동 시설과 야외 활동 안전	운동 시설과 관련한 안전사고의 종류와 원인 조사 활동, 야외 활동 안전사고 예방 및 대처 활동 등

※ 출처: 교육부(2018.7.). 초 · 중등학교 교육과정(2018-162호). 내부자료.

2. 중학교 교육과정

1) 교과과정과 창의적 체험활동

중학교 교육과정은 교과과정과 창의적 체험활동으로 편성하고 있다. 창의적 체험활동은 자율 활동, 동아리 활동, 봉사 활동, 진로 활동이 있다. 특히 학교스포츠클럽 활동 및 자유학기에 이루어지는 다양한 활동들과 연계해 운영할 수 있다.

'학교스포츠클럽 활동'은 학생들의 심신을 건강하게 발달시키고 정서를 함양하기 위해 편성하고 운영되고 있다. 초·중등학교 교육과정(2018-162호)에 따르면 다음과 같이 학교스포츠클럽 활동을 제시하고 있다(교육부, 2018.7.).

---

1. 학교스포츠클럽 활동은 창의적 체험활동의 동아리 활동으로 편성한다.
2. 학교스포츠클럽 활동은 학년별 연간 34~68시간(총 136시간) 운영하며, 매 학기 편성하도록 한다. 학교 여건에 따라 연간 68시간 운영하는 학년에서는 34시간 범위 내에서 학교스포츠클럽 활동을 체육으로 대체할 수 있다.
3. 학교스포츠클럽 활동의 시간은 교과(군)별 시수의 20% 범위 내에서 감축하거나, 창의적 체험활동 시수를 순증하여 확보한다. 다만, 여건이 어려운 학교의 경우 68시간 범위 내에서 기존 창의적 체험활동 시간을 활용하여 확보할 수 있다.
4. 학교스포츠클럽 활동의 종목과 내용은 학생들의 희망을 반영하여 학교가 정하되, 다양한 종목을 개설함으로써 학생들의 선택권이 보장되도록 한다.

□ <표 10-7> 중학교 교과 시간배정 기준

구분		1~3학년
교과(군)	국어	442
	사회(역사 포함)/도덕	510
	수학	374
	과학/기술·가정/정보	680
	체육	272
	예술(음악/미술)	272
	영어	340
	선택	170
	소계	3,060
창의적 체험활동		306
총 수업 시간 수		3,366

- 이 표에서 1시간 수업은 45분을 원칙으로 하되, 기후 및 계절, 학생의 발달 정도, 학습 내용의 성격, 학교 실정 등을 고려하여 탄력적으로 편성·운영할 수 있다.
- 학년군 및 교과(군)별 시간 배당은 연간 34주를 기준으로 한 3년간의 기준 수업 시수를 나타낸 것이다.
- 총 수업 시간 수는 3년간의 최소 수업 시수를 나타낸 것이다.

• 정보 과목은 34시간을 기준으로 편성·운영한다.
※ 출처: 교육부(2018.7.). 초·중등학교 교육과정(2018-162호). 내부자료.

2) 체육과 교육과정

(1) 내용체계 및 성취 기능

중학교에서는 '신체활동의 심화 및 적용 교육'을 담당한다. 체육과 교육과정의 내용체계의 영역은 크게 다섯 가지로 분류하고 있다. 건강, 도전, 경쟁, 표현, 안전 활동이다. 안전 활동은 기존의 여가 활동에서 변경된 부분이다. 구체적인 내용 체계를 살펴보면 다음과 같다(교육부, 2018.7.).

□ <표 10-8> 체육과 교육과정 내용체계(중학교)

영역	핵심 개념	일반화된 지식	내용 요소			기능
			중학교 1~3학년군			
건강	건강 관리 체력 증진 여가 선용 자기 관리	• 건강은 신체에 대한 이해를 바탕으로 건강한 생활 습관과 건전한 태도를 지속적이고 체계적으로 관리함으로써 유지된다. • 체력은 건강의 기초이며, 자신에게 적절한 신체활동을 지속적으로 실천함으로써 유지, 증진된다. • 건강한 여가 활동은 긍정적인 자아 이미지를 형성하고 만족도 높은 삶을 설계하는 데 기여한다.	• 건강과 신체 활동 • 체력의 측정과 평가 • 자기 존중	• 건강과 생활 환경 • 체력 증진과 관리 • 자기조절	• 건강과 여가 활동 • 운동처방 • 자율성	• 평가하기 • 계획하기 • 관리하기 • 실천하기
도전	도전 의미 목표 설정	• 인간은 신체활동을 매개로 자신이나 타인의 기량 및 기록, 환경적 제약을 극복하기 위해 도전한다. • 도전의 목표는 다양한 도전 상황에 대한 수행과 반성 과정을 통해 성취된다.	• 동작 도전 스포츠의 역사와 특성 • 동작 도전 스포츠의 경기 기능과 과학적 원리	• 기록 도전 스포츠의 역사와 특성 • 기록 도전 스포츠의 경기 기능과 과학적	• 투기 도전 스포츠의 역사와 특성 • 투기 도전 스포츠의 경기 기능과 과학적	• 시도하기 • 분석하기 • 수련하기 • 극복하기

영역	핵심 개념	일반화된 지식	내용 요소			기능
			중학교 1 ~ 3학년군			
	신체 · 정신 수련 도전 정신	• 도전 정신은 지속적인 수련과 반성을 통해 길러진다.	• 동작 도전 스포츠의 경기 방법과 전략 • 용기	원리 • 기록 도전 스포츠의 경기 방법과 전략 • 인내심	원리 • 투기 도전 스포츠의 경기 방법과 전략 • 절제	
경쟁	경쟁 의미 상황 판단 경쟁 · 협동 수행 대인 관계	• 인간은 다양한 유형의 게임 및 스포츠에 참여하여 경쟁 상황과 경쟁 구조를 경험한다. • 경쟁의 목표는 게임과 스포츠 상황에서 숙달된 기능과 상황에 적합한 전략의 활용을 통해 성취된다. • 대인 관계 능력은 공정한 경쟁과 협력적 상호 작용을 통해 발달된다.	• 영역형 경쟁 스포츠의 역사와 특성 • 영역형 경쟁 스포츠의 경기 기능과 과학적 원리 • 영역형 경쟁 스포츠의 경기 방법과 전략 • 페어플레이	• 필드형 경쟁 스포츠의 역사와 특성 • 필드형 경쟁 스포츠의 경기 기능과 과학적 원리 • 필드형 경쟁 스포츠의 경기 방법과 전략 • 팀워크	• 네트형 경쟁 스포츠의 역사와 특성 • 네트형 경쟁 스포츠의 경기 기능과 과학적 원리 • 네트형 경쟁 스포츠의 경기 방법과 전략 • 운동 예절	• 분석하기 • 협력하기 • 의사소통하기 • 경기 수행하기
표현	표현 의미 표현 양식 표현 창작 감상 · 비평	• 인간은 신체 표현으로 느낌이나 생각을 나타내며, 감성적으로 소통한다. • 신체 표현은 움직임 요소에 바탕을 둔 모방이나 창작을 통해 이루어진다. • 심미적 안목은 상상력, 심미성, 공감을 바탕으로 하는 신체 표현의 창작과 감상으로 발달된다.	• 스포츠 표현의 역사와 특성 • 스포츠 표현의 표현 동작과 원리 • 스포츠 표현의 수행과 창작 • 심미성	• 전통 표현의 역사와 특성 • 전통 표현의 표현 동작과 원리 • 전통 표현의 수행 • 공감	• 현대 표현의 역사와 특성 • 현대 표현의 표현 동작과 원리 • 현대 표현의 수행과 창작 • 비판적 사고	• 탐구하기 • 신체 표현하기 • 감상하기 • 의사소통하기
안전	신체 안전	• 인간은 위험과 사고가 없는 편안하고 온전한 삶을 살아가기 위해 안전을 추구한다.	• 스포츠 유형별 안전	• 스포츠 생활과 안전	• 여가 스포츠와 안전	• 상황 파악하기

영역	핵심 개념	일반화된 지식	내용 요소			기능
			중학교 1 ~ 3학년군			
	안전 의식	• 안전은 일상생활과 신체활동의 위험 및 사고를 예방하고 적절히 대처함으로써 확보된다. • 안전 관리 능력은 안전 의식을 함양하고 위급 상황에 대처하는 연습을 통해 길러진다.	• 운동 손상 예방과 처치 • 의사 결정력	• 스포츠 시설·장비 안전 • 존중	• 사고 예방과 구급·구조 • 공동체 의식	• 의사 결정하기 • 대처하기 • 습관화하기

※ 출처: 교육부(2018.7.). 초·중등학교 교육과정(2018-162호). 내부자료.

(2) 성취기능 및 프로그램

교육부(2018.7.)의 중학교 1 ~ 3학년의 교육과정에서 체육과 교육과정이 영역별로 성취기능을 살펴보면 다음 <표 10-9>와 같다.

□ <표 10-9> 체육과 교육과정 성취기능(중학교 1 ~ 3학년)

구분	내용
건강	[건강과 체력 평가] • 건강과 신체활동(신체 자세, 규칙적인 운동 등)의 관계를 이해하고, 건강 증진을 위한 신체활동을 계획적으로 실천한다. • 체력의 개념을 이해하고, 다양한 측정 방법을 적용하여 체력을 측정하고 분석한다. • 청소년기의 신체적, 정신적 변화(2차 성징, 성 의식, 성 역할 등)를 이해하고, 자신의 신체적 특성을 가치 있게 여긴다. [건강과 체력 관리] • 건강과 생활환경(감염성·비감염성 질환, 기호품 및 약물의 오·남용, 영양 등)의 관계를 이해하고, 건강한 생활 습관을 실천한다. • 체력 증진의 과학적 원리, 운동 내용, 관리 방법을 이해하고 자신에게 적합한 체력 증진 프로그램을 계획하고 습관화한다. • 건강과 체력 증진을 위한 올바른 생활 습관을 유지하고, 건강한 생활에 부정적인 영향을 미치는 행동을 삼간다. [여가와 운동처방] • 여가의 개념과 실천 방법을 이해하고, 다양한 여가 활동 참여 방법을 계획하고 실천한다. • 운동처방의 개념, 절차, 방법, 원리 등을 설명하고, 자신에게 적합한 운동처방 프로그램을 계획하고 적용한다.

구분	내용
	• 신체적 여가 활동과 운동처방을 위한 전 과정(계획, 실행, 평가 등)을 스스로 선택하고 실천한다.
도전	[동작 도전] • 동작 도전 스포츠의 역사와 특성을 이해하고, 경기 유형, 인물, 기록, 사건 등을 감상하고 분석한다. • 동작 도전 스포츠에서 활용되는 유형별 경기 기능과 과학적 원리를 이해하고 운동 수행에 적용하며, 운동 수행 과정에서 나타나는 문제점을 분석하고 해결한다. • 동작 도전 스포츠의 경기 방법과 전략을 이해하고 경기에 활용할 수 있으며, 경기 상황에 맞게 전략을 창의적으로 구상하고 적용한다. • 동작 도전 스포츠 활동 중 어려움과 두려움을 느끼는 활동 과제를 통해 도전 정신과 자신의 한계를 극복하는 능력을 기른다. [기록 도전] • 기록 도전 스포츠의 역사와 특성을 이해하고, 경기 유형, 인물, 기록, 사건 등을 감상하고 분석한다. • 기록 도전 스포츠에서 활용되는 유형별 경기 기능과 과학적 원리를 이해하고 운동 수행에 적용하며, 운동 수행 과정에서 나타나는 문제점을 분석하고 해결한다. • 기록 도전 스포츠의 경기 방법과 전략을 이해하고 경기에 활용할 수 있으며, 경기 상황에 맞게 전략을 진단하여 창의적으로 적용한다. • 기록 도전 스포츠 활동에 참여하면서 자신이 설정한 도전 목표를 달성하기 위해 스스로의 한계를 극복해 나가며 기량을 향상시킨다. [투기 도전] • 투기 도전 스포츠의 역사와 특성을 이해하고, 경기 유형, 인물, 기록, 사건 등을 감상하고 분석한다. • 투기 도전 스포츠에서 활용되는 유형별 경기 기능과 과학적 원리를 이해하고 운동 수행에 적용하며, 운동 수행 과정에서 나타나는 문제점을 분석하고 해결한다. • 투기 도전 스포츠의 경기 방법과 전략을 이해하고 경기에 활용할 수 있으며, 경기 상황에 맞게 전략을 진단하여 창의적으로 적용한다. • 투기 도전 스포츠 활동에 참여하면서 자신의 말과 행동을 규범에 맞게 수행한다.
경쟁	[영역형 경쟁] • 영역형 경쟁 스포츠의 역사와 특성을 이해하고, 경기 유형, 인물, 기록, 사건 등을 감상하고 분석한다.

구분	내용
	• 영역형 경쟁 스포츠에서 활용되는 유형별 경기 기능과 과학적 원리를 이해하고 운동 수행에 적용하며, 운동 수행 과정에서 나타나는 문제점을 분석하고 해결한다. • 영역형 경쟁 스포츠의 경기 방법과 전략을 이해하고 경기에 활용할 수 있으며, 경기 상황에 맞게 전략을 진단하여 창의적으로 적용한다. • 영역형 경쟁 스포츠에 참여하면서 경기 규칙을 준수하고, 상대방을 존중하며, 정정당당하게 경기한다. [필드형 경쟁] • 필드형 경쟁 스포츠의 역사와 특성을 이해하고, 경기 유형, 인물, 기록, 사건 등을 감상하고 분석한다. • 필드형 경쟁 스포츠에서 활용되는 유형별 경기 기능과 과학적 원리를 이해하고 운동 수행에 적용하며, 운동 수행 과정에서 나타나는 문제점을 분석하고 해결한다. • 필드형 경쟁 스포츠의 경기 방법과 전략을 이해하고 경기에 활용할 수 있으며, 경기 상황에 맞게 전략을 진단하여 창의적으로 적용한다. • 필드형 경쟁 스포츠에 참여하면서 자신의 역할에 책임을 다하고 팀의 공동 목표를 이루기 위해 노력한다. [네트형 경쟁] • 네트형 경쟁 스포츠의 역사와 특성을 이해하고, 경기 유형, 인물, 기록, 사건 등을 감상하고 분석한다. • 네트형 경쟁 스포츠에서 활용되는 유형별 경기 기능과 과학적 원리를 이해하고 운동 수행에 적용하며, 운동 수행 과정에서 나타나는 문제점을 분석하고 해결한다. • 네트형 스포츠의 경기 방법과 전략을 이해하고 경기에 활용할 수 있으며, 경기 상황에 맞게 전략을 진단하여 창의적으로 적용한다. • 네트형 경쟁 스포츠에 참여하면서 경기 절차, 상대방, 동료, 심판 및 관중에 대한 예의범절을 지킨다.
표현	[스포츠 표현] • 스포츠 표현의 역사와 특성을 이해하고, 표현 유형, 인물, 기록, 사건 등을 감상하고 분석한다. • 스포츠 표현의 동작과 원리를 이해하고 심미적으로 표현한다. • 스포츠 표현의 특성과 원리가 반영된 작품 또는 활동을 구성하고 발표하며, 작품에 나타난 표현 요소와 방법을 감상하고 평가한다. • 스포츠 표현 활동에 참여하면서 스포츠에 존재하는 미적인 요소를 이해하고 감상한다. [전통 표현]

구분	내용
	• 전통 표현의 역사와 특성을 이해하고, 표현 유형, 인물, 기록, 사건 등을 감상하고 분석한다. • 전통 표현의 동작과 원리를 이해하고 심미적으로 표현한다. • 전통 표현의 특성과 원리가 반영된 작품을 발표하며, 작품에 나타난 표현 요소와 방법을 감상하고 평가한다. • 전통 표현 활동에 참여하면서 다양한 문화적 차이를 이해하고 수용한다. [현대 표현] • 현대 표현의 역사와 특성을 이해하고, 표현 유형, 인물, 기록, 사건 등을 감상하고 분석한다. • 현대 표현의 동작과 원리를 이해하고 심미적으로 표현한다. • 현대 표현의 특성과 원리가 반영된 작품을 구성하고 발표하며, 작품에 나타난 표현 요소와 방법을 감상하고 평가한다. • 현대 표현 활동에 참여하면서 다양한 표현 문화의 의미와 가치를 비교하고 평가한다.
안전	[스포츠 활동 안전] • 스포츠 활동에서 안전의 중요성을 이해하고 여러 가지 스포츠 유형에 따른 안전 수칙을 설명한다. • 운동 손상의 원인과 종류, 예방과 대처 방법을 이해하고, 상황에 맞게 적용한다. • 응급 상황이나 안전사고 발생 시, 해결 방법과 절차를 올바르게 판단하고 적용한다. [스포츠 환경 안전] • 스포츠 환경과 안전의 관계를 이해하고 안전한 스포츠 활동에 필요한 여러 가지 활동 규칙과 방식을 설명한다. • 안전한 스포츠 활동에 필요한 시설 및 장비들의 사용법을 이해하고 스포츠 활동에 적용한다. • 스포츠 활동에서 자신과 타인의 안전을 고려하여 안전 수칙과 절차를 준수한다. [여가 스포츠 안전] • 야외 및 계절 스포츠 활동에서 발생할 수 있는 안전 문제를 이해하고 바람직한 예방 및 대처 방법을 설명한다. • 야외 및 계절 스포츠 활동 시 안전사고의 종류, 원인, 예방 대책 등을 이해하고 상황별 응급 처치 및 구조의 올바른 절차와 방법을 실천한다. • 스포츠 안전사고 발생 시 타인 및 공공의 안전을 위해 노력하고 대처한다.

위에서 제시한 성취 기능을 토대로 중학교 1 ~ 3학년의 신체활동의 예를 살펴보면 다음과 같다.

□ <표 10-10> 중학교 1 ~ 3학년 신체활동

영역		신체활동 예시
건강	건강과 체력 평가	심폐지구력, 순발력, 유연성, 근력 및 근지구력 향상을 위한 건강 체력 측정 운동, 성폭력 예방 및 대처 활동 등
	건강과 체력 관리	건강 체조, 웨이트 트레이닝, 인터벌 트레이닝, 서킷 트레이닝 등의 건강 체력 증진 운동, 위생 및 질병 예방 활동, 올바른 영양 섭취 및 식습관 개선 활동, 약물 및 기호품의 올바른 사용법 등
	여가와 운동처방	체력 요소별 운동처방의 계획과 여가 활동(단축마라톤, 파워워킹, 트레킹, 사이클링, 수영, 요가, 래프팅, 스키, 스노보드 등)
도전	동작 도전	마루운동, 도마운동, 평균대운동, 철봉운동, 다이빙 등
	기록 도전	트랙경기, 필드경기, 경영, 스피드스케이팅, 알파인스키, 사격, 궁도, 볼링, 다트, 스포츠스태킹 등
	투기 도전	태권도, 택견, 씨름, 레슬링, 유도, 검도 등
경쟁	영역형 경쟁	축구, 농구, 핸드볼, 럭비, 풋살, 넷볼, 츄크볼, 플로어볼, 얼티미트 등
	필드형 경쟁	야구, 소프트볼, 티볼, 킨볼 등
	네트형 경쟁	배구, 배드민턴, 탁구, 테니스, 정구, 족구 등
표현	스포츠 표현	창작체조, 리듬체조, 음악줄넘기, 피겨스케이팅, 싱크로나이즈드스위밍, 치어리딩 등
	전통 표현	우리나라의 전통무용, 외국의 전통무용 등
	현대 표현	현대무용, 댄스스포츠, 라인댄스, 재즈댄스, 힙합댄스 등
안전	스포츠 활동 안전	스포츠 유형별 연습과 경기에서의 손상 예방 및 대처 활동
	스포츠 환경 안전	스포츠 생활에서 발생하는 폭력 및 안전사고, 스포츠 시설 및 장비 사용 시 사고 예방 및 대처 활동
	여가 스포츠 안전	야외 및 계절 등의 여가 스포츠 활동 시 사고 예방 및 대처 활동 (RICE, 심폐소생술)

※ 출처: 교육부(2018.7.). 초 · 중등학교 교육과정(2018-162호). 내부자료.

3. 고등학교 교육과정

1) 교과과정과 창의적 체험활동

고등학교 교과 시간배정 기준은 두 가지로 분류하고 있다. 첫째, 일반 고등학교와 특수 목적 고등학교의 기준이다. 둘째, 특성화 고등학교와 산업수요 맞춤형 고등학교의 기준이다.

고등학교 교육과정은 교과과정과 창의적 체험활동으로 편성 운영되고 있다. 창의적 체험활동은 자율 활동, 동아리 활동, 봉사 활동, 진로 활동이 있다.

□ <표 10-11> 고등학교 교과 시간배정 기준(일반 고등학교, 특수 목적 고등학교)

구분	교과 영역	교과(군)	공통 과목(단위)	필수 이수 단위	자율 편성 단위
교과 (군)	기초	국어	국어(8)	10	학생의 적성과 진로를 고려하여 편성
		수학	수학(8)	10	
		영어	영어(8)	10	
		한국사	한국사(6)	6	
	탐구	사회 (역사/도덕 포함)	통합사회(8)	10	
		과학	통합과학(8) 과학탐구실험(2)	12	
	체육 · 예술	체육	–	10	
		예술	–	10	
	생활 · 교양	기술 · 가정/제2외국어/한문/교양	–	16	
소계				94	86
창의적 체험활동				24(408시간)	
총 이수 단위				204	

- 1단위는 50분을 기준으로 하여 17회를 이수하는 수업량이다.
- 1시간의 수업은 50분을 원칙으로 하되, 기후 및 계절, 학생의 발달 정도, 학습 내용의 성격, 학교 실정 등을 고려하여 탄력적으로 편성 · 운영할 수 있다.
- 공통 과목은 2단위 범위 내에서 감하여 편성 · 운영할 수 있다. 단, 한국사는 6단위 이상 이수하되

2개 학기 이상 편성하도록 한다.

• 과학탐구실험은 이수 단위 증감 없이 편성·운영하는 것을 원칙으로 하되, 과학 계열, 체육 계열, 예술 계열 고등학교의 경우 학교 실정에 따라 탄력적으로 운영할 수 있다.

• 필수 이수 단위의 단위 수는 해당 교과(군)의 '최소 이수 단위'로 공통 과목 단위 수를 포함한다. 특수 목적 고등학교와 자율형 사립 고등학교의 경우 예술 교과(군)는 5단위 이상, 생활·교양 영역은 12단위 이상 이수할 것을 권장한다.

• 기초 교과 영역 이수 단위 총합은 교과 총 이수 단위의 50%를 초과하지 않도록 한다.

• 창의적 체험활동의 단위는 최소 이수 단위이며 ( )안의 숫자는 이수 단위를 이수 시간 수로 환산한 것이다.

• 총 이수 단위 수는 고등학교 3년간 이수해야 할 '최소 이수 단위'를 의미한다.

※ 출처: 교육부(2018.7.). 초·중등학교 교육과정(2018-162호). 내부자료.

☐ <표 10-12> 고등학교 교과 시간배정 기준(특성화 고등학교, 산업수요 맞춤형 고등학교)

구분		교과 영역	교과(군)	공통 과목(단위)	필수 이수 단위	자율 편성 단위
교과(군)	보통 교과	기초	국어	국어(8)	24	학생의 적성·진로와 산업계 수요를 고려하여 편성
			수학	수학(8)		
			영어	영어(8)		
			한국사	한국사(6)	6	
		탐구	사회 (역사/도덕 포함)	통합사회(8)	12	
			과학	통합과학(8)		
		체육·예술	체육	–	8	
			예술	–	6	
		생활·교양	기술·가정/ 제2외국어/ 한문/교양	–	10	
		소계			66	
	전문 교과Ⅱ	17개 교과(군) 등			86	28
창의적 체험활동					24(408시간)	
총 이수 단위					204	

• 1단위는 50분을 기준으로 하여 17회를 이수하는 수업량이다.

• 1시간의 수업은 50분을 원칙으로 하되, 기후 및 계절, 학생의 발달 정도, 학습 내용의 성격 등과 학

교 실정 등을 고려하여 탄력적으로 편성 · 운영할 수 있다.
- 공통 과목은 2단위 범위 내에서 감하여 편성 · 운영할 수 있다. 단, 한국사는 6단위 이상 이수하되 2개 학기 이상 편성하도록 한다.
- 필수 이수 단위의 단위 수는 해당 교과(군)의 '최소 이수 단위'를 의미한다.
- 창의적 체험활동의 단위는 최소 이수 단위이며 ( )안의 숫자는 이수 단위를 이수 시간 수로 환산한 것이다.
- 총 이수 단위 수는 고등학교 3년간 이수해야 할 '최소 이수 단위'를 의미한다.
※ 출처: 교육부(2018.7.). 초 · 중등학교 교육과정(2018-162호). 내부자료.

2) 체육과 교육과정

(1) 내용체계 및 성취 기능

체육과 교육과정의 내용체계의 영역은 크게 다섯 가지로 분류하고 있다. 건강, 도전, 경쟁, 표현, 안전 활동이다. 안전 활동은 기존의 여가 활동에서 변경된 부분이다. 구체적인 내용 체계를 살펴보면 다음과 같다(교육부, 2018.7.).

□ <표 10-13> 체육과 교육과정 내용체계(고등학교)

영역	핵심 개념	일반화된 지식	내용 요소	기능
건강	건강 관리 체력 증진 여가 선용 자기 관리	• 건강은 신체에 대한 이해를 바탕으로 건강한 생활 습관과 건전한 태도를 지속적이고 체계적으로 관리함으로써 유지된다. • 체력은 건강의 기초이며, 자신에게 적절한 신체활동을 지속적으로 실천함으로써 유지, 증진된다. • 건강한 여가 활동은 긍정적인 자아 이미지를 형성하고 만족도 높은 삶을 설계하는 데 기여한다.	• 생애 주기별 건강 관리 설계 • 자신의 체력 관리 설계 • 신체활동과 여가 생활 • 자기 관리	• 평가하기 • 계획하기 • 관리하기 • 실천하기
도전	도전 의미 목표 설정 신체 · 정신 수련 도전 정신	• 인간은 신체활동을 매개로 자신이나 타인의 기량 및 기록, 환경적 제약을 극복하기 위해 도전한다. • 도전의 목표는 다양한 도전 상황에 대한 수행과 반성 과정을 통해 성취된다. • 도전 정신은 지속적인 수련과 반성을 통해 길러진다.	• 도전 스포츠의 가치 • 도전 스포츠의 경기 수행 • 도전 스포츠의 경기 전략 • 자기 극복	• 시도하기 • 분석하기 • 수련하기 • 극복하기
경쟁	경쟁 의미 상황 판단 경쟁 ·	• 인간은 다양한 유형의 게임 및 스포츠에 참여하여 경쟁 상황과 경쟁 구조를 경험한다. • 경쟁의 목표는 게임과 스포츠 상황에서 숙달된 기	• 경쟁 스포츠의 가치 • 경쟁 스포츠의	• 분석하기 • 협력하기 • 의사소통

영역	핵심 개념	일반화된 지식	내용 요소	기능

	협동 수행
	대인 관계
		능과 상황에 적합한 전략의 활용을 통해 성취된다.
		• 대인 관계 능력은 공정한 경쟁과 협력적 상호 작용을 통해 발달된다.
			• 경기 수행
			• 경쟁 스포츠의
			  경기 전략
			• 경기 예절
				• 하기
				• 경기 수행
				  하기

표현	표현 의미
	표현 양식
	표현 창작
	감상 · 비평
		• 인간은 신체 표현으로 느낌이나 생각을 나타내며,
		  감성적으로 소통한다.
		• 신체 표현은 움직임 요소에 바탕을 둔 모방이나 창
		  작을 통해 이루어진다.
		• 심미적 안목은 상상력, 심미성, 공감을 바탕으로 하
		  는 신체 표현의 창작과 감상으로 발달된다.
			• 신체 표현에서
			  의 표현 문화와
			  신체 문화
			• 신체 표현 양식
			  과 창작의 원리
			• 신체 표현 작품
			  창작과 감상
			• 심미적 안목
				• 탐구하기
				• 신체 표현
				  하기
				• 감상하기
				• 의사소통
				  하기

안전	신체 안전
	안전 관리
		• 인간은 위험과 사고가 없는 편안하고 온전한 삶을
		  살아가기 위해 안전을 추구한다.
		• 안전은 일상생활과 신체활동의 위험 및 사고를 예
		  방하고 적절히 대처함으로써 확보된다.
		• 안전 관리 능력은 안전 의식을 함양하고 위급 상황
		  에 대처하는 연습을 통해 길러진다.
			• 신체활동과 안
			  전사고
			• 심폐소생술
			• 안전 의식
				• 상황 파악
				  하기
				• 의사 결정
				  하기
				• 대처하기
				• 습관화하
				  기

※ 출처: 교육부(2018.7.). 고등학교 교육과정(2018-162호). 내부자료.

(2) 성취기능 및 프로그램

교육부(2018.7.)의 고등학교 1 ~ 3학년의 교육과정에서 체육과 교육과정이 영역별로 성취기능을 살펴보면 다음 <표 10-14>과 같다.

□ <표 10-14> 체육과 교육과정 성취기능(고등학교 1 ~ 3학년)

구분	내용

건강	• 건강한 삶을 영위하는 데 필요한 생애 주기별 건강 관리(질병 예방, 영양 균형,
	  운동) 방법을 적용하여 건강 관리 계획을 수립하고 실천한다.
	• 체력 수준을 측정하고 분석하여 적합한 체력 관리 방법에 따라 자신에게 알맞
	  은 운동을 실천함으로써 체력을 유지하고 증진시킨다.
	• 현대 사회에서 여가 활동의 의미와 특성에 대한 이해를 바탕으로 신체활동 중
	  심의 여가 생활 계획을 수립하고 실천한다.

구분	내용
	• 일상생활에서 규칙적인 운동을 통해 스스로 자신을 관리함으로써 건강을 유지·증진시킨다.
도전	• 자신이 설정한 도전 스포츠의 목표를 성취하기 위해 끊임없이 노력을 하며 도전 가치를 탐색한다. • 도전 스포츠의 경기 수행에 필요한 기능과 방법을 탐색하여 경기 상황에 맞게 적용한다. • 도전 스포츠의 목표를 성취하기 위한 여러 가지 경기 전략을 탐색하여 경기 상황에 맞게 적용한다. • 자신의 신체적 또는 정신적 한계를 뛰어넘기 위해 도전 스포츠의 환경적 제약에 맞서 문제를 해결한다.
경쟁	• 경쟁 스포츠에 참여하는 과정에서 여러 유형의 경쟁 스포츠에 대한 비교·분석을 통해 경쟁 스포츠의 가치를 탐색한다. • 경쟁 스포츠의 경기 수행에 필요한 기능과 방법을 탐색하여 연습하고 경기 상황에 맞게 적용한다. • 경쟁 스포츠의 여러 가지 경기 전략을 탐색하여 연습하고 경기 상황에 맞게 적용한다. • 경쟁 스포츠에 참여하면서 스포츠맨십과 페어플레이, 존중 및 배려를 실천하고 반성한다.
표현	• 신체 표현 양식과 창작 원리에 따라 느낌이나 생각, 감성 소통을 움직임 표현에 적용하여 신체 문화를 이해하고 탐색한다. • 창작 표현, 전통 표현, 현대 표현 등 여러 유형의 신체 표현 문화를 바탕으로 신체 움직임과 표현 양식을 적용하여 움직임을 표현하거나 작품을 발표한다. • 창작의 절차와 방법을 적용한 창작 표현의 작품 구성과 발표를 통해 자신의 생각과 느낌을 표현하면서 다른 사람의 발표를 분석하며 감상한다. • 신체 표현의 작품 구성이나 발표에서 작품 주제, 심미표현 등을 비교·분석하여 작품을 구성하거나 감상할 수 있는 예술적 안목을 적용한다.
안전	• 신체활동 과정에서 발생할 수 있는 다양한 안전사고의 유형을 탐색하여 안전사고를 예방하며, 안전사고 상황을 판단하고 신속하게 대처한다. • 돌연히 발생할 수 있는 심정지에 대비하기 위해 심폐소생술의 중요성과 원리를 이해하고 심폐소생술을 적용한다. • 체육 활동의 안전사고 예방과 대처 방법을 이해하고 안전 관리를 실천한다.

위에서 제시한 성취 기능을 토대로 고등학교 1 ~ 3년의 신체활동의 예를 살펴보면 다음과 같다.

□ <표 10-15> 고등학교 1 ~ 3학년 신체활동

영역	신체활동 예시
건강	• 건강 운동 생활 습관, 건강 관리, 건강 관리 계획 등 건강 증진 관련 활동 • 건강 체조, 웨이트 트레이닝, 에어로빅스, 인터벌 트레이닝, 서킷 트레이닝 등 체력 관리 관련 활동 • 단축마라톤, 파워 워킹, 트레킹, 사이클링, 수영, 요가, 래프팅, 스키, 스노보드 등 여가 생활 관련 활동
도전	• 트랙경기, 필드경기, 경영, 스피드스케이팅, 알파인스키, 사격, 궁도, 볼링, 게이트 골프 등 • 마루운동, 도마운동, 철봉운동, 평균대운동, 평행봉운동, 다이빙 등 • 태권도, 택견, 씨름, 레슬링, 유도, 검도 등
경쟁	• 축구, 농구, 핸드볼, 럭비, 풋살, 플로어볼, 얼티미트 등 • 야구, 소프트볼, 크리켓, 킨볼 등 • 배구, 배드민턴, 탁구, 테니스, 족구, 세팍타크로 등
표현	• 리듬체조, 음악 줄넘기, 치어리딩, 창작 체조, 싱크로나이즈드 스위밍, 피겨 스케이팅 등 • 현대 무용, 실용 무용 등 • 우리나라의 민속 무용, 외국의 민속 무용 등
안전	• 안전사고 예방 및 대처 활동, 안전 관리활동 등 체육 안전 생활 관련 활동 • 심장 자동제세동기(AED) 사용법, 심폐소생술 등

※ 출처: 교육부(2018.7.). 고등학교 교육과정(2018-162호). 내부자료.

여기서 잠깐

체육과 교육과정 용어

• 감상(appreciation): 신체 활동 수행 동작의 심미성, 과학성, 예술성 등을 이해하고 분석하며 비평하는 행위
• 개인 스포츠(individual sport): 팀이 아닌 개인 혼자 수행하는 스포츠를 의미하는 것으로, 육상, 체조, 수영, 씨름, 태권도, 배드민턴, 탁구, 테니스, 골프 등이 포함됨
• 개인차(individual difference): 신체 활동을 이해하고 수행하는데 영향을 미치는 학습자의 운동 기능, 성(性), 체력, 체격, 흥미 등의 차이
• 건강 체력(health-related physical fitness): 건강을 증진하고 신체 활동을 효율적으로 수행하는데 필요한 체력의 종류로, 심폐 지구력, 근력, 근지구력, 유연성, 신체 조성 등의 체력 요소가 포함됨
• 건강 활동(healthy activity): 개인 및 지역 사회의 건강 증진을 위해 체력, 보건, 안

전 등에 관한 지식을 종합적으로 탐구하고 실생활에서 적용하며 실천하는 활동

- 게임(또는 경기) 전략(game strategy): 개인이나 팀의 상대편을 이기기 위해 게임 (또는 경기)의 전반적 진행에 대해 내리는 결정 사항으로, 다양한 전술을 포함한 전반적인 공격 및 수비 계획을 수립하는 것

- 게임(또는 경기) 전술(game tactics): 게임(또는 경기) 중 즉각적인 목표를 수행하거나 특정 상황을 타개하기 위한 선수나 팀의 개별적 행동. 전술은 게임(또는 경기) 진행의 일부분으로써 게임(또는 경기) 중에 나타나며, 특정 상황에 언제, 왜, 어떻게 대응해야 하는지에 대해 개인이 내리는 결정을 포함함

- 경기 문화(game culture): 승패를 가리기 위한 경쟁적 게임 활동이 지니고 있는 독자적인 형식이나 규범 체계, 가치관뿐만 아니라, 경기와 관련된 의식, 용·기구, 복장 등의 총체적 생활양식을 일컬음

- 경기 수행 능력: 실제 게임 또는 경기 상황에서 계획한 대로 특정 기술과 전술을 수행할 수 있는 능력

- 경기(match, contest, game, competition): 운동이나 무예 등의 기술·능력을 겨루어 승부를 가리는 일

- 경쟁 활동: 게임 또는 스포츠 경기 상황에서 이기기 위하여 서로의 전략과 전술 등을 겨루는 신체 활동으로, 팀원간의 협동심과 리더십, 스포츠맨십 등의 사회적 덕목을 중시함

- 기록 도전: 자신이나 타인이 수립한 기록에 도전하는 것으로 개인적인 노력을 통해 최상의 운동 수행 능력을 추구하는 신체 활동으로, 도전하는 기록의 유형에 따라 거리(distance) 도전과 속도(speed) 도전으로 구분됨

- 기본 기능(fundamental skill): 기초적이고 구체적인 움직임 기술을 신체 활동 수행이나 경기 중의 특정 상황에 맞도록 효율적으로 발휘할 수 있는 능력으로, 집중력과 같은 정신적 요인도 포함됨(예 던지기 → 기초 기술, 야구 경기 중 오버 헤드 스로 → 야구의 기본 기능)

- 기능 평가(skill test): 운동 또는 스포츠, 무용 등의 특정 기술 또는 테크닉 등에 대한 평가

- 네트형 경쟁: 네트(net)를 사이에 두고 상호 경쟁하는 신체 활동으로, 상대팀과의 신체적 접촉이 없으며 팀 구성원간의 협동심, 팀워크, 게임 운영의 전략과 전술이 승패에 영향을 주는 활동임

- 뉴스포츠(new sports): 국제적으로 규격이 통일된 기존의 스포츠와는 달리 규칙의 유연성과 게임의 간이성 등을 가진 참여 지향의 새로운 형태의 스포츠 활동

- 능력(competency): 특정 과제의 요구 사항을 수행하는데 발현되는 지식, 기능, 소양 등을 총체적으로 일컬음

- 단체 스포츠(team sport): 개인 혼자가 아닌 팀 단위로 수행되는 스포츠를 의미하는 것으로, 축구, 농구, 배구, 핸드볼, 야구, 럭비 등이 포함됨

- 도전 활동(challenge activity): 최고 기록, 동작의 정확성, 동작의 아름다움 등과 같은 절대 기준이나 목표에 도전하거나 상대방의 기량에 도전하는 활동. 이 활동은 개인의 목표를 설정하고 체계적으로 그것을 성취하기 위해 노력하는 끊임없는 자기 수련의 과정이 강조되는 활동으로, 극기와 적극성, 자기 조절, 용기 등의 덕목이 중시
- 동작 도전(form challenge): 기구를 이용하거나 맨손으로 표현할 수 있는 가장 정확하고 아름다운 동작에 도전하는 활동. 신체가 이루어낼 수 있는 최고의 형식을 추구함
- 리듬 표현: 신체 활동에 나타나는 다양한 신체 리듬의 요소 또는 유형 등을 움직임으로 표현하는 활동
- 수준별 수업: 학습자의 개인차를 고려하여 개인 또는 모둠의 학습 내용 또는 학습 활동을 다양한 유형과 단계로 제시하는 수업 형태
- 수행 평가(performance assessment): 학습 결과 또는 표준화된 검사 등을 강조하는 전통적 평가의 대안적인 평가 방법 중의 하나로, 학습의 과정과 실제성(authenticity), 종합 능력 등을 강조하는 평가임. 따라서 1회성 평가보다는 다수의 측정과 평가 활동이 수반되며 인위적인 상황보다는 실제 상황(natural setting)에서 평가가 주로 이루어짐. 이런 맥락에서 볼 때 체육과에서 주로 이루어지는 실기 평가는 전통적 평가일 수도 있고, 수행 평가일 수도 있음
- 스포츠 과학적 원리: 스포츠와 관련된 모든 과학적 현상(운동 생리학적 측면, 운동 역학적 측면, 사회 심리학적 측면 등)을 관찰·설명·예견함으로써 운동 수행을 효율적으로 수행하는데 기반이 되는 원리
- 스포츠 문화(sports culture): 제도화된 게임 활동으로써 스포츠가 지니는 독자적인 형식, 규범과 규칙, 공동체 의식 및 가치 등과 스포츠와 연관된 생활 양식 등을 총체적으로 일컬음
- 스포츠 정신(sportsmanship 또는 sports-personship): 정정당당한 스포츠 정신. 스포츠인의 이상상(理想像)을 기술한 윤리 강령으로, 스포츠인이 명심해야 할 덕목. 페어플레이(fair play)와 일체(一體)를 이루며, 최근에는 양성 평등의 관점에서 스포츠맨십 보다는 스포츠퍼슨십으로 표현함
- 신체 활동(physical activity): 골격근에 의해 나타나는 신체의 움직임으로, 에너지를 배출하는 신체 활동임. 스포츠, 운동, 게임, 무용 등을 포함하여 일상생활에서 이루어지는 걷기, 달리기, 자전거타기, 계단 오르내리기 등의 신체 활동을 총체적으로 일컫는 용어
- 실기 평가(activity assessment): 신체 활동(또는 실기)의 수행 능력에 관한 총체적 평가를 의미함. 실기 평가는 기능 평가(skill test)보다 포괄적인 개념으로, 실기(예 농구, 축구 등)에 관한 역사, 규칙, 과학적 원리, 기능, 전술, 덕목 등을 포함한 종합 능력 평가임. 표준화된 정도에 따라 전통적 실기 평가와 수행 평가적 실기 평가로 구분됨
- 실제 학습 시간(academic learning time): 과제 참여 시간(time on task)보다 협

의의 개념으로, 학생이 과제 활동에 참여하여 성공적으로 학습한 시간

- 심미 표현(aesthetic expression): 신체 활동에 존재하는 미적인 요소에 대한 표현 활동으로, 창의적인 표현성을 강조하는 학습 과정을 강조함.
- 양적 평가: 실기 평가의 수행 결과를 수량화하여 판단하는 평가. 양적 평가의 목적은 평가 대상의 상대적 비교, 평가 결과에 대한 객관도 제고, 측정 시기 간의 안정성을 확보하여 신뢰도를 높이는데 있음
- 여가 자원(leisure resources): 여가 활동을 위한 개인, 지역 사회, 국가 차원의 인적 및 물적 자원과 시설·환경 자원
- 여가 활동(leisure activity): 여가의 목적으로 가정, 학교, 지역 사회 등의 생활환경 뿐만 아니라 자연 환경(산, 강, 바다 등)에서 수행하는 신체 활동
- 영역형 경쟁: 상대팀의 영역을 침범하기 위해 상호 경쟁하는 활동으로, 상대팀과의 신체적 접촉이 많고 효율적인 패스가 중시됨
- 운동 체력(performance-related physical fitness): 건강 증진보다는 운동을 효율적으로 수행하는데 기초가 되는 체력의 종류로, 순발력, 협응성, 민첩성 등이 포함됨
- 운동 처방: 과학적인 검사를 통해서 개인의 건강 상태와 체력 수준에 맞는 운동을 선택하여 운동 시간, 운동 빈도, 운동 강도, 운동 기간 등을 제공하는 행위
- 움직임 예술: 다양한 신체 활동(또는 움직임)에 나타나는 창조적이고 심미적인 특성 등의 예술적 요소를 의미
- 자기 건강관리: 실생활에서의 시간 관리, 신체 관리(예 비만, 체형, 자세 등), 이미지 관리 등을 포함한 개인의 심신 건강 관리와, 사회적 관계 기술 향상을 통한 원만한 대인 관계 형성을 위해 스스로의 노력으로 주변 환경 여건을 수정하고 자기 행동 결과를 조정하는 행위
- 전통 놀이: 우리나라의 여러 지역에서 전통적으로 이어져 오는 고유한 신체 놀이로, 제기 차기, 굴렁쇠 굴리기, 투호, 연 날리기, 팽이 돌리기 등이 해당됨
- 전통 스포츠(traditional sports): 뉴스포츠(new sports)와 대비되는 개념으로, 국제적으로 규격이 통일된 기존의 제도된 스포츠를 말함. 축구, 농구, 배구, 핸드볼, 골프, 테니스 등이 이에 포함됨.
- 전통 표현(traditional expression): 우리나라 또는 외국의 민속 무용에 포함되어 있는 각 나라의 고유하고 전형적인 동작(typical form) 또는 유형을 의미
- 질적 평가: 실기 평가의 수행 결과를 수량화할 수 없는 질적인 측면(예 동작의 정확성, 완성도, 표현력, 창의성, 협동성, 등)에 대한 평가. 즉 실기 수행의 맥락과 특수성, 주관적인 해석을 강조하는 평가임
- 통합적 교수·학습 활동: 신체 활동을 총체적으로 체험하기 위해 움직이기(moving), 하기(doing)뿐만 아니라, 읽기, 쓰기, 감상하기, 조사하기, 토론하기 등을 함께 제공하는 교수·학습 활동
- 투기 도전: 여러 가지 공격과 방어 기술들을 주고받으면서 상대방의 신체적 기량과

의지에 도전하는 활동. 극기와 타인 존중 등의 덕목이 중시됨
- 표적 도전(target challenge): 표적물에 대한 정확한 운동 수행력을 추구하는 도전 활동으로, 고도의 집중력과 자기 조절 능력이 중요함
- 표현 방법: 생각과 느낌을 움직임으로 표현하는데 필요한 여러 가지 유형의 표현 동작 또는 표현 기술.
- 표현 활동: 생각과 느낌을 움직임으로 표현하고 자신 및 타인의 움직임을 감상할 수 있는 신체 활동
- 피하기형 경쟁: 빠르게 달리거나 방향을 바꾸고 전후좌우를 잘 살펴 상대방을 치거나 피하는 활동으로, 기본적인 신체 움직임 능력이 강조되며 피구, 꼬리잡기 등 포함
- 필드형 경쟁: 던지고 받기, 치고 달리기 등의 형태로 이루어지며, 정해진 베이스(루)를 돌아 득점하는 신체 활동임. 개인의 역할 수행 능력분 아니라 팀워크가 게임 승패에 영향을 미치는 신체 활동으로, 야구, 소프트볼, 티볼 등이 포함됨

학교체육행사

1. 학교체육행사의 목적 및 의의

학교체육행사란 체육교육의 한 방편으로 교육적 환경에서 매우 중요한 활동이다. 이는 학생들의 체력 향상을 도모하고 자율체력활동을 활성화하며, 체육경기의 참여를 확대하기 위한 목적을 갖고 있다.

체육행사는 정규 교과활동과 비교과활동으로 구분할 수 있다. 전자는 정규 수업시간에 학생들을 가르치는 것으로 구체적이고 체계적인 계획수립을 토대로 창의적인 학습 환경을 만들기 위해 노력해야 한다. 후자는 학교 스포츠클럽, 학교 운동부활동, 방과 후 체육활동 등으로 활동시간을 다양하게 하고 학생들의 자발적인 참여를 유도하는 방향으로 구성해야 한다.

특히 학교스포츠클럽은 초·중등학교 교육과정 총론(2015), 중학교 교육과정 편성 및 운영지침 등에 따라 '학교스포츠클럽 활동'이 있다. 이는 창의적 체험활동과 동아리와 같이 정규교육과정 내에서 활동을 하는 것이다. 또한 「학교체육진흥법」 제10조에 의거한 '학교스포츠클럽 운영'이 있다. 이는 정규교육과정 외에서 활동하는 스포츠동아리로서 학생들의 체육활동의 참여기회를 확대하기 위한 목적을 지닌다.

학교체육행사를 통해 훌륭한 운동정신과 사회적 성격을 기르고, 공동의 목표 아래 통합적으로 참여하는 기회를 제공한다. 또한 지역사회와 좋은 유대관계를 맺을 수 있고, 소속감을 강화하는 데 기여를 한다. 이와 같이 학교체육행사는 학교의 전통과 교권을 확립하는 데 필요한 운영적인 목적을 달성할 수 있고, 학생 개개인의 교육적 성장을 통해 자기표현의 기회를 제공하는 시간과 공간을 제공하게 된다. 이를 통해 전인교육의 실현이란 궁극적인 목표에 근접하기 위해 필요한 사회봉사적인 목적을 달성할 수 있다.

여기서 잠깐

주요 선진국의 청소년 체육활동 활성화 정책

국가	담당기관	주요정책	관련책자
영국	Youth Sport Trust 등	PE&Sport Strategy for Young People (PESSYP)	Every Child Matters through Physical Education and School Sport
미국	US Department of Health and Human Services	Healthy People 2000	2008 Physical Activity Guidelines for Americans; Be Active, Healthy, and Happy
뉴질랜드	SPARC (Sport & Recreation New Zealand)	Active Schools	Active Schools Toolkit
독일	헤센주 내부무 체육국, 노르트라인-바스트팔렌주 가족어린이청소년 문화스포츠부 체육국	각 주별로 독자 마련	-
일본	문부과학성내 스포츠 및 유소년국, 일본체육협회	스포츠기본계획	The Sport Basic Plan -Activating Japan through Sport!-
호주	Austailian Sport Commission	Active After-School Communities	Australia's Physical Activity Recommendations for 12-18 Year olds
캐나다	CAHPERD/ Department of Health and Aging	Quality Daily Physical Education	QDPE Materials/ Canada's Physical Activity Guide to Healthy Active Living

※ 출처: 문화체육관광부(2013a). 국민체육진흥종합계획. 정책보고서, p.34. 최의창 외(2012)

- **국제 청소년 성취인증제**〈www.intaward.org, www.koraward.or.kr〉: 포상단계(금 장, 은장, 동장)별 공통으로 4가지 포상활동(신체, 봉사, 자기개발, 탐험)을 정해진 일 정기간 이상 활동하면서 각 활동별 성취목표를 달성하면 국제적인 포상을 수여하는 제도로 1956년 영국에서 시작, 2009년 기준 127개국 활동, 61개국에서는 국가 주 도로 포상제 실시
- **미국 The President's Challenge**〈www.presidentschallenge.org〉: 1956년 대 통령 직속 체력스포츠위원회에서 우수 생활습관과 건강 체력에 대한 대통령 도전 프 로그램 운영
- **독일 Deutsches Sportabselchen**〈www.deutsches-sportabzeichen.de〉: 독일 올림픽위원회 주관으로 청소년체력인증제, 성인체력인증제운영(' 12년 운영 100주 년), 1인 1스포츠 확대의 기반이 되고 있음
- **국내 사회복지봉사활동 인증관리 사업**〈www.vms.or.kr〉: 전국 자원봉사단체·기관 상호간 네트워크 체계를 구축, 자원봉사자의 봉사실적을 누적관리하고 봉사실적에 대 한 인센티브 제공 기반을 마련하기 위한 제도로 보건복지부 산하 한국사회복지협의회 에서 주관, 사회복지 봉사활동 관리센터를 통해 관리하고 있음

※ 출처: 문화체육관광부(2013a). 국민체육진흥종합계획. 정책보고서, p.77.

2. 학교체육행사의 운영

학교체육행사를 치르기 위해선 크게 계획 단계, 진행 단계, 평가 단계로 분류 할 수 있다. 첫째, 계획 단계는 학교체육행사를 위한 사전준비를 하는 단계이다. 이 단계에서 구체적으로 확정지어야 할 사항은 다음과 같다. 즉 행사명, 행사의 목적, 행사의 내용, 행사의 방법, 일시와 소요시간, 장소, 참가자 범위, 소요경비, 프로그램 편성, 지도교사, 준비시설, 교내 PR, 초청장발송(외부관계), 안내원배치, 행사장 좌석배치, 행사진행 중의 연락망 작성, 기후 변동 시의 대책 등이 있다.

둘째, 진행 단계는 실제적으로 행사를 전개하는 단계이다. 성공적으로 행사를 치르기 위해선 구체적으로 정리된 행사 매뉴얼을 작성해야 한다. 부서별, 개인 별 업무 분장을 사전에 숙지할 수 있도록 조치를 취해야 한다.

셋째, 평가 단계는 행사가 종료된 후 사후처리와 개선할 점 등을 정리하는 단

계이다. 행사를 종결하면서 다음 행사 때 계승해야 할 사항과 고쳐야 할 사항을 점검할 수 있다.

☐ <표 10-16> 학교체육행사 운영단계

구분	내용
계획단계	교육적 가치가 있는가 / 학생의 성장 수준에 적절한가 / 전교적인 행사로서 타당한가 / 행사의 다양성으로 보아 합리적인가 / 지역사회와 관계를 맺을 수 있는 것인가 / 계절에 알맞은가 / 학교실정으로 보아 적절한 것인가 / 학생들의 흥미를 유발할 수 있는 것인가 / 사회 및 국가가 요청하고 있는 것인가
진행단계	부서별 업무 분장 매뉴얼 / 개인별 업무 분장 매뉴얼 / 안전 매뉴얼
평가단계	교육목적의 달성도 / 인적 물적 배치 / 시간적 효과 / 장소의 효용도 / 프로그램 편성의 효과 / 교직원 간의 협력 / 행사내용과 학생반응 / 외빈접대의 방법 / 시설관리상황 / 사전계획과의 차질 / 사후 처리

여기서 잠깐

교내경기의 대진방식

(1) 리그전: 스포츠 경기에서 각 팀이 다른 팀과 모두 최소 한 번씩 경기를 치르는 방식
  ① 통합리그: 경기 수가 많음. 우승팀의 권위가 높아짐. 순위를 매겨야 함
  ② 조별리그: 빠른 진행을 할 수 있음. 경기 수가 적음
  ③ 스플릿 리그: 상위·하위리그, 경기력의 평준화, 동일한 팀과의 경기를 많이 하게 됨
(2) 토너먼트: 경기 때마다 패자를 제외시켜서 최후에 남은 둘이서 우승을 결정하게 하는 방식
  ① 녹다운 토너먼트: 한 번 지면 무조건 탈락시키는 간단한 방식. 경기 수 적음. 우승팀 외의 나머지 팀의 순위를 매기기가 어려움
  ② 스플릿 토너먼트: 조를 나누어 토너먼트 경기를 한 후, 각 조의 상위 몇 개 팀별로 다시 토너먼트 경기를 진행하는 방식. 복잡한 경기방식. 패자전의 관심이 낮아짐
  ③ 더블 엘리미네이션 토너먼트: 패자부활전을 의미함. 모든 팀의 순위가 매겨짐
(3) 리그 + 토너먼트: 리그전과 토너먼트전의 장점을 결합
  ① 조별 리그 후 토너먼트: 짧은 시간에 치를 수 있지만 조 간의 경기력 차이 발생
  ② 통합 리그 후 플레이오프: 적절한 경기 수로 치를 수 있지만 하위팀의 동기력이 저하됨

교내경기의 경기임원 구성

구분		역할
대회 본부 임원	위원장	대회운영 전반 총괄
	부위원장	위원장 보좌
	진행계	전반적인 진행 담당
	기록계	각 경기의 기록을 종합 발표
	보조원	상기 임원의 보조와 각 경기부와의 연락 담당
각 경기부 임원	경기위원장	경기부분전반의 운영 총괄(심판장 겸직)
	심판부	경기심판 담당
	기록원	성적기록 담당
	계시원	경기시간 계시
	진행계	경기의 대진, 경기시간, 경기순서의 원활한 진행을 위해 소집연락원과의 소통
	소집계	진행계의 지시를 받아 경기개시 5분전에 양 팀을 대기하도록 사전 소집
	연락원	경기진행, 성적의 통고, 보고를 위하여 각 팀과 본부와의 연락 담당
팀의 임원	반장	학급 전체 총괄, 등교 시와 하교 시 출결점검 시간엄수, 학급의 팀에 전원이 협력하도록 지도, 본부와 소통
	진행계	자기 팀의 출전순서, 대진, 코트, 시간 등을 확인, 팀 전원에게 사전 통보, 소집계와 긴밀히 소통
	소집계	진행계와 항상 연락하여 경기개시 5분전에 대기할 수 있게끔 코트에 팀 인솔, 진행계에 인도, 팀과 동행하여 시합 중의 복장 등 점검
	연락원	경기 그 밖의 일에 관하여 적극적으로 본부 및 각 경기부문과의 연락 담당

도움을 준 자료

아래에 제시한 선행자료 외에도 직·간접적으로 정보와 영감을 얻게 한 수많은 자료를 생산하신 분들에게 이 자리를 빌어서 감사의 말씀을 드립니다.

- 국내 선행자료 -

기획재정부(2018.4.18). 국제행사의 유치·개최 등에 관한 규정. 훈령(제377호).

김성국, 박정민, 조남기, 천명중, 최재화(2014). 최신 경영학의 이해(제2판). 비앤앰북스.

김승영(2004). 역대 정권별 체육정책에 관한 연구. 미간행 박사학위논문. 조선대학교 대학원.

교육부(2015). 초·중등학교 교육과정 총론 2015.

교육부(2018.7.). 초·중등학교 교육과정/ 고등학교 교육과정(2018-162호). 내부자료 (2018-162호).

공공기관 경영정보 공개시스템(2021). 공공기관 현황. www.alio.go.kr

남재걸(2019). 행정학. 박영사.

문개성(2019). 스포츠 경영: 21세기 비즈니스 미래전략. 박영사.

문화체육관광부(2020). 2019 체육백서. 연례보고서.

문화체육관광부(2019a). 2018 체육백서. 연례보고서.

문화체육관광부(2019b). 제3차 스포츠 산업 중장기 계획(2019 ~ 2023). 정책보고서.

문화체육관광부(2019c). 국제스포츠행사 개최 지원방식 개선을 위한 선진사례 연구. 연구보고서.

문화체육관광부(2019.11.12.). 문화체육관광부 국제행사의 유치·개최에 관한 규정. 훈령(제397호).

문화체육관광부(2018). 국민체육진흥기본계획. 정책보고서.

문화체육관광부(2013a). 국민체육진흥종합계획. 정책보고서.

문화체육관광부(2013b). 스포츠산업 중장기 발전계획. 정책보고서.

문화체육관광부(2013c). 유치희망도시를 위한 국제대회 유치 가이드. 연구용역보고서.

문화체육관광부(2008). 2009 ~ 2013년 스포츠 산업 중장기 계획. 정책보고서.

문화체육관광부(2001). 스포츠 산업 육성대책. 정책보고서.

법제처(n. d.). 경륜·경정법, 고등교육법, 공공기관의 운영에 관한 법률, 공공기관의 운영에 관한 규정, 국가재정법, 국제경기대회지원법, 공공자금관리기금법, 공무원임용령, 공무원임용시험령, 교육부와 그 소속기관 직제 시행규칙, 국가공무원법, 국민체육진흥법, 마리나 항만의 조성 및 관리 등에 관한 법률, 말산업육성법, 문화체육관광부와 그 소속기관 직제, 바둑진흥법, 이스포츠(전자스포츠) 진흥에 관한 법률, 사무관리규정, 사무관리규정시행규칙, 시설관리 공단 설치 및 운영에 관한 조례, 사격 및 사격장 안전관리에 관한 법률, 산림문화·휴양에 관한 법률, 생활체육진흥법, 스포츠산업진흥법, 수상레저안전법, 수중레저활동의 안전 및 활성화 등에 관한 법률, 자전거 이용 활성화에 관한 법률, 정부조직법, 지방공기업법, 지방교육자치에 관한 법률, 지방교육행정기관의 기구와 정원기준 등에 관한 규정, 지방자치법, 지방자치단체의 행정기구와 정원기준 등에 관한 규정, 전통무예진흥법, 전통 소싸움경기에 관한 법률, 학교체육진흥법, 한국마사회법, 체육시설의 설치·이용에 관한 법률, 초·중등교육법, 태권도 진흥 및 태권도공원 조성 등에 관한 법률, 씨름진흥법, 2002년 월드컵축구대회지원법, 2011 대구세계육상선수권대회 지원법, 2013 충주세계조정선수권대회 지원법, 2014 인천하계아시아경기대회 지원법, 2014 인천장애인아시아경기대회 지원법, 2015 광주하계유니버시아드경기대회 지원법, 포뮬러원 국제자동차경주대회 지원법, 2013 평창동계스페셜올림픽세계대회 지원법, 2015 경북문경세계군인체육대회 지원법, 2018 평창동계올림픽대회 및 동계패럴림픽 지원 등에 관한 특별법. www.moleg.go.kr

신재득, 박영호, 신홍범(2021). 한국의 통합체육정책에 따른 지방체육정책의 변동요인. 박영사.

이상희(2009). 법령 체계와 입법 절차(대한민국 정책브리핑). 법제처.

인사혁신처(2021). 공무원의 종류. www.mpm.go.kr

오준혁(2021). 스포츠 거버넌스. 박영사.

유민봉(2021). 한국행정학(제7판). 박영사.

윤태훈, 김성훈, 이성민(2015). 스포츠 시설 경영론. 대한미디어.

조계표(2020). 행정학입문(제2판). 박영사.

장 류 샤플레, 임도빈(2017). 성공적인 올림픽 개최를 위한 체육 거버넌스. 대한미디어.

정기웅(2018). 스포츠 외교의 신화: 성공과 실패, 그리고 그 밖의 이야기들. 박영사.

한국조세재정연구원(2020). 2020 공공기관 현황편람. 정책보고서.

정부조직관리정보시스템(2021.8.). 정부기구도/ 역대정부 기구도/ 역대정부 정원 증감 현황.

한국산업인력공단(2018). NCS 스포츠 경기지원–스포츠국제교류. 정책보고서.

한국스포츠정책과학원(2019). 2018 한국의 체육지표. 연례보고서.

최의창, 박정준(2012). 학교체육에서의 인성교육 실태분석 및 정책실천과제 개발 연구 보고서. 서울: 대한체육회.

최현선(2021). 행정기획론: 공공부문의 전략기획과 성과관리. 박영사.

- 해외 선행자료 -

Adams, J. S. (1963). Toward understanding of inequity. Journal of Abnormal & Psychology, 67(5), 422–436.

Almond, G. A., & Powell, G. B. (1978). Comparative Politics: System, Process, and Policy (2nd ed.). Scott Foresman & CO.

Bass, B. M. (1990). Bass & Stogdill's handbook of leadership: Theory, research, and managerial applications (3rd ed.). NY: Free Press.

Blau, P. M., & Scott, W. R. (1962). Formal Organizations: A Comparative Approach. San Francisco: Chandler.

Blake, R. R., & Mouton, J. S. (1964). The Managerial Grid: the Key to Leadership Excellence. Houston: Gulf Publishing.

Bozenman, B. (1993). Public Management: The state of the art. San Francisco: Jossey–Bass.

Cashmore, E. (2000). Marketing sense of sports. 정준영 옮김(2001). 스포츠, 그 열광의 사회학. 한울아카데미.

Dror, Y. (1968). Public Policy Making Reexamined. San Francisco: Chandler Publishing.

Etzioni, A. (1964). Modern Organization. NJ: Prentice–Hall.

Etzioni, A. (1961). Complex Organizations: a Sociological Reader. NY: Holt, Rinehart and Winston.

Ferkins, L., & Shilbury, D. (2010). Developing board strategic capability in sport organisations: The national−regional governing relationship. Sport Management Review, 13(3), 235-254.

Fiedler, F. E. (1967). A Theory of Leadership Effectiveness. NY: Mcgraw−Hill.

Hersey, P., & Blanchard, K. H. (1977). Management of Organizational Behavior: Utilizing Human Resources. NJ: Prentice Hall.

Herzberg, F. (1968). One more time: How do you motivate employees? Harevard Business Review, 46(1), 53−62.

Hums, M. A., & MacLean, J. C. (2013). Governance and Policy in Sport Organizations (3rd ed.). NY: Routledge.

Keating, J. W. (1964). Sportsmanship as a Moral Category. Ethics, 75(1), 25−35.

Kotler, P. (1990). What leaders really do. Harvard Business Review, May−June, 102−111.

Lasswell, H. D. (1970). The Emerging Conception of the Policy Sciences. Policy Sciences, 1(1), 3−14.

Levi−Faur, D. (2012). From "Big Government" to "Big Governance?" In D. Levi−Faur(ed.), The Oxford Handbook of Governance (pp.3-18). Oxford University Press.

Lippitt, R., & White, R. K. (1958). An experimental study of leadership and group life. In E. E. Maccoby, T. M. Newcomb, & E. L. Hartley (Eds), Readings in social psychology (pp.496−511). NY: Holt Rinehart and Winston.

Lowi, T. J. (1964). American Business Public Policy, Case−Studies, and Political Theory. World Politics, 16(4), 677−715.

Maslow, A. (1954). Motivation and Personality. NY: Harper and Row.

McGregor, D. M. (1966). Leadership and Motivation. MA: MIT Press.

Nash, J. B. (1948). Physical Education: Interpretations and Objectives. A. S. Barnes & Company.

Nixon, F. W., & Cozens, F. W. (1935). An Introduction to Physical Education. Saunders.

Oberteuffer, D. (1970). Physical education: A textbook of principles for professional students (4th ed.). HarperCollins.

Robins, S. P., & Coulter, M. (2012). Management (11th ed.), 이중우, 김만술, 김원석, 박영렬, 목남희, 장윤희, 윤홍근 옮김. 경영학원론(제11판). 성진미디어.

Quinn, R. E., & Rohrbaugh, J. (1981). A Competing Values Approach: Organizational Effectiveness. Public Productivity Review, 5(2), 122－140.

Ripley, R. B., & Franklin, G. A. (1986). Bureaucracy and Policy Implementation. Chicago, III. Dorsey Press.

Schmidt, F. A. (1922). Physiologie der Leibesübungen. R. Voigtländer, Leipzig.

Shepard, N. M. (1960). Foundations and principles of physical education. Ronald Press Co.

Simon, H. A. (1947). Administrative Behavior: A Study of Decision－Making Process in Administrative Organization. NY: Macmillan co.

Taylor, F. W. (2018). The Principles of Scientific Management (37ed.). NY: Harper & Brothers. First published in French in 1911.

Vroom, V. H. (1964). Work and Motivation. NY: Wiley, John and Sons.

Williams, J. F., Brownell, C. L., & Vernier E. L. (1964). The Administration of Health Education and Physical Education (6th ed.). Canadian Journal of Public Health.

Zaleznik, A. (1986). Except from managers and leaders: Are they different? Havard Business Review, May－June, 54.

- 기타 -

국민체육진흥공단 www.kspo.or.kr
대한장애인체육회 www.koreanpc.kr
대한체육회 www.sports.or.kr
스포츠경영관리사 www.q－net.or.kr
스포츠지도사 www.insports.or.kr
윤강로의 스포츠 세상 https://rockyoon.tistory.com/

색인

문개성

(현) 원광대학교 스포츠과학부 교수
(현) 한국연구재단 평가위원
(전) 서울특별시 체육회 집필위원
(전) 한국스포츠산업경영학회 이사
(전) 한국스포츠산업협회 개발위원(NCS 스포츠마케팅 – 스포츠에이전트)
(전) 한국체육학회 영문저널 편집위원
(전) 한국스포츠정책과학원 영문저널 편집위원
(전) 미국 플로리다대학교 Research Scholar(스포츠 매니지먼트)
(전) 문화체육관광부 국민체육진흥공단 Tour de Korea 조직위원회 스포츠마케팅 팀장
(전) 경희대학교 테크노경영대학원 외래교수

저서
스포츠 마케팅 4.0(개정2판): 4차 산업혁명 미래비전. 2022.
스포마니타스: 사피엔스가 걸어온 몸의 길. 박영사. 2021.
무크(MOOC)와 함께 하는 스포츠 마케팅. 한국학술정보. 2021.
나를 성장시킨 노자 도덕경. 부크크. 2021.
현대사회와 스포츠: 미래에도 무한한 인류 공통의 언어. 박영사. 2020.
스포츠 창업 해설서: 스타트업 4.0 미래시장. 박영사. 2020.
스포츠 에이전트 직무해설서(개정2판): 선수 대리인의 비즈니스 관점. 박영사. 2020.
보이콧 올림픽: 지독히 나쁜 사례를 통한 스포츠 마케팅 이해하기. 부크크. 2020.
스포츠 경영: 21세기 비즈니스 미래전략. 박영사. 2019.
스포츠 마케팅 4.0: 4차 산업혁명 미래비전. 박영사. 2018.
스포츠 에이전트 직무 해설서. 박영사. 2018.
스포츠 갬블링. 커뮤니케이션북스. 2017.
스포츠 마케팅. 커뮤니케이션북스. 2016.
스포츠 매니지먼트. 커뮤니케이션북스. 2016.
스포츠 인문과 사회. 커뮤니케이션북스. 2015.

수험서
M 스포츠경영관리사 필기·실기 한권 완전정복. 박영사.
M 스포츠지도사 필기 한권 완전정복. 박영사(공저) 외 다수

* 블로그 : 스포마니타스(SPOMANITAS)
* K – MOOC(http://www.kmooc.kr) : 스포츠마케팅론

김동문

(현) 원광대학교 스포츠과학부 교수
(현) 세계대학스포츠연맹 기술위원(FISU Technical Delegate)
(현) SBS 해설위원
(현) 전북배드민턴협회 부회장
(현) 1급 전문스포츠지도사(문화체육관광부)
(전) 대한배드민턴협회 경기력향상위원
(전) 전라북도체육회 이사
(전) 대한배드민턴협회 경기력 향상위원
(전) 대한체육회 배드민턴 국가대표 코치
(전) 캐나다 배드민턴 국가대표 코치
(전) 1996 애틀랜타올림픽 금메달/2000 시드니올림픽 동메달/2004 아테네올림픽 금메달
(전) 1998 방콕아시안게임 금메달/2002 부산아시안게임 금메달
(전) 1999 세계선수권대회 남자복식, 혼합복식 금메달/2003 혼합복식, 단체전 금메달
　　'대한민국 체육훈장 청룡장, 대한민국 체육대상, BWF 명예의 전당 헌액'

저서 등

전북배드민턴발전사, 전북배드민턴협회(공저), 2020.
M 스포츠지도사 배드민턴 실기·구술 완전정복, 박영사, 2021.

체육·스포츠 행정의 이론과 실제

초판발행   2022년 1월 20일

지은이   문개성·김동문
펴낸이   안종만·안상준

편 집   탁종민
기획/마케팅   이영조
표지디자인   이소연
제 작   고철민·조영환

펴낸곳   (주) **박영사**
              서울특별시 금천구 가산디지털2로 53, 210호(가산동, 한라시그마밸리)
              등록 1959. 3. 11. 제300-1959-1호(倫)
전 화   02)733-6771
f a x   02)736-4818
e-mail   pys@pybook.co.kr
homepage   www.pybook.co.kr
ISBN   979-11-303-1453-2   93690

정 가   25,000원